MEHR LUST AUF LIEBE

CHRISTINE JANSON

Mehr LUST AUF LIEBE

WIE MÄNNER INNIGER LIEBEN UND FRAUEN HEMMUNGSLOSER SEX HABEN

Fotografien von Hans Ehrhardt

HANS-NIETSCH-VERLAG

Umschlaggestaltung: Mahr Graphic Arts, Hamburg
Innenlayout und Satz: Mahr Graphic Arts, Hamburg

Hans-Nietsch-Verlag
Postfach 228
79002 Freiburg

www.nietsch.de
info@nietsch.de

ISBN 978-3-939570-10-3

INHALT

VORSPIEL

Glücklich bis in alle Ewigkeit? Das gibt es wahrscheinlich nur im Märchen. Zumindest im deutschen Pärchenalltag sieht es anders aus … Viele Menschen wünschen sich sehnlichst einen Traumpartner und surfen nächtelang durchs Internet, besuchen die entsprechenden Webseiten. Haben sie dann endlich den vermeintlichen Traumpartner gefunden, hält die Freude oft nicht allzu lang an. Es ist so, als würde der Partner heute eher wie ein Handy gehandelt: Wenn er nicht mehr richtig funktioniert, wenn das Modell ein wenig abgenutzt und beschädigt ist und es vielleicht eines mit noch mehr Extras gibt, sucht man sich lieber etwas Neues. Damit vergibt man allerdings die Chance, wirklich in die Tiefe zu gehen, und beim nächsten Liebespartner tauchen wieder ähnliche Probleme auf.

Frauen und Männer scheinen wirkliche Verständigungsschwierigkeiten zu haben, vor allem auch, was Liebe, Sex und Erotik angeht.

Sind Frauen unter sich, dann sprechen sie natürlich oft über das Thema „Männer". Und sie sind unzufrieden, weil er nicht richtig zuhört; weil er selten sagt, dass er sie liebt; weil er seine Gefühle nur schwer zeigen kann und weil der Sex meistens zu routiniert, zu schnell und lieblos bis ungeschickt ist. Sind Männer unter sich, geht es hingegen weitaus seltener um das andere Geschlecht, zumindest werden keine ernsthaften Gespräche darüber geführt. Und genau das ist ja auch einer der Hauptkritikpunkte der Frauen:

Männer können nicht gut über sich selbst sprechen und noch weniger über das, was sie wirklich bewegt. Und die – wie ich zugebe, etwas polemische – Frage ist auch: Wissen Männer denn überhaupt, was sie wirklich bewegt? Starke Jungs weinen nicht und Gefühle sind unter Männern nicht gefragt! Findet sich aber doch mal ein guter Freund und ist der eigene Leidensdruck zu groß geworden, so kommt es auch schon mal dazu, dass Männer über sich sprechen: keine Lust mehr auf Sex! Zumindest nicht mehr mit der eigenen Frau oder Freundin. Schon längst ist alles Routine geworden und irgendwie törnt das alles schon lang nicht mehr an. Woran das liegt? Keine Ahnung. Irgendwas ist anscheinend schiefgelaufen und im Geheimen wünscht er sich eine Affäre, vielleicht mit der netten neuen Kollegin. Die ist schon seit Langem bekennende Single-Frau und scheint nicht abgeneigt. Reifere Frauen liegen bei Männern zwischen fünfundzwanzig und fünfundvierzig im Trend. Denn was Männer wollen, ist: begehrt werden und das Gefühl haben, dass sie Frauen Lust verschaffen können. Sie sind Jäger und Routine schreckt sie ab. Sie haben sich ihr Leben vielleicht rein äußerlich so gestaltet, wie sie es von den Eltern vorgelebt bekommen haben – geheiratet, Kinder bekommen, ein Häuschen gebaut, eine private Rentenversicherung abgeschlossen … Und irgendwann stellt sich dann das Gefühl ein: Das kann doch wohl nicht alles gewesen sein!

Frau und Mann sind einander in ihrer langjährigen Beziehung fremd geworden. Man spricht über die Kindererziehung, über die Finanzierung des neuen Eigenheims, man streitet darüber, wie man das gemeinsam erwirtschaftete Geld ausgibt oder wer wann den Müll herunterbringt. Aber wie es kommt, dass er schon lang keine harte Erektion mehr hatte und dass sie schon seit Jahren im Bett frustriert ist, das kommt selten zur Sprache.

Das Thema „Sex“ zählt in Beziehungen zu den größten Tabus. Das ist zwar kaum zu glauben, denn in den Medien ist es stets präsent. Wie aber kommt es, dass er ihr nicht anvertraut, dass er schon lang mal wieder scharf auf eine andere Frau ist? Einfach nur mal so, um zu sehen, ob er noch ein „echter Kerl“ ist. Oder dass er ihr gern zusehen würde, wie sie Sex mit einer anderen Frau hat. Das wäre geil! Und sie? Wann hat er sie das letzte Mal in den Arm genommen und wann haben sie zuletzt zärtlich miteinander gekuschelt? Gestreichelt werden, ohne dass man dann gleich Sex haben muss … das würde ihr so guttun! »Wie kann ich mich meinem Mann öffnen, wenn er sich mir verschließt und oft wie ein Fremder neben mir im Bett liegt? Ist er mir treu? Keine Ahnung … Ich würde meine Hand nicht dafür ins Feuer legen.« Frauen wünschen sich Treue, Geborgenheit, Nähe und Verbundenheit. Wird ihnen das geschenkt, dann haben sie Lust auf Sex und sind zu vielen abenteuerlichen Spielen bereit. Würden Männer verstehen, was Frauen brauchen, dann würden sie von den Frauen bekommen, wovon sie träumen. Aber dass sie nicht offen darüber sprechen und sich des Problems oft nicht einmal bewusst sind, führt zu Frust statt zu Lust.

Mehr Lust auf Liebe möchte Sie zu mehr Bewusstheit in der Liebe anregen. Anstatt miteinander zu kämpfen und sich dem anderen verständnislos zu verschließen, können Sie beide sich öffnen und versuchen herauszufinden, wie der andere tickt. Gegensätze ziehen sich an, denn sie können voneinander lernen, und so werden beide über sich selbst hinauswachsen!

WAS IST SCHON NORMAL? DIE GESCHICHTE VON LUKAS UND JASMIN

Eigentlich war die Kaffeemaschine schuld daran ... Erst gurgelte sie einige Male, sie hustete und spuckte und begann unruhig zu blinken. Jasmin suchte hektisch nach der Gebrauchsanweisung. Verdammter Mist, wo war die denn? Ob sie es in diesem Leben noch mal lernen würde, ordentlich zu sein? Die Aussichten standen eher schlecht! Eigentlich müsste alles in Ordnung sein: In der Maschine war genügend Wasser und Kaffee hatte sie auch eingefüllt! Jasmin machte sich daran, das Gerät gründlich zu untersuchen. Leider halfen alle Bemühungen nichts und offensichtlich hatte die Kaffeemaschine beschlossen, das Zeitliche zu segnen. Wie ärgerlich! Sie sah auf die Uhr ... Wenn sie sich beeilte, würde sie es gerade noch schaffen, eine neue Maschine in der Stadt zu besorgen, und konnte trotzdem vor Lukas zu Hause sein. Sie lebten seit etwa fünf Jahren zusammen und hatten vor zwei Jahren geheiratet.

Jasmin zog ihre schwarze Lederjacke an und legte Lukas einen Zettel hin: »Bin in der Stadt. *CU soon*. Kuss Jasmin!« Die S-Bahn erreichte sie in fünf Minuten und bis zum Kaufhaus war es nicht weit. Der kleinen Espressobar an der Ecke konnte sie allerdings nicht widerstehen. Auf die paar Minuten würde es jetzt auch nicht mehr ankommen ... Sie schlief in letzter Zeit schlecht und das würde ihr über den Nachmittagsblues hinweghelfen, hoffte sie. Sie setzte sich an die Bar und bestellte sich eine Latte macchiato bei dem jungen Italiener, der sie an ihren letzten Urlaub in der Toskana erinnerte: Es war romantisch gewesen mit Lukas. Sie hatten jeden Abend bei selbst gemachter Pasta und rotem Wein im Freien in der *Trattoria Emilio* gesessen und viel zusammen gelacht. Später waren sie sich in diesem kitschigen Himmelbett verliebt in den Armen gelegen.

Sie seufzte. Das war schon eine Weile her ... Jasmin schaute gedankenverloren auf die tätowierten Oberarme des jungen Italieners. Da hörte sie dieses vertraute Lachen. Sie drehte sich um und sah ihn. Er saß in der Ecke mit einer attraktiven Blondine. »So was gibt's doch nur im Film«, ging es ihr durch den Kopf. Er strich der Blonden vertraulich über die Hand. Das durfte doch alles nicht wahr sein! Jetzt beugte er sich nach vorn und flüsterte ihr etwas ins Ohr. Das fand die offensichtlich so süß, dass sie sich verlegen eine Haarsträhne aus dem Gesicht strich und kicherte.

War er mit sechsunddreißig schon in der Midlife-Crisis? »Diese blöde Kuh ist mindestens acht Jahre jünger!« Jetzt streckte sie ihre Hände mit den blau lackierten Krallen nach dem Keks aus, der neben ihrer Tasse lag, und schob ihn in seinen Mund. Am liebsten hätte Jasmin Lukas den Rest ihres Espressos über sein leicht schütter werdendes Haar gegossen. Stattdessen stand sie auf und ging zu den beiden hinüber ...

»Hallo Lukas, schön, dich hier zu treffen.« Jasmins Stimme war eisig.

»Was machst *du* denn hier? Ich meine ...«, stotterte Lukas.

»Du Arschloch!«, sagte Jasmin.

Sie drehte sich einfach um und ging. Zusammenbrechen wollte sie lieber zu Hause.

»Warum tut das eigentlich so verdammt weh? Ist es die Vorstellung, dass ich vielleicht nicht die Einzige bin, die geliebt wird? Dass ich ihn verlieren könnte? Oder die Angst, wieder allein zu sein und noch einmal auf die Suche gehen zu müssen?«, fragte sie sich.

Es tat einfach furchtbar weh und Jasmin machte sich zuerst einmal eine Flasche Rotwein auf ... Dann rief sie ihre beste Freundin Sonja an. Sie hatte bereits heulend eine halbe Flasche Rotwein getrunken, konnte sich kaum verständlich ausdrücken, ihr lief der Rotz aus der Nase ...

»Ich bin's ... stell dir vor ... Lukas hat eine Affäre!«

»Bist du dir ganz sicher? Erzähl ...«

Als Jasmin ihre Geschichte – unter Tränen und mit Wut im Bauch – zu Ende erzählt hatte, wollte Sonja wissen: »Sag mal, und du hast das wirklich nicht gemerkt, die ganze Zeit? Hast du im Bett nicht gemerkt, dass er anders ist?«

»Nein, eigentlich war alles wie immer. Na ja, um ehrlich zu sein ... so ganz toll lief es bei uns mit dem Sex schon eine ganze Weile nicht mehr. Entweder er hatte keine Lust oder mir war nicht danach. Aber das ist doch sicher normal, wenn man so lang zusammen ist. Oder?« Jasmin trank noch einen Schluck Rotwein.

»Ob das normal ist, weiß ich nicht. Bei vielen meiner Freunde ist es ähnlich. Obwohl, ich muss sagen, wenn es bei mir und Peter so wäre, würde ich wahrscheinlich auch fremdgehen. Ich brauche Liebe und Zärtlichkeit einfach.«

»Echt?« Jasmin dachte einen Augenblick nach. »Ist denn Sex so wichtig für dich?«

»Mir ist vor allem der Austausch wichtig, den ich mit Peter habe. Der kann auf der körperlichen Ebene stattfinden oder im Gespräch. Sprecht ihr denn darüber, dass ihr kaum noch miteinander schlaft?« Sonja war immer sehr direkt.

»Es ist ja jetzt nicht so, dass wir überhaupt keinen Sex mehr hätten. Aber irgendwie nicht mehr so oft und so spannend finden wir es, glaube ich, beide nicht mehr ... du, ich muss Schluss machen. Ich glaub, jetzt kommt Lukas gerade nach Hause. Ich meld mich morgen wieder.«

Schnell legte Jasmin den Hörer auf, schenkte Lukas aber keine Beachtung. Er holte sich nur ein Glas aus dem Schrank und goss sich Wein ein.

»Es ist nicht so, wie du denkst, Jasmin. Es ist nichts passiert zwischen Annette und mir. Noch nicht ...«

Was sollte das heißen? Also gab er zu, dass er nicht abgeneigt gewesen wäre. Aber das war natürlich ein kleiner Unterschied. Jasmin entspannte sich ein bisschen.

»Was meinst du damit? Hab ich euch die Tour heute Abend vermasselt? Och, das tut mir aber so was von leid. Wer ist sie denn? Die neue Arbeitskollegin, von der du mir erzählt hast? Wie praktisch, dann habt ihr es ja nicht weit!«

»Jetzt hör auf damit, Jasmin. Sie ist nicht meine Arbeitskollegin. Ich habe sie heute Nachmittag zum ersten Mal getroffen. Ich schwör es dir!«

»Und das soll ich dir glauben?«, fragte Jasmin bockig, obwohl sie sich natürlich nichts mehr wünschte.

»Ich kenne sie aus dem Internet. Wir schreiben uns seit ein paar Wochen. Deshalb kam dir das so vertraut vor zwischen uns.

Ich gebe es ja zu, ich hatte Absichten … aber ich habe sie wirklich heute zum ersten Mal getroffen.«
Lukas legte seine Hand auf Jasmins Knie. Sie genoss diese Berührung, sie beruhigte sie.

»Lukas, was ist denn los mit uns? Wieso schreibst du einer anderen Frau? Du hast geplant, mich mit ihr zu betrügen?«

Lukas sah beschämt auf den Boden. Genau so war es. Seit Monaten schon hatte er das Gefühl, dass ihm etwas fehlte in seiner Beziehung mit Jasmin. Aber was genau? Er konnte es nicht sagen. Es war ein vages Gefühl der Unzufriedenheit: »Das soll's jetzt gewesen sein?« Er wollte einfach wissen, ob er noch bei anderen Frauen ankam. Ob er es dann wirklich übers Herz gebracht hätte, Jasmin zu betrügen ... Als er ihr jetzt so gegenübersaß, kam ihm das unwahrscheinlich vor.

»Jasmin, bitte schau mich an ... Das war bescheuert von mir, ich weiß! Aber ich liebe dich! Das ist die Wahrheit. Ich will dich nicht verlieren.«

Er nahm Jasmins Hände und küsste sie und bei Jasmin begann das Eis zu schmelzen. Es musste etwas geschehen, sie durften es nicht zulassen, dass sie einander fremd wurden. Dazu war die Liebe zwischen ihnen einfach zu tief.

»Was können wir tun, Lukas?« Jasmin begann zu schluchzen.

»Wie wäre es, wenn wir versuchen würden, uns neu kennenzulernen?«

»Aber wir kennen uns doch schon fünf Jahre. Meinst du nicht, das reicht?«

(Offensichtlich nicht! Selbst wenn wir schon lang mit unserem Partner zusammen sind, bedeutet das nicht, dass wir die geheimsten Wünsche und Bedürfnisse des anderen kennen. Meist geben wir uns mit dem kleinsten gemeinsamen Nenner zufrieden, auch beim Sex, vielleicht aus Angst, den anderen zu schockieren. Beide mögen die Missionarsstellung und der Samstagabend bietet sich an, denn am nächsten Tag kann man ausschlafen. Er lässt sich gern ab und zu einen von ihr blasen, die Samenflüssigkeit muss sie nicht unbedingt schlucken, und sie mag es gern *Doggy Style* [von hinten]. Was sie wirklich vermisste – vielleicht ab und zu lang in seinen Armen kuscheln, zart am Rücken gekrault werden, die Füße vor dem Einschlafen massiert bekommen –, das hatte sie meist für sich behalten.)

»Ich hab mich einfach nie getraut, dir zu sagen, auf was ich im Bett wirklich steh. Ich hatte Angst, dass du mich für pervers hältst. Und ich wollte dich nicht verlieren ...«

Lukas zog Jasmin ins Schlafzimmer und legte sie aufs Bett. Er hielt sie einfach nur im Arm. Sie war ihm so wichtig. Wie konnte er nur so verrückt gewesen sein zu glauben, dass ein Abenteuer mit einer anderen Frau ihn glücklich gemacht hätte? Jasmin kuschelte sich an ihn. Sie spürte seine Wärme und die Geborgenheit entspannte ihren Körper.

»Ich will, dass es zwischen uns anders wird, Lukas. Lass uns reden. Ich möchte wissen, wer du wirklich bist. Sag mir, was du dir wünschst. Ich will von dir lernen und entdecken, wie du die Welt, die Liebe und den Sex siehst. Ich will, dass wir glücklich miteinander sind.«

Jasmin begann wieder zu weinen. Das alles war einfach zu viel gewesen und der Alkohol gab ihr jetzt den Rest. Lukas zog sie behutsam aus und deckte sie zu.

»Schlaf jetzt schön, mein Engel. Wir sprechen morgen weiter. Und dann erzählst du mir von all den Dingen, die dir Spaß machen. Ich will dir alles geben, was du dir wünschst. Und dir von meinen Wünschen erzählen ...«

Teil 1

WAS MÄNNER VON FRAUEN LERNEN KÖNNEN ...

SINNLICHE VERFÜHRUNG

Am nächsten Abend wollte Lukas seiner Frau etwas ganz Besonderes bieten. Er wollte alles wiedergutmachen und lud sie in ein persisches Restaurant ein. Die bunten Glaslampen warfen ein dämmriges Licht auf die niedrigen Holztische. Am Eingang musste man die Schuhe ausziehen und durfte anschließend auf Sitzkissen Platz nehmen. Das war zunächst ein bisschen gewöhnungsbedürftig ... zugleich aber auch sehr reizvoll. Lukas bestellte sich frischen Minztee und verschluckte sich fast an einem aufgeweichten Pfefferminzblatt. Dann beobachtete er die Bauchtänzerin, die aufreizend zwischen den Tischen hindurchtanzte. Vor ihrem Tisch blieb sie stehen und begann die üppigen Hüften kreisen zu lassen, dabei nahm sie ihren Oberkörper so weit nach hinten, dass ihre Haare den Boden berührten.

»Hast du das gesehen?«, flüsterte Lukas beeindruckt.

»Die gefällt dir wohl?« Jasmin war wieder ein bisschen eifersüchtig.

»Ach was ... ich würde dich gern mal so tanzen sehen. Hättest du da keinen Spaß dran?«

»Na ja, wenn ich ehrlich bin ... könnte ich es mir sogar sehr aufregend vorstellen. Vielleicht so ähnlich wie in einem Harem ...«, antwortete Jasmin versonnen.

»In einem Harem? Und ich bin der geile Sultan? Und wie geht es dann weiter?«

»Wenn ich die Augen schließe, sehe ich ganz deutlich die Räume eines orientalischen Palasts vor mir ...«

»Na ja, wenn ich ehrlich bin ... könnte ich es mir sogar sehr aufregend vorstellen. Vielleicht so ähnlich wie in einem Harem ...«, antwortete Jasmin versonnen.

»In einem Harem? Und ich bin der geile Sultan? Und wie geht es dann weiter?«

»Wenn ich die Augen schließe, sehe ich ganz deutlich die Räume eines orientalischen Palasts vor mir ...«

Sind Eunuchen sexy?

... Ich bin in einer Art Wellness-Tempel mit verschiedenen Räumen, in denen Frauen sich verwöhnen lassen, und sitze gerade schwitzend in einem Dampfbad, neben mir sitzen einige Frauen, mit denen ich mich köstlich amüsiere.

»Schau mal, Leila hat schon wieder ein paar Pfund zugelegt. Das wird den Sultan freuen, wenn er sie wieder zu sich holt in der Nacht.«

»Stimmt, die hat immer was Süßes im Mund! In Honig gebackene Mandeln isst sie für ihr Leben gern.«

Mir wird zu heiß, ich stehe auf und lasse mich von einem Eunuchen kalt abspritzen. Das tut gut! Dann gleite ich geschmeidig in ein Bekken, das mit goldenen Ornamenten verziert ist, und schwimme. Danach werde ich mit weichen Tüchern abgetrocknet. Diese Eunuchen sehen sehr appetitlich aus. Ob sich gar nichts mehr tut? Das wüsste ich gern. Jetzt werde ich in einen anderen Raum geführt und darf mich auf eine Massagebank legen. Überall sind kleine Lampen aufgestellt, die einen wundervollen Duft verströmen. Es riecht fast ein bisschen wie … ja, wie Maiglöckchen.

»Wie möchtest du heute massiert werden, Shakira?«, fragt mich der Eunuch. Shakira? Der Name gefällt mir.

»Wie wäre es mit dem vollen Verwöhnprogramm, Ammon? Ich glaube, heute Nacht will mich der Sultan sehen. Da will ich ganz entspannt sein.«

Ammons ölige Finger gleiten sanft über meinen Rücken, ein betörender Duft von Vanille und Orange umgibt mich und ich überlasse mich seinen Händen völlig vertrauensvoll. Sie kneten wohlig meinen Nakken. Aaaah, das tut gut! Leichtes Trommeln zwischen meinen Schulterblättern. Ich fühle mich leicht und unendlich frei, als könnte ich abheben und durch das Dampfbad schweben. Mit beiden Daumen arbeitet sich mein zärtlicher Masseur jetzt langsam auf den Muskelsträngen rechts und links neben meiner Wirbelsäule nach unten. Autsch! Manche Punkte tun richtig weh. Aber er bearbeitet sie sanft und doch eindringlich. Und jetzt spüre ich seine wundervollen Hände mit sanftem Druck auf meinen Pobacken, langsam werden sie auseinandergezogen und warmes Öl rinnt in meine Spalte. Ich stöhne leicht.

Das fühlt sich klasse an. Ich wünsche mir mehr Druck auf meine Backen und vor allem zwischen meinen Backen, aber er verteilt dann das warme Öl auf meinen Schenkeln. Schade! Ich werde ganz feucht und das kommt nicht von dem Öl zwischen meinen Schenkeln. Ich drehe meinen Kopf zur Seite und beobachte meinen Masseur.

Wie Eunuchen sich dabei wohl fühlen, wenn sie eine Frau so intim massieren? Ob sie Lust empfinden? Es würde mich reizen, das herauszufinden. Ich überlege mir, ob ich das um die Hüften drapierte Leinentuch von Ammon ein wenig zur Seite schieben soll. Wie ein Eunuch wohl nackt aussieht?

»Dreh dich um, Shakira.«

Unsanft werde ich aus meinen Träumen gerissen, drehe mich faul auf den Rücken und spreize meine Beine ein bisschen. Ich will, dass er mir zwischen die Schenkel sieht. Die Vorstellung, dass es ihn erregen könnte, macht mich an.

Ich darf nur mit einem einzigen Mann schlafen: mit dem Sultan. Heute werde ich zum ersten Mal zu ihm geführt und ich bin sehr aufgeregt. Er soll ein stattlicher Mann sein, habe ich von den anderen Frauen gehört. Mit einem riesigen Geschlecht, so groß wie das von einem Kamel.

Inzwischen ist Ammon bei meinen Brüsten angelangt. Er reibt sie ganz sanft mit Öl ein. Meine Knospen stellen sich auf. Weiter so, Ammon! Leider wandern seine Hände nun zu meinem Bauch. Ich sollte ein wenig zunehmen für den Sultan, denn er mag weibliche Rundungen. Aber egal, was ich esse, es setzt bei mir nicht an. Ammon wird seine Hände gleich weiter nach unten gleiten lassen. Meine Schenkel zucken schon in freudiger Erwartung. Mein Saft fließt ihm entgegen, ohne dass er mich überhaupt dort berührt hat.

Doch dann erscheint unsere Aufseherin: »Shakira, beeil dich! Der Sultan will dich in einer Stunde sehen und du musst noch angekleidet und geschminkt werden.«

Ammon lächelt wissend und hilft mir aufzustehen. Ich spüre meine Aufregung. Gleich soll ich dem Sultan zum ersten Mal zu Diensten sein. Wie er wohl aussieht?

Eine Dienerin hilft mir beim Anziehen und Schminken und dann werde ich von einem anderen Eunuchen in ein großes Schlafzimmer geführt. Ich soll mich dort aufs Bett legen und auf meinen Gebieter warten. Endlich geht die Tür auf und ich sehe ihn zum ersten Mal … Was für ein schöner Mann! Ich darf mich glücklich schätzen. Ich kenne diesen Mann, er kommt mir sogar sehr bekannt vor …

Lukas hatte sehr aufmerksam zugehört, als Jasmin ihm von ihrer Fantasie erzählte. So ein Harem würde ihm auch gefallen. Allerdings wäre es dort ein bisschen anders zugegangen …

»Und wie sah der Pharao aus? Etwa so wie ich, mein Schatz?« Lukas sah sich bereits, in orientalische Gewänder gehüllt, zum Bett seiner Geliebten schreiten. Gleich würde er ihren Luxuskörper enthüllen und sein Gesicht in ihren eingeölten Brüsten vergraben. Und schon bei diesem Gedanken bekam er einen Ständer.

»Du willst wirklich wissen, wem der Pharao ähnlich sah?« Jasmin lächelte kokett.

»Klar will ich das wissen!« Lukas nahm ihre Hände und begann zärtlich ihre Unterarme hinaufzustreichen.

»Hey, das kitzelt!« Jasmin kicherte.

»Komm, sag's mir!«

»Also gut!« Jasmin begann nachzugeben. »Du hast es so gewollt ...«

»Möchten Sie noch etwas zu trinken bestellen?« In diesem Augenblick kam der junge Kellner an ihren Tisch und lächelte Jasmin an.

»Wie unser hübscher Kellner sah er aus«, flüsterte Jasmin ihrem Mann ins Ohr.

»Du kleines Miststück!« Lukas war ein bisschen enttäuscht, aber geil. »Ich glaube, das sollten wir gleich zu Hause ausdiskutieren und deine Fantasie vielleicht in winzigen Details ein wenig verändern ...«

HAUTNAH

Die Haut prägt unser äußeres Erscheinungsbild und so war man schon immer bemüht, sie jung und schön zu halten. Schon um 400 v. Chr. schreibt der griechische Dichter Aristophanes, dass man den Körper mit verschiedenen Düften einölen solle. Er selbst soll angeblich in einer großen goldenen Wanne gebadet und seine Füße in ägyptische Salben getaucht haben. Seine Brust soll er mit zähflüssigem Palmöl eingerieben und die Arme in einem nach Minze riechenden Sud geschwenkt haben. In der griechischen und römischen Antike wurde viel Zeit und Geld für die Schönheitspflege verwendet. Schönheit wurde mit Erfolg und Macht in Verbindung gebracht. So empfahl der Dichter Ovid (43 v. Chr. bis 17/18 n. Chr.) eine Salbe aus Gersten- und Weizenmehl, Eiern, gemahlenen Hülsenfrüchten und Hirschgeweihen, Harzen, den Zwiebeln der Narzisse, Honig und Gummi. Schon zur damaligen Zeit benutzte man eine Art Zahnpulver zur Mundpflege. Jegliche Art von Körperbehaarung galt als unästhetisch und wurde mit Pinzetten beseitigt.

Ein ungewöhnliches Rezept zur Gesichtspflege soll Hippokrates (ca. 460–370 v. Chr.) den Frauen seiner Zeit empfohlen haben: Man nehme die Leber einer Eidechse, mische sie mit Olivenöl und trage das Ganze mit unverdünntem Wein auf das Gesicht auf. Ob dieses schaurige Schönheitsrezept gewirkt hat, wissen wir nicht, doch bekanntlich versetzt ja schon der Glaube Berge.

Der Ursprung der Hautpflege wird im alten Ägypten vermutet und hier hatte sie wohl einst religiöse Bedeutung. Die äußere Schönheit sollte die Vollkommenheit der Götter nachahmen, wodurch man Unsterblichkeit zu erlangen hoffte. Das zeigte sich vor allem im Totenkult der Ägypter, bei dem die Verstorbenen aufwändig einbalsamiert und mumifiziert wurden. Für die Hautpflege wurden vor allem tierische Fette, pflanzliche Öle und Bienenwachs verwendet, die man mit wohlriechenden Zusätzen aus Blüten und Blättern vermischte. Diese Salben verliehen der Haut die nötige Weichheit und Elastizität, sie schützten vor der Sonne, vor Insekten und dem Sand. Außerdem förderte das Einreiben die Durchblutung und auf diese Weise das allgemeine körperliche Wohlbefinden. Da Seife noch unbekannt war, wurde der Körper mit Wasser gereinigt, dem häufig etwas Soda zugegeben wurde. Schmutz, Schweiß und ölige Rückstände entfernte man mit Bimsstein und Hautschabern aus Bronze oder Eisen.

Kleopatra (69–30 v. Chr.) soll regelmäßig in Stutenmilch gebadet haben, um ihre Haut jung und geschmeidig zu halten, und dieses Ritual wurde später von der österreichischen Kaiserin Sissi (1837–1898) nachgeahmt. Sie liebte es, sich in einem Bad aus Milch und Honig zu entspannen, und nutzte damit die vielen Vitamine und Aminosäuren, die in diesen Lebensmitteln enthalten sind. Wie sich heute wissenschaftlich nachweisen lässt, reguliert Milchzucker unseren Wasserhaushalt und die in der Milch enthaltenen Eiweiße, Enzyme und Vitamine fördern die Hautelastizität und regen die Zellbildung an. Die heilende Wirkung von Honig ist ebenfalls altbekannt. Er enthält Vitamin A und E sowie zahlreiche Enzyme und Aminosäuren. Und so wirkt Honig straffend, antiseptisch und unterstützt den natürlichen Säureschutzmantel der Haut. Aus diesem Grund wird vielen Gesichtsmasken und Salben Honig beigegeben.

Als im 14. Jahrhundert die Pest nach Europa eingeschleppt wurde, hielt man allein schon den schlechten Geruch für ansteckend. Und so versuchte man, ihn mit stark duftenden Hautölen zu überdecken, die von den Seefahrern aus dem Vorderen Orient nach Italien gebracht wurden. Als Katharina von Medici 1522 nach Frankreich kam, um sich mit dem französischen König Franz I. zu vermählen, war der französische Hof erstaunt über die verschiedenen Parfums, die wohlriechenden Puder und all die Schminke, die Katharina und ihr Gefolge mitbrachten. Es wurde für Frauen modern, unter den Achseln und zwischen ihren Schenkeln Schwämme zu tragen, die in Moschus, Ambra oder Zibetöl getränkt waren.

Ludwig XIV. (1643–1715) soll vor allem den Duft von Orangenblüten und den Geruch faulender Äpfel geschätzt haben. Das braun gewordene Apfelfleisch wurde mit Nelken, Zimt und Fett gemischt; mit der daraus gewonnenen Substanz wurden die Haare parfümiert. Man sagt, das Wort »Pomade« gehe auf diese aus verfaulten *pommes* (Äpfeln) hergestellte Paste zurück.

Im 18. Jahrhundert war man zunächst der Ansicht, dass Krankheiten durch die Berührung der Haut mit Wasser entstünden. Folgerichtig versuchte man also, die Reinigung mit Wasser zu vermeiden, und überdeckte die scharfen Ausdünstungen der Haut mit Talkum-Puder (der allerdings nicht eingeatmet werden sollte). Gegen schlechten Mundgeruch nahm man parfümierte Teigkugeln in den Mund. Da es verpönt war, sich in der Öffentlichkeit zu kratzen, wurde die Haut mit Puder und Arsen bestrichen, um Ungeziefer fernzuhalten. Erkrankten die Frauen, wurden sie mit roten Wangen wieder »gesund« geschminkt. Zum

Glück erinnerte man sich nach der französischen Revolution wieder an Wasser und Seife und allzu aufdringliche Düfte und Schminke galten als altmodisch. Heutzutage besinnen wir uns wieder auf Haut- und Schönheitspflegemittel aus natürlichen Zutaten, die ohne Nebenwirkungen pflegen und gesund erhalten.

Rezepte für die natürliche Hautpflege

Praxis

Das Milchbad der Kaiserin

Vermischen Sie 1½ Liter Milch und ½ Tasse Honig und geben Sie diesen Badezusatz in die mit wohltemperiertem – auf keinen Fall zu heißem – Wasser gefüllte Badewanne. Entspannen Sie sich etwa 20 Minuten und genießen Sie nach dem Bad Ihre zarte Haut und Ihre aufregend glänzenden Schultern.

Honigmaske Nofretete

Für diese Gesichtsmaske vermischen Sie 1 Esslöffel Honig und 3 Esslöffel Magerquark. Verteilen Sie die Maske gleichmäßig auf dem Gesicht und lassen Sie sie 15 Minuten einwirken. Anschließend mit lauwarmem Wasser abspülen.

Efeu-Lavendel-Salbe gegen Orangenhaut

Für den Efeu-Aufguss benötigen Sie 4 Esslöffel frische Efeu-Blätter, die Sie mit 200 Millilitern kochendem Wasser überbrühen. 5 Minuten ziehen lassen und dann abseihen. Erwärmen Sie 1 Esslöffel Mandelöl mit 1 Teelöffel Avocadoöl und lösen Sie ½ Teelöffel Lanolin darin auf. Rühren Sie 2 Esslöffel Efeu-Aufguss und 4 bis 5 Tropfen ätherisches Lavendel-Öl in das Basis-Öl ein. Tragen Sie die Salbe morgens und abends auf. Efeu hat eine entgiftende und Lavendel eine beruhigende Wirkung.

Orientalische Reinigungslotion für empfindliche Haut

Hacken Sie 1 Teelöffel frische Pfefferminzblätter und rühren Sie diese in 50 Milliliter köchelnde Milch ein. Lassen Sie das Ganze etwa 12 Stunden abgedeckt stehen und seihen Sie es dann ab. Reinigen Sie mit dieser Lotion regelmäßig Ihr Gesicht und genießen Sie die erfrischende Wirkung der Minze.

Hautschmuck

Schminke

Für die alten Ägypter hatte das Schminken der Augen eine große Bedeutung, was sicherlich auch auf die Religion zurückzuführen war, denn die Augen waren ein Symbol für den Sonnengott Ra. Und so schminkten sich Königinnen und Könige die Augen mit Kajal. Hierzu wurde fein gemahlenes schwarzes Pulver verwendet, das man mit Ölen oder Wachs zu einer streichfähigen Masse vermengte. Man trug sie mit einem dünnen Stäbchen aus Silber, Elfenbein, Horn oder Holz auf. Abgesehen von ihrer magischen Wirkung, kühlten die schwarz umrandeten Augen bei der großen Hitze und schützten vor Fliegen und anderen Insekten. Die reichen Ägypterinnen bewahrten ihr Kajal in kostbaren Alabasterschalen auf. Außerdem wurden fein gemahlener grüner Malachit und blaues Kupfer-Natriumsilikat mit pflanzlichen Ölen zu feinen Pasten verarbeitet. So entstanden eine grüne und eine blaue Schminkpaste für die Augenlider. Beide dienten nicht nur der Verschönerung, sie hatten außerdem eine stark desinfizierende Wirkung. Als Lippenstifte dienten roter Ocker und das blaurote Karmin der Purpurschnecke, die mit Öl zu einer weichen Masse verrührt beziehungsweise mit Bienenwachs zu einem Stift geformt wurden.

Die Kenntnisse der Ägypter über die Herstellung von Kosmetika verbreiteten sich auf den Handelswegen im gesamten Mittelmeerraum. Ursprünglich hatten die Griechen sich nur mit reinen Fetten eingerieben, um sich vor extremen Temperaturen zu schützen, denn trockenes Haar und trockene Haut galten als

»schmutzig«. Später ließen sich die Frauen allerdings von orientalischen Düften betören und schminkten sich die Augen wie die Ägypterinnen. Die Wangen wurden mit dem Saft des Maulbeerbaums gerötet, für Lippenstifte verwendete man roten Zinnober und einige Frauen ließen sich sogar das Haar bleichen.
Nach dem Untergang des Weströmischen Reiches verlagerte sich das kulturelle Zentrum nach Osten. Die Araber bewahrten dieses alte Wissen um die Herstellung von Kosmetika und entwickelten es weiter. Unter dem Einfluss des Christentums in Europa wurde die Körperpflege erneut vernachlässigt. Der Körper als äußeres Gewand der Seele sollte nicht durch Schönheit, Düfte und Kosmetika von Gott ablenken. Erst mit den Kreuzzügen gelangten »die schönen Düfte« wieder nach Europa. Sie fanden Eingang in die Welt der höfischen Schönheitsideale: blondes Haar, weiße Gesichtshaut, rote Wangen. Es scheint, als ob in jeder Kultur vor allem auch die jeweiligen Pflanzen zur Verschönerung eingesetzt wurden. Im Laufe der Geschichte war Schminke mal mehr und mal weniger gefragt.
Heute ist unser äußeres Erscheinungsbild stark der Mode unterworfen und diese ändert sich fortwährend. Allerdings achten wir mehr denn je darauf, dass die Kosmetik auch aus natürlichen Substanzen hergestellt und damit nicht gesundheitsschädlich ist.

Tätowierung

Eine Tätowierung ist ein Bild oder Text, das beziehungsweise der mit Tinte oder anderen Farbpigmenten geritzt wird. Wahrscheinlich ist der englische Begriff »Tatoo« auf das tahitische Wort *tatau* zurückzuführen, was so viel wie »schlagen« oder »in

die Haut ritzen« bedeutet. Die Bewohner der Südsee schmückten ihre Haut traditionell mit Tätowierungen, die eine rituelle Bedeutung hatten. Oft wurden sie auch verwendet, um die Mitglieder der verschiedenen Stämme voneinander zu unterscheiden.
Als der Abenteurer, Entdecker und Pirat William Dampier 1691 von einer Schiffsreise einen Insulaner aus der Südsee mit nach England brachte, sorgte er damit für Aufsehen. Der Südseeprinz Jeoly von der Insel Meangis war von Kopf bis Fuß tätowiert. Das hatte man in England noch nicht gesehen und so wurde Prinz Jeoly in den folgenden Wochen und Monaten von ganz London bestaunt.
Später waren Tätowierungen vor allem bei Matrosen beliebt. Sie ließen sich zum Andenken an weite Reisen in die Südsee von Eingeborenen tätowieren. Eine Tätowierung hatte aber noch einen weiteren Sinn. Es war bei den Seeleuten üblich, sich christliche Symbole wie das Kreuz in die Haut ritzen zu lassen. So konnten die Ertrunkenen bei einem Schiffbruch als Christen identifiziert und entsprechend zur letzten Ruhe gebettet werden.
Heute sind Tätowierungen vor allem erotischer Hautschmuck, der die Geschlechtsmerkmale besonders hervorheben oder als besonderes Zeichen der Zuneigung gelten soll. Eine Tätowierung bleibt lebenslang erhalten und Sie sollten sich gut überlegen, ob der chinesische Drache auf der Pobacke dort auch mit sechzig noch gut aussieht …

Piercing

Eine weitere Variante des Körperschmucks ist das Piercing. Dabei wird die Haut durchstochen und Schmuckstücke aus Metall,

Knochen oder Kunststoff werden eingesetzt. Bei Naturvölkern hat Piercing eine lange Tradition, so dient es etwa bei den Indios des Amazonasgebiets dazu, die Zugehörigkeit zu einem bestimmten Stamm zu zeigen. Die Massai in Kenia heben sich durch künstlich in die Länge gezogene Ohren hervor und in Südäthiopien lassen sich Frauen vom Stamm der Surma sechs Monate vor der Hochzeit die Unterlippe durchstechen, die dann mithilfe von Scheiben vergrößert wird. Je größer die Scheibe zum Zeitpunkt der Hochzeit, desto höher der Brautpreis. In Indien gilt Nasen- und Ohrschmuck bis heute als Zeichen für Reichtum. Das Bauchnabel-Piercing wird in die Hautfalte, die den Bauchnabel umgibt, oberhalb oder unterhalb des Nabels gestochen und sitzt senkrecht.

In Europa erlebte Piercing in den gesellschaftlichen Randgruppen des 18. Jahrhunderts eine Renaissance. Man grenzte sich bewusst gegen das Bürgertum ab und zeigte auf diese Weise seine Zugehörigkeit. So ließen sich beispielsweise Matrosen nach jeder Äquatorüberquerung einen weiteren Ohrring stechen.

Es gibt die verschiedensten Möglichkeiten des Piercings: Beim sogenannten »Madonna-Piercing« wird ein Loch durch die Unterlippe gestochen und mit Schmuck verziert. Ringe und Schmucksteine können am Ohrläppchen getragen werden, in der Nase, an den Augenbrauen oder über den Lippen.

Im Genitalbereich stimuliert ein Piercing beim Geschlechtsverkehr, da eine zusätzliche Reizung entsteht. Wenn Sie sich für diesen ungewöhnlichen Körperschmuck entscheiden, sollten Sie das Piercing unbedingt von einem Fachmann oder einer Fachfrau durchführen lassen. Sterile Instrumente sind dabei natürlich oberstes Gebot. Je nach Körperteil dauert die Ausheilung zwischen vier und acht Wochen und die gepiercte Stelle muss täglich mit Kamillentee gespült werden. Natürlich ist Piercing auch nicht ganz ungefährlich, etwa wenn im Gesicht der Trigeminusnerv getroffen wird oder chronische Entzündungen entstehen.

Branding

Der Begriff »Branding« stammt ursprünglich von der Kennzeichnung von Herdenvieh. Der Besitzer brannte seinen Tieren mit einem heißen Brandeisen ein Zeichen auf die Haut, das dann mit der Zeit vernarbte. Im Römischen Reich wurden Sklaven ebenso gebrandmarkt wie Sträflinge oder von der Gesellschaft Ausgestoßene. Branding ist als Körperschmuck nicht so verbreitet wie Piercing oder Tätowierungen, denn die Prozedur ist schmerzhafter und die Wunde verheilt nicht so schnell. Immerhin handelt es sich um eine Verbrennung dritten Grades! Trotzdem gibt es auch für diese Variante der Körperverzierung Liebhaber und vor allem in Verbindung mit einer Tätowierung kann ein Branding recht attraktiv aussehen.

Skarifikation

Dies ist extremste Form der Körperverzierung, hier werden kunstvolle Narbenmuster in die Haut geschnitten. Die Skarifikation gibt es vor allem im Sudan. Sie dient auch hier als Zeichen der Zugehörigkeit zu einem bestimmten Stamm, als Körperschmuck oder sie wird bei einem Initiationsritual praktiziert. So wird ein Mädchen beispielsweise zur heiratsfähigen Jungfrau, wenn sie diese Schmerzen ohne zu klagen ertragen kann.

DIE KUNST DER EROTISCHEN MASSAGE

Sie wünschen sich mehr Sinnlichkeit, möchten sich entspannen und wohlfühlen und dabei Ihre Lust genießen? Um eine erotische Massage zu geben oder zu empfangen, müssen Sie kein Profi sein und keinen Kurs gemacht haben. Lassen Sie sich ganz auf die Bedürfnisse Ihres Partners ein und Sie werden spüren, was Ihnen beiden guttut.

Erotische Massage

Praxis

Vorbereitung

Sie benötigen für diese Massage ein Massageöl, Gleitgel, eine Schale mit lauwarmem, zart duftendem Wasser, einen Waschlappen oder einen Schwamm und Federn, am besten Straußenfedern, oder ein Seidentuch.

Machen Sie es sich jetzt ganz bequem auf dem Bett oder auf einer weichen Decke, über das beziehungsweise die Sie ein Laken gelegt haben. Welchen Duft würden Sie jetzt gern riechen? Zünden Sie ein paar Kerzen oder Teelichter an. Legen Sie eine Decke bereit für die Entspannungsphase am Ende der Massage. Leise Musik im Hintergrund kann sehr beruhigend wirken und das Wohlgefühl erhöhen. *Ladies first!* –

Praxis

Die Frau darf die Massage zuerst empfangen ...
Machen Sie es Ihrer Partnerin bequem und fragen Sie sie, ob sie ein Kissen möchte und ob es im Raum warm genug ist.

Das Reinigungs-Ritual

Setzen Sie sich neben Ihre Partnerin und achten Sie während der gesamten Massage darauf, dass Sie selbst stets bequem sitzen. Ihre Partnerin wird es spüren, wenn Sie verspannt sind oder sich unwohl fühlen. Sehen Sie sich Ihre Geliebte genau an. Wann haben Sie sie das letzte Mal so intensiv betrachtet? Sie liegt nackt vor Ihnen, auf dem Rücken. Wirkt sie entspannt? Ist ihr Atem tief oder flach? Langsam oder schnell? Wie sieht ihr Gesicht aus? Ist ihr Kiefer entspannt, der Mund leicht geöffnet?
Nehmen Sie nun einen Waschlappen oder einen weichen Schwamm und beginnen Sie sanft, ihre Hände damit abzuwaschen. Durch die Reinigung geben Sie Ihrer Partnerin die Möglichkeit, sich innerlich von ihrem Alltagsstress zu befreien, sich zu entspannen und wohlzufühlen. Sie wird sich an die Zeit erinnert fühlen, als sie noch ein Baby war und sich vertrauensvoll den liebevollen Händen ihrer Mutter hingeben konnte.
Streichen Sie langsam nach oben, waschen Sie erst

den einen und dann den anderen Arm. Reinigen Sie das Gesicht Ihrer Liebsten, den Brustkorb ... und wandern Sie über den Bauch langsam nach unten. Waschen Sie ihr Geschlecht, die Beine und schließlich auch die Füße.
Geben Sie ihr zum Abschluss Zeit nachzuspüren, wie sie sich jetzt fühlt ... Sie können Ihre Partnerin nun bitten, sich umzudrehen, und dann sanft ihren Rücken reinigen. Legen Sie danach wieder eine kleine Pause ein, in der Sie sich ein wenig sammeln können und Ihre Partnerin einfach nachspürt ...

Zarte Berührung

Streichen Sie nun mit einem Seidentuch oder einer Feder langsam und überaus zärtlich über den Rücken Ihrer Liebsten. Beginnen Sie dort, wo es sich für Sie richtig anfühlt. Sie können auch mit verschiedenen Federn spielen, streichen Sie langsam vom Hals die Wirbelsäule hinab und lassen Sie die Bewegung dabei mal langsamer und dann wieder etwas schneller werden. Versuchen Sie im Auge zu behalten, wie Ihre Liebste auf Ihre Streicheleinheiten reagiert. So werden Sie besser erkennen, was ihr gefällt. Wann bewegt sich Ihre Partnerin lustvoll? Wann atmet sie tiefer? Stöhnt sie, wenn Sie sie an bestimmten Körperstellen berühren? Bekommt sie eine Gänsehaut?

Praxis

Der Duft von Vanille und Orange

Sie dürfen Ihre Partnerin nun mit einer Ölmassage verwöhnen. Setzen Sie sich dazu am besten an das Kopfende Ihrer Liebsten, sie bleibt auf dem Bauch liegen.

Viele Frauen mögen es, wenn zuerst ihr Rücken massiert wird. Es fühlt sich besonders gut an, wenn hier die Verspannungen zuerst gelöst werden. Geben Sie ein wenig Öl in Ihre Hände und verteilen Sie es auf Ihren Handflächen, bevor Sie damit ihren Körper berühren. Legen Sie beide Handflächen auf den oberen Rücken und lassen Sie die Hände langsam nach unten gleiten. Wiederholen Sie das einige Male und streichen Sie dann auch ihre Arme von den Schultern in Richtung Handflächen aus. Setzen Sie sich nun zu den Füßen Ihrer Partnerin und beginnen Sie, die Füße zu massieren und langsam die Schenkel nach oben zu streichen. Massieren Sie ihren Po in kreisförmigen Bewegungen. Streichen Sie langsam vom Hals über den Rücken, den Po hinab, über die Beinrückseiten nach unten (hier sitzen Sie am besten seitlich). Sie dürfen auch gern mit Ihren Unterarmen streichen; das fühlt sich ebenfalls schön an. Oder Sie massieren mit Ihrem ganzen Körper. Vergessen Sie die Zeit zum Nachspüren nicht …

Danach dreht sich Ihre Liebste wieder auf den Rücken

Praxis

und Sie massieren mit langsamen Bewegungen ihre Brüste, ihren Bauch und die Beine. Lassen Sie sich leiten von Ihrem eigenen Körpergefühl. Sie können die Muskeln zwischen Ihren Daumen und Fingern kneten, leicht mit den Fingern klopfen oder mit dem Daumen drücken. Seien Sie kreativ, Sie können nichts falsch machen. Was Ihrer Partnerin gefällt, ist erlaubt.

Für ihre Lust

Ihre Partnerin liegt auf dem Rücken, ihre Beine sind leicht gespreizt. Sie dürfen ihr nun eine Intimmassage geben, wenn sie das möchte. Auch bei dieser speziellen Form der Berührung lassen Sie sich ganz von Ihrer Intuition leiten ...

Legen Sie eine Hand auf ihr Herz, die andere auf ihr Schambein. Beginnen Sie nun mit der intimen Berührung. Sehen Sie dabei ihren Venushügel genau an. An was erinnert er Sie: An eine Blüte? Eine halb geöffnete Muschel? Begrüßen Sie diesen intimen Teil ihres Körpers, indem Sie sanft an ihren Haaren zupfen oder, wenn sie rasiert ist, ganz vorsichtig an der Haut. Öffnen Sie ihre Lustlippen behutsam ... und schauen Sie nach, wie es hinter diesem Tor der Lust aussieht. Bleiben Sie neugierig, auch wenn Sie Ihrer Liebsten schon oft körperlich nah waren. Nun drücken Sie ihre beiden kleineren Lustlippen mit Daumen und

Zeigefinger leicht zusammen. Fragen Sie, ob es ihr gefällt, ob ihr mehr oder weniger Druck angenehmer ist. Drücken Sie leicht mit dem Daumen um den Eingang zu ihrer Lustgrotte herum, das ist eine Art Akupressur des Genitalbereichs. Beginnen Sie jetzt, mit ihrer Perle zu spielen. Massieren Sie die Klitoris mit Daumen und Zeigefinger ... achten Sie darauf, dass Sie genügend Gleitgel benutzen. Stellen Sie sich vor, auf der Klitoris läge das Ziffernblatt einer Uhr: Oben, zum Bauch hin, liegt die Zahl Zwölf und unten, zum Anus hin, die Sechs. Stimulieren Sie die Klitoris nun im Uhrzeigersinn. Fragen Sie Ihre Partnerin, bei welcher Ziffer sie die größte Lust verspürt. (Bei vielen Frauen ist das bei der Zwei.)

Fragen Sie Ihre Partnerin, ob Sie nun auch ihre Vagina massieren dürfen. Natürlich haben Sie sie dort schon oft berührt ... aber sie wird sich dann umso wohler fühlen, wenn sie respektvoll gefragt wird. Führen Sie einen oder zwei Finger in die Vagina ein und beginnen Sie, sie leicht nach allen Seiten hin von innen auszuweiten. Versuchen Sie den G-Punkt zu finden. Er liegt im vorderen Teil der Scheidenwand zur Bauchdecke hin und ist etwa so groß wie ein 2-Euro-Stück. Haben Sie ihn gefunden, so stimulieren Sie ihn, indem Sie mit Zeige- und Mittelfinger eine Bewegung machen, als ob Sie etwas zu sich locken wollten. (Ihre

Praxis

Fingerspitzen bewegen sich zu Ihnen hin.) Sie können nun abwechselnd ungefähr 10 Sekunden lang den G-Punkt (mit zwei Fingern) und die Klitoris (mit dem Daumen) stimulieren. Das wird das Blut Ihrer Liebsten in Wallung bringen. Versuchen Sie ihre Erregung immer weiter zu steigern ... und wenn sie kurz vor dem Höhepunkt ist, werden Sie langsamer in Ihren Bewegungen, bitten Sie sie, tief einzuatmen und entspannt auszuatmen ...

Stellen Sie wieder eine Verbindung her zwischen Herz und Genitalien, indem Sie je eine Hand auf ihr Herz und eine auf ihren Unterleib legen.

Lassen Sie sich von Ihrer Liebsten zeigen, wie sie gern angefasst werden möchte, und bitten sie um Feedback. Erlauben Sie ihr, Ihre Hand zu führen, und entdecken Sie, was ihr am meisten Spaß macht. Auf diese Weise können Sie Ihrer Partnerin stundenlange Lust verschaffen ... als Vorspiel oder als erotisches Geschenk für sie. Und wenn sie sehr erregt ist und kurz vor dem Orgasmus steht, können Sie ihr einen ganz besonderen Höhepunkt verschaffen: Atmen Sie einige Male mit ihr ganz tief ein und aus und bitten Sie Ihre Partnerin dann, beim nächsten Atemzug die Luft anzuhalten und dabei den ganzen Körper fest anzuspannen und sowohl den Atem als auch die Spannung mindestens 20 Sekunden lang zu halten.

Auf diese Weise verteilt sich die sexuelle Energie im ganzen Körper. Im Tantra nennt man dieses Hochziehen der Energie „Big Draw".
Nun decken Sie Ihre Partnerin zu und geben ihr die Möglichkeit, wieder auf der Erde anzukommen. Diese Massage wird jedes Mal anders sein, je nachdem, wie Sie sich fühlen, werden andere Gefühle oder Wahrnehmungen entstehen. Bleiben Sie ganz im Augenblick ... keine Erwartungen ... keine Forderungen ... keine Kritik ... Bleiben Sie einfach offen für alles, was in diesem Moment passiert.

Für seine Lust

Zuerst waschen Sie Ihren Liebsten, wie er es mit Ihnen gemacht hat, dann streicheln Sie seinen Körper sanft mit Federn und geben ihm danach eine Ölmassage. Lassen Sie ihm Zeit, sich auf das einzustimmen, was ihn erwartet. Vielen Männern gefällt es, dabei auch ein wenig kräftiger geknetet zu werden. Ihr Bindegewebe ist fester als das von Frauen und es verträgt mehr Druck. Wenn Sie Ihrem Liebsten eine besondere Freude machen wollen, verwöhnen Sie ihn jetzt mit einer Penis-Massage.
Legen Sie eine Hand auf das Herzzentrum Ihres Partners und die andere auf seinen Penis. So schaffen Sie die Verbindung zwischen seinem Herzen und seiner

Praxis

Sexualität. Nehmen Sie genügend Gleitgel in Ihre Hände und beginnen Sie, seinen Schwanz vom Ansatz zur Eichel mit beiden Handflächen zu massieren. Biegen Sie seinen Zauberstab dabei im Uhrzeigersinn in alle Richtungen. Massieren Sie seinen Penis mit einer Hand und verteilen Sie gleichzeitig mit der anderen Hand die Energie im restlichen Körper, indem Sie über seine Schenkel, sein Perineum, seinen Bauch nach oben streichen ... Ziehen Sie nun mit der einen Hand die Vorhaut des Penis nach unten, die andere Hand umfasst ihn fest und massiert ihn von unten nach oben mit sanften Drehbewegungen. Achten Sie darauf, dass Sie genügend Gleitgel nehmen. Wie reagiert Ihr Schatz: Wann atmet er schwer? Wann verfärbt sich seine Eichel dunkelrot und zeigt sein Körper an, dass er sehr erregt ist? Bitten Sie ihn immer wieder, Ihnen Feedback zu geben. So wissen Sie stets, wie ihm die Massage gefällt und was er besonders genießt.

Ziehen Sie mit einer Hand die Vorhaut nach unten und legen Sie die Eichel auf den Bauch. Massieren Sie mit der anderen Hand über den Schaft und gleiten Sie dabei gleichzeitig mit den Fingern über den Bauch. Damit entspannen Sie Ihren Partner und helfen ihm, seine sexuelle Kraft zu verteilen. Lassen Sie den Blick auch immer wieder über seinen ganzen Körper wan-

dern. Behalten Sie den ganzen Menschen im Auge. Dann wird die Massage zu einem tiefen Erlebnis. Massieren Sie seinen Hoden sanft mit den Fingerspitzen ... erinnern Sie Ihren Liebsten daran, tief ein- und auszuatmen. Ziehen Sie mit der einen Hand die Vorhaut des Penis nach unten und stellen Sie sich vor, Sie wollten mit der anderen Hand auf der Eichel eine Zitrone auspressen. Bearbeiten Sie die Eichel auf diese Weise, allerdings sehr sanft ... Die Fingerspitzen zeigen dabei zu den Füßen Ihres Partners. Fragen Sie ihn immer wieder, ob es ihm so gefällt. Legen Sie nun beide Hände um seinen Zauberstab und lassen Sie sie nacheinander nach oben zur Eichel gleiten. Setzen Sie immer wieder unten an und spielen Sie mit Druck und Geschwindigkeit der Bewegung. Was bereitet Ihrem Liebsten die größte Lust?
Nehmen Sie den Penis nun zwischen Ihre Handflächen, die Finger sind gestreckt, und reiben Sie ihn zwischen den Handflächen. Verändern Sie auch hier wieder das Tempo – werden Sie mal schneller und dann wieder ganz langsam, wandern Sie mit den Handflächen von unten nach oben ... bis ganz zur Spitze hinauf. Verschränken Sie die Finger um den Penis Ihres Liebsten und drücken Sie *ihn.* Wandern Sie dabei mit den Händen wieder nach oben und nach unten.

Praxis

Fragen Sie ihn, was er sich von Ihnen wünscht. Wie fasst er sich am liebsten selbst an? Schauen Sie ihm zu, lassen Sie sich die Hände von ihm führen. Und: Nehmen Sie sich viel Zeit für diese Massagen.

WAS DAS HERZ BEGEHRT

Es war ein regnerischer Sonntagnachmittag und genau die richtige Zeit für eine entspannende Massage. Lukas hatte sich vorgenommen, seine Frau mal so richtig zu verwöhnen, und sie durfte es sich auf dem Bett bequem machen. Natürlich nackt! Er hatte sich dazu sogar ein Anleitungsbuch besorgt und ein Massageöl gekauft, das angenehm nach Vanille und Kokosnuss duftete, und heimlich einige Griffe und Techniken geübt. Damit wollte er Jasmin überraschen – und das gelang ihm auch. Schon bald konnte er ihr wohliges Stöhnen entlocken. Jasmin war nach den sinnlichen Berührungen völlig entspannt, ihre Augen waren geschlossen. Wie eine griechische Göttin lag sie da und Lukas betrachtete ihre Brust, die sich mit dem Atem hob und senkte; die zarte Linie ihres Halses; ihr entspanntes Gesicht. Wie Achtzehn sah sie jetzt aus. Sein Blick wanderte weiter nach unten und ruhte auf ihrem kleinen Bäuchlein. Er liebte diese sanfte

Wölbung; konnte nie verstehen, dass Frauen sich diese weiche Sinnlichkeit abzuhungern versuchten. Gott sei Dank klappte das meist sowieso nicht.

Ihre Schenkel waren leicht geöffnet und er blickte auf ihren rasierten Venushügel ... Sein Jagdinstinkt erwachte. So unschuldig sah sie in diesem Augenblick aus und er bekam Lust, sie zu berühren. Eigentlich bekam er einfach Lust, sich auf sie zu legen und seinen Ständer heftig in ihr zu bewegen. Sie sah einfach zu verführerisch aus und nach dieser wundervollen Massage hatte er jetzt doch auch ein wenig Spaß verdient. Er streichelte seinen Penis ein wenig, bis es wie eine Eins stand, und liebkoste dabei gleichzeitig die Innenseite ihrer Schenkel. Da wachte Jasmin auf, doch anstatt ihre Beine um seine Hüften zu schlingen und ihn an sich zu ziehen, drehte sie sich auf den Bauch. Das hatte Lukas nicht erwartet, aber vielleicht hatte sie ja mehr Lust, von hinten genommen zu werden. Verstand einer die Frauen! Ihr saftiges Hinterteil ließ seinen Ständer vor Freude noch ein wenig mehr anschwellen und er konnte es kaum erwarten, endlich in ihr zu sein. Seine Augen ruhten zwischen ihren runden Backen.

»Kannst du mir vielleicht mal ein Glas Wasser holen, Schatz?« Jasmin gähnte und griff nach der Bettdecke. Als Lukas mit dem Getränk zurück ins Zimmer kam, lag sie bereits zusammengerollt wie ein Igel auf der Seite und sah ihn verträumt an. Lukas schmollte.

»Ich dachte ... Immerhin habe ich dir doch viel Freude gemacht mit der Massage. Nun ja ... Es hat mich eben angemacht, wie du so dalagst, so nackt und hilflos.«

»Das war klasse, wie sanft du mich berührt hast. Ich habe das sehr genossen und ich fühle mich pudelwohl je[illegible] mit Kuscheln?« Jasmin hob einladend die Bettd[illegible] rückte ein wenig zur Seite.

Das hatte Lukas sich anders vorgestellt. Seine Erregung war auch schon wieder in sich zusammengefallen. Er fühlte sich abgelehnt, kroch dann aber doch zu Jasmin unter die Decke.

»Wieso kannst du nicht einfach nur mal die Berührung genießen und dich mir nah fühlen, ohne gleich an Sex zu denken? Das setzt mich echt unter Stress. Oft mag ich dich schon gar nicht mehr anfassen, weil du dann sofort Sex willst.«

»Echt? Bin ich so schlimm?« Lukas nahm sie in den Arm und küsste sie auf die Stirn.

»Kennst du die Geschichte von dem Jäger am Seerosenteich?« Jasmin lachte.

»Nein. Erzähl sie mir …«

Jagdsaison

Der Sommerwind strich sanft über den muskulösen Körper der jungen Göttin. Sie vertrieb sich die Zeit am liebsten mit ihren Gespielinnen im Wald. Man hatte ihr den Namen Diana gegeben: Diana, die Jägerin.

»Hilfst du mir, diesem Hasen das Fell über die Ohren zu ziehen?« Diana hatte sich schon gebückt und machte sich an dem toten Tier zu schaffen. Ihre Freundin Lunara kniete sich neben sie und gemeinsam hatten sie ihm das Fell bald abgezogen.

»Das wird ein Festmahl geben heute Abend!« Lunara klatschte in die Hände wie ein übermütiges junges Mädchen und tanzte vor Freude. Heute war das traditionelle Frühjahrsfest. Die Göttin Flora sollte geehrt werden und bald würde ein Freudenfeuer lichterloh brennen und die Nacht erhellen.

»Lasst uns schwimmen gehen!«, rief Diana ihren Freundinnen zu. »Wir wollen doch frisch sein für heute Nacht.«

Diana stand bereits bis zu den Knien im See. Sie hatte ihr Hirschfell, in das sie gehüllt war, den Bogen und den Köcher auf den moosigen Waldboden gelegt.

Lunara tauchte vorsichtig eine Fußspitze ins Wasser.

»Das Wasser ist kalt!«

»Stell dich nicht so an!« Diana bespritzte die Brüste ihrer Freundin mit Wasser.

»Lass das!«, kicherte Lunara, lief schnell ins Wasser und tauchte für einen Augenblick ganz unter.

Die Sonne ließ ihre wärmenden Strahlen auf der Oberfläche des Sees tanzen. Und die anderen Mädchen begannen ebenfalls, sich zu entkleiden, und stakstén zuerst einmal wie Flamingos zwischen den rosafarbenen Seerosen herum. Kyra war eine dralle Blondine und ihre schweren Brüste hüpften wie zwei Gummibälle, als sie von Miriam und Valeria untergetaucht wurde und prustend wieder auftauchte. Sie liebte diese ausgelassenen Spiele … und das nicht zuletzt, weil sie dabei wie beiläufig an den Brüsten berührt wurde. Ihre Brustwarzen stellten sich auf und sie genoss diese Erregung sichtlich. Bald stand sie etwas abseits von den anderen, die Augen geschlossen, eine Hand hatte sie zwischen ihren Beinen … und sie gab sich dem wohligen Schauer hin, als ihre Hände wie von selbst den Zugang zu ihrer Muschel fanden.

Schon von Weitem hatte Antonius das Kichern der Mädchen gehört und neugierig hatte er sich an den Teich herangeschlichen. Er hatte einen gestählten Körper, war jung und abenteuerlustig. Seine Spürhunde gehorchten ihm aufs Wort; sie standen still an seiner Seite. Sie schienen jetzt nicht mehr Jagd auf Fasanen zu machen, eher auf ein paar gackernde Hühner. Antonius sah den jungen Nymphen eine ganze Weile beim Baden zu … und bekam einen enormen Ständer. Er beobachtete Kyra, wie sie so zwischen den Seerosenblättern im Wasser stand und sich ihrer Lust im Verborgenen hingab … einfach hinreißend. Von Diana konnte er seine Augen nicht mehr abwenden: Antonius war Jäger mit Leib und Seele und starke Frauen weckten seinen Eroberungsdrang. Er liebte es, sein Opfer zu überwältigen, und es bereitete ihm Lust, Frauen zu unterwerfen. Und das unschuldige Spiel dieser ahnungslosen jungen Mädchen erregte ihn sehr. Lautlos zog er seinen Umhang aus Kalbsleder aus und versteckte seine Jagdutensilien im Gebüsch. So trat er aus dem Wald heraus an das Ufer des Teichs. Erschrocken versuchten die Mädchen, ihre nackten Brüste mit den Händen zu bedecken. Sie drängten sich in der Mitte des Teichs zusammen und starrten ihn an wie ein gefährliches Tier. Antonius ging langsam ins Wasser und näherte sich ihnen. Er breitete seine Arme aus und überlegte sich bereits, welche der jungen Schönen er zuerst berühren wollte, welche seinem Speer wohl zuerst zum Opfer fallen sollte. Eine von ihnen aber schien sich ganz und gar nicht vor ihm zu fürchten. Es war Diana. Sie stand mit verschränkten Armen vor ihm. Ihre Nacktheit machte sie nicht verletzlich, sie trug sie stolz wie eine Rüstung.

»Was willst du, Fremder?«, herrschte sie ihn an. Ihre Augen funkelten böse.

Mit so viel Widerstand hatte Antonius nicht gerechnet und es amüsierte ihn ein wenig, diese junge Frau so wütend zu sehen.

»Hübsch siehst du aus, wenn du wütend bist!«, lachte er.

»Komm keinen Schritt näher. Sieh dich vor …«, warnte ihn Diana.

Er aber versuchte, nach ihr zu greifen. Nicht, um ihr wehzutun, sie sollte nur seine Kraft spüren. Sein jugendlicher Charme und sein durchtrainierter Körper hatten bisher alle Frauen bezaubert, die er begehrte.

»Fass mich nicht an, Fremder!«, zischte Diana und erhob ihre Hand.

Antonius wurde wütend. Was bildete sich diese Frau eigentlich ein? Männer sagen Frauen, was sie zu tun haben, und nicht umgekehrt.

Doch da hatte ihr Blick ihn bereits getroffen, ein stechender Schmerz durchzuckte ihn, sein Kopf schien zu zerspringen und sich nach allen Seiten auszudehnen. Sein Körper verformte sich … bis er auf allen Vieren im Wasser stand und seine Spürhunde kläffend um ihn herumsprangen.

Die Mädchen lachten. Antonius versuchte zu sprechen, aber es drangen nur brüllende Laute aus seiner Kehle, die er selbst nicht verstand. Dann bewegte er sich durch das seichte Wasser und neigte sein Haupt, um zu trinken.

Und plötzlich war er sich gewiss: Die schöne Hexe hatte ihn in einen Hirsch verwandelt. Er weinte bitterlich. Vielleicht sogar zum ersten Mal in seinem Leben.

Von nun an zog er mit den Nymphen durch den Wald. Nachts durfte er neben Diana liegen und sie wärmen. Sie war eine wundervolle Frau! Seine Liebe zu ihr wuchs jeden Tag und er wünschte sich so sehr, ihr sagen zu können, wie sehr er sie liebte, wie sehr er sie begehrte. An den Abenden kuschelten sich die Mädchen am Feuer zusammen, sie streichelten sich und lagen eng umschlungen auf dem warmen Waldboden. Sie flüsterten sich süße Worte ins Ohr. Und manchmal, wenn Diana eines ihrer Mädchen erhörte und mit ihr im Wald verschwand, lauschte er sehnsüchtig. … Er verehrte sie so sehr und wurde ihr treuer Freund und Gefährte.

Eines Tages aber wurden die Nymphen von einer wilden Raubkatze überrascht. Diana versuchte sie mit einem Speer zu töten, aber das Tier ließ sich nicht überwältigen und hatte Diana bereits am Arm gepackt. Da stieß Antonius einen markerschütternden Schrei aus und senkte seinen Kopf. Immer wieder stieß er mit seinem Geweih auf das wilde Tier ein, bis es endlich blutend und leblos am Boden lag.

»Du hast mein Leben gerettet, ich danke dir!« Diana streichelte Antonius sanft über das Fell. Und er rieb seinen Kopf an ihrer Schulter.

»Du hast dich verändert. Du bist weich und zart geworden und dennoch stark und voller Leidenschaft. Ich will dich wieder in einen Menschen verwandeln. Du wirst nicht mehr der Alte sein.« Diana lächelte geheimnisvoll, sie richtete ihre Augen auf ihn und wieder spürte Antonius dieses starke Ziehen im ganzen Körper, er schien zu schrumpfen … und plötzlich hatte er auch wieder eine menschliche Stimme.

»Ich danke dir so sehr, geliebte Diana.«

Doch was war das? Seine Stimme war hell und klar. Antonius blickte an sich hinab und sah seine mädchenhaften Brüste. Das war doch wohl nicht wahr! Er war eine Frau geworden und war sich nicht sicher, ob es ihm gefiel. »Besser als ein Hirsch ist es in jedem Fall«, dachte er. Und Diana schien Frauen zu mögen …

»Dein Körper wollte es so«, erklärte Diana ihm unschuldig. »Außerdem bevorzuge ich Frauen, wie du sicherlich bemerkt hast. Die sind so viel weicher und zarter …« Und sie lächelte ihn an.

Die anderen Nymphen standen um sie herum und bestaunten Antonius' lange Haare, die weich auf seine Schultern fielen.

»Willkommen im Club!«, rief Kyra und klatschte in die Hände.

»Wie meinst du das?«, fragte Antonius mit sanfter Mädchenstimme.

»Na, wir haben einst dein Schicksal geteilt«, Kyra lächelte.

»Wie soll ich das verstehen?«

»So, wie ich es sage. Auch wir waren früher einmal Jäger, die Diana beim Baden überrascht haben.«

»Du meinst ...«

»All diese süßen Nymphen waren früher einmal wilde Männer mit einem tierischen Sexualtrieb gewesen?«

»So ist es, mein Schatz.«

»Und dann haben sie gelernt, wie Frauen zu fühlen?«

»Das könnte schon so gewesen sein ...«

Jasmin kuschelte sich an Lukas. Aber der war ein wenig verwirrt: War er vielleicht mit einer Hexe verheiratet?

ZEIG MIR, WAS DU FÜHLST!

Mit einem kurzen Schwanzwedeln kann ein Hund mehr Gefühl ausdrücken als mancher Mensch mit stundenlangem Gerede. Louis Armstrong

Inzwischen wird sogar die Liebe naturwissenschaftlich untersucht und chemische Vorgänge im Körper werden für unsere Verliebtheit verantwortlich gemacht. Wir können eine Partnerschaft aber auch psychologisch analysieren und uns Gedanken machen, wieso ein Mensch sich gerade und manchmal sogar immer wieder in jemanden verliebt, der eigentlich gar nicht zu ihm passt. Oder wir können über die Liebe nachdenken und allerhand geistreiche Sprüche erfinden ... Aber letztendlich haben wir damit das Phänomen »Liebe« niemals ganz erfasst, haben quasi bloß eingekreist, worum es wirklich geht: um tiefe, überwältigende, wunderbare Gefühle!

Wo aber entstehen unsere Gefühle? Das menschliche Gehirn ist nicht nur Zentrum unserer geistigen Fähigkeiten, auch unsere Emotionen werden von hier aus gesteuert. Das limbische System ist eine hochkomplexe Funktionseinheit, die etwa in der Mitte des Gehirns liegt und den Hirnstamm wie ein Saum (Lateinisch: *limbus*) umgibt. Es ist der älteste und quasi primitivste Teil unseres Gehirns. Hier werden unter anderem Emotionen wie Freude, Wut, Angst und Trauer verarbeitet und hier entsteht unser Triebverhalten. Dieser Teil des Gehirns ist, entwicklungsgeschichtlich betrachtet, sehr viel älter als die Großhirnrinde (*Neocortex*), die für unser Bewusstsein und unser Denken verantwortlich ist.

Das limbische System funktioniert weitgehend autonom, das heißt, wir können es nicht willentlich beeinflussen. Und das ist durchaus sinnvoll, denn Emotionen – wie beispielsweise Angst – haben eine lebenserhaltende Funktion: Vor einem wilden Tier zu flüchten oder es anzugreifen hat zweifellos vielen unserer Vorfahren das Leben gerettet. Ein Reiz aus der Außenwelt wird zunächst vom limbischen System grob in einem emotionalen Raster bewertet (»gut – schlecht«; »gefährlich – ungefährlich«) und dann werden ggf. Flucht- oder Kampfreaktionen im Körper ausgelöst. Wird der Reiz als ungefährlich eingestuft, dann setzt sich die nächste Instanz des Gehirns, der *Neocortex*, damit auseinander. Dort entstehen differenzierte Gefühle (wie etwa Mitgefühl) und bewusstes Denken. Dass das limbische System Vorrang vor dem *Neocortex* hat, erhöht unsere Überlebenschancen in kritischen Situationen, in denen eine schnelle Entscheidung getroffen werden muss: Kampf oder Flucht. Lebenserhaltende Körperfunktionen, wie etwa der Blutdruck, der Herzschlag, das Immunsystem und die Verdauung, werden ebenfalls vom limbischen System gesteuert. Und so gehen seelische und körperliche Prozesse Hand in Hand. Chronische physische Überforderung oder großer Kummer können uns aus dem Gleichgewicht bringen. Das kennt jeder von uns: Ärger schlägt uns auf den Magen, Überforderung geht uns an die Nieren und uns läuft die Galle über vor Wut.

Emotionen in der chinesischen Medizin

In der westlichen Schulmedizin wurden Krankheiten zunächst nicht mit Emotionen in Verbindung gebracht, es wurde nach rein körperlichen Ursachen geforscht. Inzwischen versteht aber auch die westliche Medizin, wie bedeutsam die Verbindung von Körper, Geist und Seele ist. In der Traditionellen Chinesischen Medizin (TCM) betrachtete man den Menschen schon immer von einem ganzheitlichen Standpunkt aus. Hier wird das körperlich-seelische Gleichgewicht durch das Wirken der fünf Elemente Holz, Feuer, Erde, Metall und Wasser bestimmt. Interessant ist, dass jedem Element Organe und bestimmte Emotionen zugeordnet sind. Zorn ist die Emotion des Elements Holz und dem Organpaar Leber/Galle zugeordnet. Ein bestimmtes Maß an Aggressivität ist lebensnotwendig, zu viel bringt die Galle zum Überlaufen und wer zu wenig davon hat, lässt sich von anderen an die Wand drängen. Für alle den verschiedenen Elementen zugeordneten Emotionen gilt: Ein gewisses Maß ist wichtig, zu viel oder zu wenig von dieser Emotion kann zu Krankheiten und zu einem seelischen Ungleichgewicht führen. Mit dem Element Feuer werden die Organe Herz und Dünndarm in Verbindung gebracht. Die entsprechende Emotion ist die Freude. Dem Element Erde sind Magen und Bauchspeicheldrüse und die Sorge zugeordnet und dem Element Metall Lunge, Dickdarm und die Trauer. Das Element Wasser steht mit Niere, Blase und der Emotion Angst in Verbindung.

Die Chinesen bringen allen Emotionen die gleiche Achtung entgegen, sie unterscheiden keine »guten« und »schlechten« Emotionen. Diese seelischen Regungen sind ein Teil unserer menschlichen Natur und sollten gelebt und erfahren werden. Allein das rechte Maß ist hier wichtig. Und so müssen wir uns keines Gefühls schämen, denn jedes ist Teil unseres Mensch-Seins: Wir dürfen es anerkennen und zulassen. Wie leicht laufen wir Gefahr, uns zu kontrollieren und nur Gefühle zuzulassen, die uns »gesellschaftsfähig« erscheinen. Auch in der Partnerschaft haben wir oft Hemmungen, uns wirklich zu zeigen – aus Angst vor Ablehnung. Doch wahre Intimität kann erst entstehen, wenn wir dem anderen erlauben, uns ganz zu sehen.

Emotionale Intelligenz

Dieser Begriff ist durch das gleichnamige Buch des amerikanischen Psychologen Daniel Goleman populär geworden. Er versteht unter »emotionaler Intelligenz« eine übergeordnete Fähigkeit, die uns leitet und von der es abhängt, wie wir unsere anderen Fähigkeiten, darunter auch den Verstand, zu nutzen wissen. Zur emotionalen Intelligenz gehört auch die Selbst-Bewusstheit – die Fähigkeit eines Menschen, seine Stimmungen, Gefühle und Bedürfnisse zu spüren und zu artikulieren. Die soziale Bewusstheit ist hier ebenfalls gefragt: Wie leicht fällt es mir, Kontakte zu knüpfen und Beziehungen zu halten? Wie weit kann ich mich selbst motivieren, unabhängig von äußeren Anreizen, und bin ich fähig, mein Leben und meinen Alltag zu planen? Undenkbar ist emotionale Intelligenz allerdings ohne Empathie, die Fähigkeit, sich in andere hineinzuversetzen, ihn

zu verstehen und auf ihn einzugehen. Sie ist Grundvoraussetzung für eine glückliche Liebesbeziehung.
Es ist also nicht nur wichtig, dass überhaupt Gefühle da sind, sondern vor allem auch, dass man sich ihrer bewusst ist und verantwortungsvoll mit ihnen umgeht. Das zeugt von einer hohen emotionalen Intelligenz, die dem Verstand weit überlegen ist. Vor allem Männer lassen sich oft zu sehr vom Verstand leiten und könnten auf diesem Gebiet Einiges von Frauen lernen, die sich mit Gefühlen zumeist weitaus leichter tun.

Frauen und Gefühle

Es ist wissenschaftlich erwiesen, dass Frauen sich aufgrund anatomischer Unterschiede im Gehirn oft besser in der Welt der Gefühle zurechtfinden als Männer. Um diese Unterschiede und die daraus resultierenden Verhaltensweisen geht es in *Das weibliche Gehirn* von Louann Brizendine. In den Zentren im Gehirn, die für Sprache und Hören zuständig sind, beispielsweise finden sich bei Frauen 11 Prozent mehr Nervenzellen als bei Männern. Der *Hippocampus*, ein Teil des limbischen Systems, ist das Zentrum, das über Erinnern und Vergessen entscheidet, und es nimmt im weiblichen Gehirn mehr Raum ein als im männlichen. An was wir uns erinnern und was wir vergessen, darüber entscheidet die Intensität der Gefühle, die wir empfinden: Ist sie hoch, so wird das entsprechende Erlebnis ins Langzeitgedächtnis übernommen. Und so haben Frauen mehr Potenzial, um sich an emotionale Ereignisse in allen Einzelheiten zu erinnern und

Gefühle auszudrücken. Sie können ihn quasi genau vor sich sehen, den Tag, an dem sie dem Liebsten zum ersten Mal begegnet sind ... Also spielen Verlobungs- und Kennenlern-Tage für Frauen meist eine größere Rolle.

Wir hätten es ja ahnen können: Im limbischen System des männlichen Gehirns nimmt das Sexualzentrum doppelt so viel Raum ein wie im weiblichen. Der Drang nach Aktivität und Aggression ist ebenfalls deutlich stärker ausgeprägt. Das bedeutet: Männer, ihr dürft den Frauen ruhig vertrauen, wenn es um den Bereich der Gefühle geht, und euch von ihren empathischen Fähigkeiten gern eine Scheibe abschneiden. Und Frauen, eure Männer sind abenteuerlustiger und aktiver, das kann seinen Reiz im Liebesleben haben, probiert es ruhig aus!

Liebe geht durch die Nase

Duftstoffe sind Reize, die im Nervensystem durch elektrische Impulse direkt in das limbische System geleitet werden und dort Gefühle auslösen. Versuche mit Ratten zeigen, dass Rattenweibchen kranke Männchen bereits über den Geruchssinn aussortierten, sie kamen als Sexualpartner nicht in Frage. Auch bei Menschen sind Versuche gemacht worden, die zeigen, dass die Partnerwahl über den Geruch zustande kommt. Nicht umsonst sagen wir, dass wir jemanden »nicht riechen können«, wenn er uns unsympathisch ist. Manche Düfte erinnern uns an ein Ereignis, ein Gefühl aus unserer Kindheit oder einer anderen Zeit – es kann sich um etwas Angenehmes oder etwas Unangenehmes

handeln. Und so reagiert jeder anders auf spezielle olfaktorische Reize: Der Geruch von frisch gemähtem Gras kann bei einer Städterin Ferienstimmung aufkommen lassen, Gedanken an einen romantischen Sommer auf dem Land lassen die Hormone dann verrückt spielen. Eine andere Frau, die auf dem Land im Sommer immer hart arbeiten musste, wird diesen Geruch vielleicht eher als unangenehm empfinden.
Und so können wir Duftstoffe ganz gezielt einsetzen, um liebevolle Gefühle in uns und unserem Partner zu wecken: Bereiten Sie Ihrem Liebsten sein Lieblingsgericht zu und er wird bereits im Treppenhaus freudig gestimmt sein. Denn bekanntlich geht Liebe ja auch durch den Magen.

Das Herz: mehr als ein Muskel?

Das Herz wird im übertragenen Sinne als Sitz der Gefühle betrachtet: Haben wir Liebeskummer, dann sprechen wir davon, dass jemand uns »das Herz gebrochen hat«, dass wir »Herzschmerz« haben; sind wir traurig, so ist uns »schwer ums Herz« und wenn wir bester Stimmung sind, macht unser »Herz vor Freude Luftsprünge«. Im Volksmund findet man ihn schon lange, den Zusammenhang zwischen starken Emotionen und dem Herzen. Inzwischen weiß es allerdings auch die Schulmedizin: Das Herz ist weit mehr als ein Muskel, der sich zusammenzieht und wieder entspannt und auf diese Weise Blut durch unseren Körper pumpt. Zahllose Nervenzellen umgeben das Herz, es hat quasi ein eigenes Nervensystem; es produziert Hormone, die aufs Gehirn wirken, und erzeugt ein elektromagnetisches Feld, das den ganzen Körper umgibt. Doch es ist noch Raum für weitere Forschungen. Klar ist allerdings schon heute: Unser Herz und seine Tätigkeit haben großen Einfluss auf unseren gesamten Organismus – nicht zuletzt auf unsere Emotionen. Geraten wir unter Stress, haben wir Angst, sind wir traurig oder verärgert, schlägt unser Herz ungleichmäßig. Und umgekehrt führen das Gefühl, glücklich zu sein, innerer Friede und Entspanntheit dazu, dass der Puls regelmäßig wird und Atmung und Herzschlag – unsere inneren Rhythmen also – in Einklang kommen. Ein glückliches Liebesleben stärkt auf diese Weise unsere Gesundheit.

WAS DEM HERZEN GUTTUT

Alles, was unser Herz stärkt, hilft uns, emotional im Gleichgewicht zu bleiben, und unterstützt liebevolle Gefühle. Natürlich ist es in einer Partnerschaft auch wichtig, sich zu streiten, Trauer zuzulassen und über Sorgen zu sprechen. All diese Gefühle stärken die Vertrautheit eines Paares.

Gesunde Ernährung und ausgewogene Lebensweise

Auch wenn es banal klingt: Eine gesunde und natürliche Lebensweise stärkt unsere Herzenergie und ist die beste Grundlage für die Liebe. Wenn wir uns mit Drogen wie Kaffee, Alkohol und Nikotin stimulieren und den Lebensrhythmus beschleunigen, schaden wir nicht nur unserem Herz-Kreislauf-System, es fehlt uns auch die nötige Entspannung, um Liebe wirklich genießen zu können. Alkohol mag vielleicht die sexuelle Erregung steigern ... und in Maßen ist dagegen auch nichts einzuwenden, denn vor allem Rotwein wird eine positive Wirkung auf unser Herz nachgesagt. Aber mehr als 1 bis 2 Gläser gehen vor allem bei Männern auf die Potenz und auch Frauen fällt es bei zu hohem Alkoholgenuss eher schwer, den anderen zu spüren und zum Orgasmus zu kommen.

Eine basische Vollwertkost stärkt unser Herz; sie sollte möglichst wenig Stoffwechselschlacken produzieren und wenig Cholesterin enthalten. Da Cholesterin nur in tierischer Nahrung enthalten ist, empfiehlt es sich, sich vorwiegend vegetarisch zu ernähren – Fisch könnte hier das tierische Eiweiß liefern. Außerdem ist Bewegung wichtig, sie fördert die Durchblutung. Lassen Sie also lieber mal das Auto stehen und erledigen Sie Ihre Einkäufe für ein leckeres Vollwert-Abendessen zu Fuß oder mit dem Fahrrad.

Tipps

Praxis

Fit in den Tag – Apfelessiggetränk

Apfelessig unterstützt die Funktion des Herzmuskels vor allem durch das in ihm enthaltene Pektin und Vitamin E. In Verbindung mit Wasser fördert er die Durchblutung – und das ist ein guter Start in den neuen Tag. Geben Sie 2 Teelöffel Apfelessig in ein Glas Wasser und trinken Sie das Ganze auf nüchternen Magen – so wirkt es am besten. Wenn Ihnen der Geschmack nicht so liegt, können Sie den Apfelessig auch mit Saft oder fettarmem Joghurt vermischen.

Der Duft der Maiglöckchen

Das Maiglöckchen (*Convallaria majalis*) gehört zur Familie der Mäusedorngewächse (*Ruscaceae*). Es ist nicht nur ein Vorbote der wärmeren Jahreszeit, sein Duft unterstützt auch den Kreislauf und diese Pflanze wird in der Heilkunde bei leichter Herzschwäche eingesetzt. Aber Vorsicht: Maiglöckchen enthalten Giftstoffe!

Praxis

Tragen Sie im Frühjahr nach dem Duschen eine Bodylotion mit Maiglöckchenduft auf, das wirkt besonders anziehend auf Spermien.
Es gilt als wissenschaftlich erwiesen, dass dieser Duft Spermien zu Höchstleistungen aktiviert: Amerikanische Wissenschaftler entdeckten Riechrezeptoren an den Spermien. Das Team um Dr. Marc Spehr und Prof. Hanns Hatt berichtet darüber im Wissenschaftsmagazin *Science* (in der Ausgabe vom 28. März 2003). Gut zu wissen für alle Frauen, die gern schwanger werden wollen!

Rosen

Wenn Zeus den Blumen eine Königin hätte geben wollen, so würde er gewiss nur die Rose dieser Ehre für würdig erachtet haben. Sie ist eine Zierde der Erde, der Stolz des Pflanzenreichs, die Krone der Blumen, der Purpur der Wiesen, der Abglanz des Schönen. Sie ist der Liebe voll, im Dienste der Aphrodite, sie prangt mit duftenden Blättern, wiegt sich auf beweglichem Laub, freut sich des lächelnden Zephirs.

Achilles Tatios (139 v. Chr.)

Zu allen Zeiten standen Rosen für die Liebe. Nicht nur der kleine Prinz verehrt in Antoine de Saint-Exupérys gleichnamigem Büchlein seine ganz spezielle Rose, auch in der Pyramide des Pharaos

Tutenchamun wurde ein Sträußchen getrockneter Rosen gefunden, das ihm – so nimmt man an – von seiner jungen Witwe mit auf den Weg gegeben worden waren. Der indische Kaiser Shah Jehan verführte seine Frau ebenfalls mit Rosen. Er ließ für sie das Taj Mahal erbauen und die Shalimar-Gärten anlegen. Der Graben um das Taj Mahal wurde mit duftenden Rosenblüten gefüllt. Angeblich soll auf diese Weise das erfrischende Rosenwasser entstanden sein.

Rezepte & Ritual

Praxis

Erfrischendes Rosenwasser

Rosenwasser lässt sich leicht selbst herstellen. Geben Sie 1 Tropfen Rosenöl in 1 Liter abgekochtes Mineralwasser, schütteln Sie das Ganze gut durch und füllen Sie es in einen Sprühflakon. Mit dieser wohlriechenden Flüssigkeit können Sie Ihr Gesicht erfrischen und Ihrer Seele Streicheleinheiten schenken.

Eine betörende Rosenmaske

Rosenduft beruhigt das Nervensystem und besänftigt die Seele. Kaufen Sie eine ungespritzte und intensiv duftende Freilandrose und legen Sie ihre Blütenblätter auf das feuchte und gereinigte Gesicht auf. Atmen Sie den Duft der Liebe ein. Schließen Sie die Augen und träumen Sie dabei von einer romantischen Liebesnacht!

Magischer Liebesduft

5 Tropfen Rosenöl
3 Tropfen Vanilleöl
3 Tropfen Ylang-Ylang-Öl

Vermischen Sie diese ätherischen Öle mit etwas Wasser und geben Sie das wohlriechende Wasser in eine Duftlampe. Mit diesem exotischen Duft wird jeder Mann Ihrem Liebeszauber erliegen …

Das Rosen-Ritual

Auch wenn wir mit einem Partner schon lange verbunden sind, ist es immer wieder wundervoll, sich von ihm geliebt zu wissen. Wann hat Ihr Partner Ihnen zum letzten Mal gesagt, wie sehr er Sie liebt? Und wann haben Sie ihm innig in die Augen geschaut und ihm eine Liebeserklärung gemacht? Wahrscheinlich liegt das schon eine Weile zurück. Der Alltag ermüdet uns und wir nehmen irgendwann auch den Partner als selbstverständlich. Und das ist sehr schade! Liebe sollte immer etwas Besonderes bleiben. Wenn wir uns auf liebevolle Gedanken konzentrieren, verändert sich die Atmosphäre im Raum. Wer sensibel ist, kann förmlich spüren, was »in der Luft« liegt. Es wirkt sich nachweislich positiv auf die Tätigkeit unseres Herzens und anderer Körperfunktionen aus, wenn ein geliebter Mensch intensiv an uns denkt.
Das Rosen-Ritual ist ein Ritual zur Begrüßung für den Beginn einer besonderen Liebesnacht, zur Versöhnung nach einem Streit … und immer dann, wenn Sie sich gegenseitig Ihre Achtung und Wertschätzung zeigen wollen.

Sie benötigen die Blätter von 1–2 Rosenblüten, 1 kleines Schälchen für die Blüten, 1 größere Schale, mit Wasser, 1 schönes Tuch zur Dekoration, 1 Kerze

Praxis

Praxis

Stellen Sie das Schälchen mit den Rosenblüten und die Schale mit dem Wasser auf das Tuch. Wenn Sie möchten, zünden Sie eine Kerze an. Sie können sich bei diesem Ritual auf dem Boden gegenübersitzen oder, wenn Ihnen das zu unbequem ist, auf Stühlen an einem Tisch Platz nehmen. Die Dekoration sollte in diesem Fall natürlich auf dem Tisch stehen.
Finden Sie für sich und Ihren Partner gemeinsam eine individuelle Form der Begrüßung. Sie können sich dabei an den Händen fassen und kurz die Augen schließen und sich gegenseitig spüren.
Sie können sich aber auch gegenübersitzen und sich

dabei in die Augen sehen. Sie können jedes Mal, wenn Sie dieses Ritual machen, eine neue Form der Begrüßung ausprobieren.
Jeder von Ihnen nimmt nun abwechselnd ein Rosenblatt aus dem Schälchen und legt es behutsam in die Schale mit Wasser. Dabei sagt er dem anderen, was er besonders an ihm schätzt.
Das könnte sich etwa folgendermaßen anhören:
»Ich mag deine Treue und dass du zu mir stehst, wenn ich starrköpfig bin.«
»Ich liebe vor allem deine Güte und deine Liebenswürdigkeit.«
»Du kannst leicht verzeihen.«
»Deine Stupsnase mit den Sommersprossen macht mich total an.«
»Du hast so starke Oberarme. Da möchte ich mich am liebsten sofort reinkuscheln.«
Komplimente hört jeder gern. Sie geben uns das Gefühl, geliebt zu werden, und schaffen Vertrauen und Vertrautheit. Erst wenn wir uns dem anderen völlig anvertrauen, werden körperliche Nähe und lustvoller Sex zu einem unvergesslichen Erlebnis.
Jedes Ritual sollte auch ein bewusst erlebtes Ende haben. Sie können sich in den Arm nehmen, streicheln oder gemeinsam mit einem Glas Sekt anstoßen. Erlaubt ist, was gefällt!

DIE KRAFT DER INTUITION

Jasmin hatte es sich mit einer Frauenzeitschrift und einer Tasse Kräutertee auf dem Sofa bequem gemacht.

»Ich lese hier gerade dein Horoskop, mein Schatz! Willst du wissen, was dich in diesem Monat erwartet?«

»Das kommt drauf an.« Lukas war eher ein wenig skeptisch. Von solchen esoterischen Dingen hielt er nicht so viel.

»Im Berufsleben sollten Sie Ihre Ziele nie aus den Augen verlieren, denn sonst könnte es sein, dass Ihr Kollege Ihnen bei der Beförderung zuvorkommt«, las Jasmin laut vor.

»Ach ja? Das ist doch nichts Neues und das könnte auf jeden zutreffen.« Lukas klang nicht überzeugt.

»Aber hör mal hier ...«, Jasmin kam zu dem Absatz über Liebe und Erotik. »Hören Sie auf Ihre Partnerin, denn Frauen haben die bessere Intuition und wissen instinktiv, was der Beziehung fehlt. Manchmal fallen Sie mit der Tür ins Haus und wundern sich, wenn Ihre Liebste sich erschlagen fühlt. Finden Sie heraus, was Ihrer Partnerin guttut, und werden Sie aufmerksamer für die Zwischentöne in der Beziehung.«

»Frauen können einen Seitensprung riechen«, lästerte Lukas.

»Du bist unmöglich!« Nur ungern erinnerte sich Jasmin an den Tag, an dem sie ihren Mann in der Espressobar beim Flirten erwischt hatte. Das war noch immer ein wunder Punkt und fast hätten sie sich deshalb getrennt. Nein, Jasmin meinte eigentlich etwas ganz anderes: Frauen sind einfach feinfühliger als Männer und ahnen Schwierigkeiten bereits, bevor sie auftreten.

»Ich habe übrigens gestern etwas Unglaubliches geträumt. Ich denke, es hatte mit uns zu tun«, erzählte Jasmin und biss in ein Stück Marzipan.

Tee und Marzipan, das war ihr schon ein paar Speckröllchen wert. Sie war eine Naschkatze und immer leicht in Versuchung zu bringen.

»Wirklich? Erzähl.« Lukas erinnerte sich leider nur sehr selten an seine Träume, deshalb faszinierten ihn Jasmins umso mehr.

Milky Way

Andromeda ist ein Planet, auf dem es Streit und Missgunst das letzte Mal vor vielen Lichtjahren gegeben hat, und seine Bewohner verständigen sich durch Gedankenübertragung. Sie haben nichts voreinander zu verbergen. Sie stimmen sich aufeinander ein und wissen sofort, was der andere ihnen mitteilen will. Und das Allerbeste ist: Seine Bewohner müssen sich nur etwas vorstellen, schon ist es da. Ihr Äußeres modellieren sie über ihre Gedanken. Und so können sie einfach aus Freude am Genuss essen, nicht weil ihr Körper Nahrung braucht.

Der galaktische Nebel lichtete sich über Andromeda und ein neuer Tag begann.

»Mir ist heute irgendwie nach großen festen Brüsten«, Elvira gähnte und reckte sich.

»Übertreib's aber nicht mit der Größe! Und sei ja nicht so dürr.« Andros Hand tastete im Halbdunkel über den Körper seiner Geliebten und blieb auf ihrem kleinen Bauch liegen. Wie weich er sich anfühlte. Er liebte diesen sanften Hügel.

»Was machen wir heute?« Elvira schmiegte sich in seinen Arm und schloss die Augen.

»Müssen wir denn etwas machen?«, lachte Andros. »Eigentlich finde ich es hier mit dir im Bett sehr gemütlich!«

»Ach komm, lass uns im Meer schwimmen gehen und dann sehen wir weiter.« Elvira drehte sich zur Seite, um aufzustehen.

»Ich seh schon, dir ist langweilig mit mir«, scherzte Andros. »Aber Schwimmen find ich auch nicht schlecht.«

Es gab auf Andromeda nichts zu tun. Man konnte einfach spielen, wie Kinder es tun, und Freude haben.

»Komm, ich massiere dich!«, schlug Elvira vor, als sie aus dem Meer gestiegen waren und sich von einer der vielen Sonnen trocknen ließen.

Andros schmiegte sich in den Sand und Elvira stellte sich vor, wie samtig weiches Kokosöl aus ihren Händen floss ... und so geschah es. »Leg dich zuerst einmal auf den Bauch, mein Liebster.«

Sanft strichen ihre Hände zwischen seine Schulterblätter. Wie zer-

brechlich er sich anfühlte. Dabei war er so stark, wenn es darauf ankam. Ein Leben ohne ihn … das war für sie undenkbar. Die Sprache ihrer Hände auf seinem schmalen Becken war wie ein Liebesgedicht ohne Worte.

Am Nachmittag, als sie vor ihrem Haus saßen und den Duft der Rosenbüsche genossen, spürte Elvira, dass ihr Geliebter etwas auf dem Herzen hatte.

»Du willst diesen Zustand hier beenden? Ist es nicht so, Liebster?« Elvira spürte einen Anflug eines Gefühls, an das sie kaum Erinnerung hatte, es war wohl Traurigkeit.

»Nur vorübergehend. Hast du auch Lust auf einen kleinen Ausflug mit mir?« Andros nahm ihre Hand und küsste ihre Handfläche.

»Einen Ausflug?« Elvira lächelte. »Du weißt, dass ich so etwas gern mache. Wohin gehen wir? Zur Venus, auf die Plejaden oder zu Vega? Da wollt ich schon immer mal hin.«

»Nein … auf die Erde!« Andros antwortete zögernd.

»Aber … da gibt es doch kein Bewusstsein. Es ist dunkel auf der Erde und alles ist schwer. Und ich hab gehört, dass es dort Schmerzen gibt … etwas, das sich nicht gut anfühlt.«

»Und genau deshalb sollten wir diesem Planeten einen Besuch abstatten. Nur ein Leben lang. Ich verspreche es dir.«

»Aber wieso denn?« Elvira war fassungslos.

»Ich habe das Gefühl, wir werden dort gebraucht. Dieser Planet ist so dunkel und schwer und wir würden ihm ein wenig von unserer Liebe und unserer Leichtigkeit schenken. Wir könnten helfen, Schmerzen zu lindern, und wir hätten ein neues Abenteuer. Das würde uns sicher Freude machen. Komm, Elvira, du bist doch genauso neugierig wie ich …«

»Ja …«, Elvira zögerte noch ein wenig. »Aber wie sollen wir uns dort erkennen, wir werden dort keine Erinnerung mehr haben an unsere Existenz hier auf Andromeda. Und wir werden ganz anders aussehen.«

»Mach dir keine Gedanken. Ich finde dich, mein Schatz.« Andros nahm Elvira in seine Arme. »Und außerdem werde ich einen Namen haben, der deine Erinnerung wecken wird …«

Elvira lachte, sie fand allmählich auch Gefallen an diesem neuen Abenteuer. »Welche Eigenschaften könnten wir denn als Mensch haben? Am besten wäre es, wenn wir einander so ähnlich wie möglich wären, damit wir uns auch mögen. Ich glaube, Menschen haben eher Furcht vor dem, der anders ist.«

Andros dachte eine Weile nach und streichelte dabei sanft mit einer Rosenblüte über Elviras Wangen.

»Ich weiß nicht, ob das so eine gute Idee ist«, sagte er schließlich. »Wir wollen sehr vielen Menschen helfen, da sollten wir eher sehr verschieden sein. Außerdem können wir uns dann besser ergänzen und unterstützen in unserer Arbeit.«

Elvira spürte wieder diesen Anflug von Traurigkeit und noch ein neues Gefühl: eine Art Beklemmung. Es war, als ob ihr Herz jeden Moment aufhören würde zu schlagen.

»Aber was ist, wenn wir uns trotzdem nicht erkennen? Oder wenn wir uns streiten? Auf der Erde gibt es Krieg, Hass, Macht, Dunkelheit. Was ist, wenn wir uns gefunden haben und dann wieder verlieren?«

»Mach dir keine Gedanken, mein Schatz. Wir werden uns nicht verlieren. Wenn wir uns erst mal gefunden haben, wird uns nichts mehr trennen. Das Glück, das wir teilen, wird größer sein als mit jedem anderen Menschen, dem wir auf der Erde begegnen. Wieso sollten wir das zerstören wollen?«

»Ich weiß nicht. Du hast ja recht.«

Wieso hatte sie bloß diese dumpfe Vorahnung? Elvira war sich nicht sicher, was es zu bedeuten hatte. Sie wagte einen letzten Einwand: »Aber ich habe gehört, dass die Menschen sich sehr verlassen fühlen. Und ich glaube, ich werde diesen Zustand nicht ertragen können. Vielleicht werde ich mich im Stich gelassen fühlen oder eifersüchtig sein, wenn du eine andere liebst.«

»Sei einfach neugierig auf die neue Erfahrung. Ich werde schon auf dich aufpassen. Ich weiß doch, wer du bist.«

»Wirklich?«

»Aber sicher, mein Engel, meine Fee, meine Sternschnuppe ...«

»Und falls wir uns doch streiten sollten und vergessen haben, wer wir sind? Was ist, wenn wir eine unterschiedliche Sprache sprechen? Vergiss nicht, auf der Erde ist das Gedankenlesen noch nicht sehr weit entwickelt.«

»Wenn ich deine Hand nehme, wenn wir uns umarmen ... dann werden wir uns erinnern. Unsere Seelen werden miteinander sprechen ...«

Andros zog seine Geliebte näher an sich heran und ihre Lippen berührten sich so sanft und zart wie zwei Schmetterlinge.

»Lass uns jetzt davonfliegen, meine Geliebte. Wir werden gebraucht«, hauchte er ihr ins Ohr, bevor sie miteinander zu einem leidenschaftlichen Kuss verschmolzen, der sie immer weiter hinabtrug in Richtung Erde.

»Aber was ist, wenn wir uns doch verlieren?«

Es war ihr letztes Aufbäumen ... Elviras Hände wollten nach ihm greifen, doch er hatte sich schon fast aufgelöst.

Als Jasmin ihren Traum zu Ende erzählt hatte, waren sie eine Weile still. Lukas war berührt. Denn dass es sich im Traum um sie beide handelte, davon war Lukas überzeugt. So gut kannte er seine Frau und ihre Art, ihm »durch die Blume« etwas zu sagen. Und so nahm er sie in den Arm und flüsterte ihr ins Ohr: »Hab keine Angst, meine Liebe ...wenn alle Stricke reißen, treffen wir uns nach diesem Leben einfach wieder auf unserem Planeten. Auf Andromeda.«

DER SEXTE SINN

Das Herz kennt Gründe, von denen der Verstand nichts weiß.

Blaise Pascal

Intuition

Wie fällen wir Entscheidungen? Manche Menschen wägen alles genau ab, was für und gegen eine bestimmte Sache spricht; sie ziehen Bilanz, bevor sie sich entscheiden. Sie planen das Leben vielleicht sogar bis ins Detail und haben bereits den Kindergarten ausgewählt, bevor das Baby überhaupt laufen kann. Mit Anfang zwanzig machen sie sich Gedanken über die Rente und wo sie im Alter leben möchten ... Sie wiegen sich durch ihre Vorsorge in Sicherheit, auch wenn im Leben später alles ganz anders kommen kann als geplant. In jedem Fall sind sie im Augenblick beruhigt, denn nichts scheint dem Zufall überlassen, alles ist unter Kontrolle. Im Liebesleben ist ein solch logisches Vorgehen allerdings nicht angebracht, auf alle Fälle ist es aber unromantisch. Wenn Sex jeden Samstagabend nach der Sportschau stattfindet, hat das wenig mit Lust zu tun. Es ist wundervoll, sich Zeit für den Partner zu nehmen, wenn man nicht auf die Uhr schauen muss und am nächsten Tag ausschlafen kann, und sich ihm dann liebevoll zuzuwenden. Da ist dann allerdings leider wenig Raum für Spontaneität.

Andererseits sind Entscheidungen, die spontan gefällt werden, sozusagen »aus dem Bauch heraus«, oft nicht mit dem Verstand nachvollziehbar. Sie entstehen schnell, sind kein Ergebnis bewusster Überlegungen und Einsichten und ergeben sich aus einer inneren Ahnung oder Erkenntnis heraus. Sie »fühlen« sich im Augenblick gut an und man hat dabei das Gefühl, »richtig« gehandelt zu haben. Intuition steht also im Gegensatz zum bewussten Nachdenken, Abwägen und Planen; sie stellt sich von selbst ein, quasi durch eine Art innere Weisheit. Je mehr wir uns befreien können von unserer Kontrolle, desto mehr lernen wir es, Dinge »geschehen zu lassen«. Intuition funktioniert nur, wenn wir darauf vertrauen, dass es eine Instanz in uns gibt, die dem abwägenden Verstand überlegen ist und der wir vertrauen können. Sie ist eng verbunden mit der Gefühlsebene, die vom limbischen System gesteuert wird, und deshalb fällt es Frauen meist leichter als Männern, intuitiv zu reagieren. (Siehe auch unter »Zeig mir, was du fühlst«, Seite 58 ff.)

In unserem Liebesleben geht es nun ebenfalls darum zu erspüren, was der andere gerade braucht, um sich gut zu fühlen, wo er berührt werden möchte und was ihm jetzt gefallen könnte. Wenn wir aber angespannt und im Stress sind, werden wir keinen Zugang finden zu unserer »inneren Stimme«, der Quelle der Intuition. Unser inneres Wissen erschließt sich uns allein in entspanntem Zustand und wenn wir in uns hineinlauschen.

In der Philosophie wird die Intuition häufig dem Denken vorgezogen. Schon Platon war der Ansicht, dass man den innersten Kern seiner Philosophie nicht lehren könne. Das Verstehen müsse sich quasi wie von selbst einstellen, wie ein Licht, das von einem überspringenden Funken entzündet wird. Intuitives Verstehen ist wie ein Geistesblitz, der sich nicht allein auf das beschränkt, was man gelesen oder bisher gedacht hat, der aber nur möglich ist, weil man bisher vieles gelesen und gedacht hat. Und Edmund Husserl (1859–1938) ging sogar so weit zu sagen, dass er jede Theorie oder naturwissenschaftliche These für hinderlich halte, wenn es darum gehe, den wahren Kern einer Sache verstehen zu wollen. Er entwickelte die »Theorie der phänomenologischen Reduktion«: Erst wenn wir unsere Einstellung zu einem Gegenstand ändern und unsere Vorurteile zurücknehmen, können wir das Wesen eines Gegenstands wirklich erfassen. Es geht darum, die Essenz eines Gegenstands zu erkennen, und das geschieht jenseits von Wissen. Wenn wir etwas erfassen, wie es wirklich ist, nennt man das »unmittelbare Erfahrung«.

Hexen und weise Frauen

Intuition und Gefühle sind eng miteinander verbunden und so haben Frauen zu beidem meist einen direkteren Zugang. Sie können den Kern einer Sache leichter erfassen und kannten sich schon in alten Zeiten sehr gut aus mit dem menschlichen Körper, mit Krankheit, Geburt und Tod. Allein dass Frauen einen Menstruationszyklus haben, lässt sie sich in ganz besonderer Weise mit der Natur und dem menschlichen Sein auseinandersetzen. Bringen sie ein Kind zur Welt, so können sie Einsicht erlangen in das menschliche Mysterium von Leben und Tod … und sind damit den Männern in der Sicht der Welt ein wenig voraus. Männer können diesen existenziellen Themen zwar nicht ausweichen, aber da ihr Körper keinen solch einschneidenden zyklischen Veränderungen unterworfen ist, sind sie

nicht in gleichem Maße mit diesen zentralen Lebensthemen konfrontiert.

Viele weise Frauen, die sich in der Naturheilkunde gut auskannten, wurden in der Vergangenheit als »Hexen« verfolgt, gefoltert und hingerichtet. Die Bezeichnung »Hexe« gibt es in Deutschland erst seit etwa dem 13. Jahrhundert, gemeint waren alle Menschen, die ihre »Zauberkünste« angeblich zum Schaden ihrer Mitmenschen einsetzten. Man sagte ihnen nach, dass sie ein Bündnis mit dem Teufel eingegangen seien, um sich persönliche Vorteile dafür zu erkaufen. Die Macht, die diese Frauen besaßen, war aber meist nicht mehr und nicht weniger als eine wunderbare intuitive Gabe, die es ihnen erlaubte, den Menschen ganzheitlich zu erfassen und zu heilen. Diese weisen Frauen konnten andere körperlich und geistig heilen, indem sie Heilkräuter und Steine verwendeten und bestimmte Rituale abhielten. Vor dieser Gabe fürchteten sich Männer, da sie nicht in der gleichen Weise Zugang hatten zu diesem inneren Wissen. Oft waren die »Hexen« Ammen und wahrscheinlich auch Sterbebegleiterinnen, die den Menschen in ihrer Todesstunde das letzte Geleit gaben und die trauernden Hinterbliebenen betreuten.

Diese Frauen erlangten ihr Wissen von der Natur selbst. Sie wurden inspiriert durch die Bewegung der Sonne, des Mondes und der Sterne, den Flug der Vögel, das Wachsen eines Baumes und den Wechsel der Jahreszeiten. Dieses Wissen hatte nichts mit Dogmen, Glaubensregeln oder heiligen Büchern zu tun, es war reine Erfahrung und Intuition.

Hildegard von Bingen

Hildegard von Bingen (um 1098–1179) war eine der bedeutendsten deutschen Mystikerinnen des Mittelalters, die sich mit so unterschiedlichen Disziplinen wie Religion, Medizin, Biologie und Musik beschäftigten. Sie war Benediktinerin und seit 1136 Äbtissin im Kloster Rupertsberg bei Bingen. Obwohl Frauen zu dieser Zeit öffentliches Wirken weitgehend verwehrt war, gelang es ihr, sich gegen herrschende Meinungen durchzusetzen und Zustimmung zu finden. Ihre Reliquien werden in Eibingen aufbewahrt. Etwa ab 1141 begannen ihre Visionen und als Leiterin eines Klosters geriet sie in offene Auseinandersetzungen mit den Benediktinern. Sie lockerte zum Beispiel die Speisebestimmungen der Nonnen und kürzte die Zeiten für Gebete und Gottesdienste. Hildegard von Bingen suchte Unterstützung bei Bernhard von Clairvaux (1090–1153), der jedoch Visionen skeptisch gegenüberstand und Hildegard in einem Brief vor Überheblichkeit warnte. Hildegard von Bingen war eine Frau, die ihrer eigenen Intuition ganz und gar vertraut und damit Großartiges auf dem Gebiet der Naturheilkunde, der Musik und der Religion geleistet hat.

EINE EROTISCHE FANTASIEREISE

Manchen Menschen fällt es leichter als anderen, der inneren Stimme zu vertrauen. Und besonders Frauen haben ihren Männern auf diesem Gebiet meistens etwas voraus. Aber Intuition lässt sich auch trainieren, indem wir lernen, mit unserem Unterbewusstsein, unserem tiefsten Sein, Kontakt aufzunehmen. Bevor Sie sich der erotischen Fantasiereise widmen, können Sie Ihre Intuition in der Berührung neu entdecken.

Fingerspitzengefühl – eine Einstimmung

Die folgende Übung ermöglicht es Ihnen, Ihren Partner neu zu entdecken und sich auf einfache Möglichkeiten der Berührung zu konzentrieren.

Sie sitzen einander gegenüber – entweder im Schneidersitz auf dem Boden oder auf dem Bett oder, wenn das bequemer für Sie ist, auf Stühlen – und entspannen sich. Sie schließen nun beide die Augen. Jeder konzentriert sich auf sich selbst. Einer von Ihnen nimmt eine Hand des Partners in seine. Lassen Sie sich viel Zeit und spüren Sie, wie sich diese Hand anfühlt. Ist sie schwer oder leicht? Fühlt sie sich kalt oder warm an? Beginnen Sie jetzt, die Hand zu erkunden, als ob Sie noch niemals zuvor eine Hand berührt hätten. Zeichnen Sie mit Ihren Fingerspitzen die Knöchel nach. Wie fühlt sich die Haut an? Weich oder eher rau, zart oder kräftig? Erkunden Sie die Finger. Ziehen und dehnen Sie sie behutsam in alle Richtungen. Wie beweglich sind sie? Berühren

Sie die Hand Ihres Partners mit Ihrer anderen Hand. Was fühlt sich anders an? Ertasten Sie die Handfläche. Welche Teile der Hand fühlen sich weich, welche fest an? Welche Möglichkeiten der Berührung kennen Sie? Was kommt Ihnen als Erstes in den Sinn? Probieren Sie aus, wie es sich anfühlt, mit der ganzen Hand zu kneten, mit dem Daumen zu drücken, mit den Fingernägeln sanft zu kratzen oder einfach nur ganz zart zu streicheln. Worauf reagiert Ihr Partner am meisten?
Halten Sie zum Schluss die Hand Ihrer beziehungsweise Ihres Geliebten mit beiden Händen, schicken Sie ihr oder ihm liebevolle Gedanken und finden Sie einen Weg, sich zu verabschieden. Geben Sie sich ein kurzes Feedback und tauschen Sie die Rollen.

Das Reich der erotischen Fantasien

Für diese kleine Reise in das Reich der Fantasie benötigen Sie eine Decke und den Wunsch, mehr über sich selbst und Ihre geheimsten Wünsche zu erfahren.
Legen Sie sich auf den Boden oder auf Ihr Bett und schließen Sie die Augen. Spüren Sie nach: Wie hart oder weich fühlt sich der Boden für Sie an? Welcher Teil Ihres Körpers sinkt am tiefsten zum Boden? Welcher Teil Ihres Körpers fühlt sich am leichtesten an?
Spannen Sie jetzt nacheinander jeden Teil Ihres Körpers an und lassen Sie die Spannung danach wieder los:

- Spannen Sie Ihre Beine an, halten Sie die Spannung einen Augenblick und lassen Sie dann los.

- Spannen Sie Ihr Gesäß an, halten Sie die Spannung einen Augenblick und lassen Sie dann los.
- Spannen Sie Ihren Bauch an, halten Sie die Spannung einen Augenblick und lassen Sie dann los.
- Spannen Sie Ihren Brustkorb zuerst an und wölben Sie ihn dann nach oben, halten Sie die Spannung einen Augenblick und lassen Sie dann los.
- Spannen Sie Ihre Arme an, halten Sie die Spannung einen Augenblick und lassen Sie dann los.
- Spannen Sie Ihr Gesicht an, ziehen Sie eine Grimasse, halten Sie die Spannung einen Augenblick und lassen Sie dann los.
- Spannen Sie nun Ihren ganzen Körper an, halten Sie die Spannung einen Augenblick und lassen Sie dann alles los.

Fühlen Sie, wie Ihre Atmung immer tiefer und ruhiger wird, jede Zelle Ihres Körpers entspannt sich jetzt immer mehr.
Stellen Sie sich einen Ort vor, der Sie für ein sexuelles Erlebnis reizen würde, jetzt in diesem Augenblick. Was kommt Ihnen da in den Sinn? Sind Sie eher in romantischer Stimmung? Dann wäre vielleicht ein Haus am Meer die richtige Umgebung für Ihre Fantasie. Oder haben Sie eher Lust auf ein ungewöhnliches Abenteuer? Wie wäre es mit einem Swinger-Club? Oder einem Parkplatz? Wie sollte der Ort aussehen, an dem Sie Ihre Lust ausleben möchten? Stellen Sie sich diesen Platz ganz genau, in allen Einzelheiten, vor.
Wie sind Sie angezogen? Sind Sie nackt? Tragen Sie ein enges Lederkleid oder eine Lederhose? Tragen Sie ein helles Elfenkleid, vielleicht hohe Stiefel, die bis zu den Oberschenkeln reichen?
In welche Rolle möchten Sie jetzt am liebsten schlüpfen?
Stellen Sie sich vor, dass Sie sich nun einen Liebespartner auswählen dürfen, oder auch mehrere. Er soll/sie sollen Ihrer Lust dienen und Ihnen Freude bereiten. Wen möchten Sie für diese erotische Szene gern um sich wissen? Jemanden, den Sie kennen? Eine geliebte Person? Oder einen Fremden? Wie sollte diese Person aussehen? Stellen Sie sich ihn ganz genau vor! Welche Haarfarbe hat er/sie? Welche Frisur? Trägt sie High Heels oder ist sie vielleicht barfuß? Hat er Haare auf der Brust? Ist er/sie rasiert im Intimbereich? Wer würde gerade gut zu Ihnen passen?
Was würde Ihnen beim Sex oder in der Liebe gerade Spaß machen? (Alles, was Ihnen gefällt, ist erlaubt!) Spüren Sie in sich hinein und lassen Sie einfach alle Gedanken und Bilder, die aufsteigen, kommen und gehen. Sind Sie lieber passiv und warten

gespannt, dass der andere die Initiative ergreift? Wie weit möchten Sie gehen? Lieben Sie extremen Sex? Möchten Sie vielleicht mal an ein Heizungsrohr gefesselt werden oder sogar ein wenig Schmerz spüren? Mit dem Rohrstock gezüchtigt werden? Vielleicht wollen Sie auch mal einer »strengen Lehrerin« begegnen oder einem »strengen Lehrer«? Mögen Sie die aktive Rolle und sagen dem anderen gern, was er tun soll? Die Gedanken sind frei ... Stellen Sie sich das Liebesspiel so vor, wie es Ihnen in diesem Augenblick am besten gefallen würde.

Vielleicht steht Ihnen der Sinn aber auch nach einem sinnlichen und romantischen Liebesspiel. Möchten Sie massiert werden? Mit köstlichen Früchten gefüttert und mit exotischen Düften verwöhnt? Soll Ihnen Ihr Liebster eine Liebeserklärung ins Ohr flüstern? Ihren Bauch küssen? An Ihren Ohrläppchen knabbern? In welcher Stellung möchten Sie geliebt werden? Haben Sie eine Lieblingsposition? Bestimmen Sie das Tempo. Möchten Sie es ruhiger angehen lassen? Oder sich in wilder Leidenschaft verzehren? Oder einfach innehalten und den anderen nur in sich spüren? Bewegungslos der Ekstase entgegentreiben?

Oder möchten Sie am liebsten Sex mit sich selbst haben? Auch das ist eine Möglichkeit. Machen Sie das am liebsten mit Ihren Händen? Oder haben Sie ein Lieblingsspielzeug? Ist es ein delfinförmiger Vibrator? Ein gläserner Dildo? Probieren Sie in Ihrer Fantasie verschiedene Toys aus und entscheiden Sie dann, welches Ihnen am meisten Vergnügen bereitet. Vielleicht gefällt Ihnen auch die Vorstellung, dass Sie dabei beobachtet werden? Sie liegen auf der Terrasse ihres Hauses am Meer ... und ein neugieriger Gärtner hat sich hinter dem Rosenbusch versteckt? Dass er gut gebaut ist und ein richtiger Kerl, versteht sich von selbst. Oder würden Sie sich gern mal einen Porno anschauen und dabei masturbieren? Sie haben sich das bisher nicht getraut, weil Sie das für politisch inkorrekt hielten? So was macht eine emanzipierte Frau doch nicht? Probieren Sie es einfach mal aus. Wenigstens in der Fantasie.

Fällt es Ihnen leicht, sich diese erotischen Szenen vorzustellen? Mit der Zeit wird es Ihnen sicherlich leichter fallen ... Schulen Sie Ihre Fähigkeit, tief in sich hineinzuhören: Vielleicht wollten Sie schon immer einmal an einer Orgie teilnehmen – jetzt ist der richtige Zeitpunkt dafür, und wenn Sie es in der Fantasie tun, wird es keine unerwünschten »Nebenwirkungen« haben. Erlauben Sie es sich, all das zu erleben, woran Sie insgeheim schon einmal gedacht haben und was Sie sich nicht eingestehen wollten. Das muss nicht bedeuten, dass Sie das alles in Wirklichkeit erleben möchten. Eine Vergewaltigungsszene in der Fantasie zu erleben kann sehr erregend sein, aber es wäre schrecklich, wenn Ihnen das wirklich widerfahren würde. Schalten Sie in dieser Fantasiereise Ihren Verstand aus und erlauben Sie es sich, einfach nur mal zu träumen und neugierig darauf zu sein, was in Ihnen steckt.

Beenden Sie Ihre erotische Reise, wann Sie möchten. Kommen Sie langsam wieder in Ihren Raum zurück und strecken Sie sich. Bewegen Sie Ihre Hände und Füße und setzen Sie sich wieder auf. Nehmen Sie sich ein Blatt Papier und schreiben Sie das eben Erlebe auf. So schulen Sie Ihre intuitiven Fähigkeiten.

EKSTATISCHE HINGABE

Es war schwül. Draußen war es schon dunkel. Jasmin saß vor dem Fernseher, der Schweiß lief ihr über die Stirn. Hoffentlich waren das noch keine Vorboten der Wechseljahre. Nein, es war bestimmt nur die Julihitze. Reisezeit! Jasmin ging in die Küche und presste drei Zitronen aus, den Saft goss sie in eine Karaffe mit kaltem Wasser. Auf dem Weg ins Wohnzimmer betrachtete sie ihr Gesicht im Spiegel: Waren da nicht ein paar neue Fältchen um die Augen herum, die sie letzte Woche noch nicht gesehen hatte?

Hoffentlich würde Lukas sie auch in zehn Jahren noch attraktiv finden. Blöd, das mit dem Älter-Werden. Am liebsten würde sie noch einmal neunzehn sein. Damals lag ihr die Welt zu Füßen. Sie setzte sich an den PC und googelte »Thailand«. Aus einem unerfindlichen Grund hatte sie das Gefühl, dass sie mit Lukas nach Thailand fahren sollte. *Mai Thai* war ihr Lieblingsgetränk und mit Stäbchen aß sie sehr gern. Sie sah sich die Fotos der Urlaubsanbieter an: Traumhaft schön! Türkisblaues Wasser; hohe Felsen, die aus dem Meer herausragten, und exotische Palmen, die ihre Schatten auf den weißen Sandstrand warfen. Wundervoll wäre es, jetzt an einem dieser Strände zu liegen und zwischendurch vielleicht mit den Delfinen um die Wette zu schwimmen. Jasmin schloss die Augen und begann zu träumen: Thailand ist nicht nur das Land des Lächelns, hier kann man auch die exotische Küche genießen ...

Den Mond einatmen

Gleich am ersten Abend wollen wir gemeinsam die einheimischen Köstlichkeiten probieren. Ich habe darauf bestanden.

»Bestimmt ist das Essen hier im Hotel gut, aber ich möchte gern was erleben. Lass uns ein bisschen rausgehen und schauen, was es da so gibt ...«

Lukas hatte sich eigentlich darauf gefreut, gemütlich am weißen Sandstrand des Hotels im Kerzenschein einen feinen Hummer oder frischen Fisch zu verspeisen – aber wenn ich unbedingt einheimische Gerichte »auf freier Wildbahn« genießen will, soll ich sie bekommen. Lukas hofft natürlich, dass ich mich später dafür erkenntlich zeige ... Er hat wirklich schon eine ganze Zeit keinen richtigen Spaß mehr gehabt.

»Also gut«, willigt Lukas ein. »Ganz in der Nähe soll es einen

Markt geben. Lass uns hingehen und schauen, was es da gibt. Ich habe gehört, dass Thais die experimentelle Küche lieben.«

Hand in Hand spazieren wir über den überfüllten Markt und probieren süße Litschis, intensiv riechende Durians und gefüllte Wachteleier. Wir machen uns einen Spaß daraus, die ungewöhnlichsten Köstlichkeiten zu erspähen und zu probieren. Ich habe gerade ein giftgrünes Speiseeis hinuntergewürgt, da kommt Lukas mit einer geheimnisvollen Tüte zurück. Zwischen seinen Zähnen knackt es.

»Was isst du denn da?«, frage ich.

»Willst du probieren?« Gönnerhaft hält Lukas mir die Tüte hin.

»Was ist es denn?«, will ich zuerst wissen.

»Mach die Augen zu und riech!«

Ich rieche an der Tüte und kann mir immer noch nicht vorstellen, was da so lecker duftet. Pommes mit Knoblauch? Chili-Calamares? Oder Zwiebelringe mit Ingwergras? So etwas Merkwürdiges habe ich noch nie gerochen.

»Ich schieb dir jetzt mal was in den Mund«, meint Lukas.

»Okay …«, sage ich immer noch ein wenig zögerlich.

»Wenn du errätst, was es ist, hast du einen Wunsch frei. Wenn nicht, darf ich mit dir machen, was ich will. Okay?«

Es gibt Schlimmeres, als Lukas gehorchen zu müssen, das weiß ich. Und so schließe ich die Augen und öffne meinen Mund. Ich beiße zu und es knirscht unappetitlich. Entsetzt schreie ich auf und spucke, was ich im Mund habe, in hohem Bogen wieder aus.

»Sag mal, willst du mich vergiften?« Ich bin sauer.

Lukas lacht laut. »Stell dich nicht so an. Gegrillte Heuschrecken sind hier eine Delikatesse.« Beherzt greift er nach einem Heuschreckenbein und beißt hinein; dabei rollt er genüsslich mit den Augen.

»Das ist widerlich! Jetzt kann ich dich nicht mehr küssen«, beschwere ich mich und lache.

Lukas kann so herrlich verrückt sein! Ich liebe das an ihm.

Am nächsten Tag fahren wir mit einem kleinen Boot zur Nachbarinsel – ein kleines tropisches Paradies mit nur wenigen Bungalow-Anlagen. Schon von Weitem sehen wir riesige Felsen aus dem Wasser ragen, unzählige Palmen säumen die leeren Sandstrände und ein wilder Urwald hat den Rest der Insel in Besitz genommen.

»Das sieht ja fast ein wenig unheimlich hier aus. Vorsintflutlich!«, sage ich und denke dabei an all die Tiere, die sich hier verstecken könnten.

»Das ist doch toll. Ein richtiges Tropenparadies.« Lukas ist begeistert.

Das Boot kommt am Strand an, wir springen in das seichte Wasser und waten an Land. Unsere beiden Rucksäcke werden an den Strand geworfen.

»Gut, dass nichts Zerbrechliches drin ist«, denke ich.

Die Rezeption der verschlafenen Ferienanlage liegt im Eingangsbereich des Restaurants. Alte Hippie-Lieder dröhnen aus einem Lautsprecher und dazwischen hört man Bob Marley.

»Haben Sie reserviert?« Die zierliche Thaifrau in der roten Seidenbluse ist nicht besonders freundlich.

»Natürlich.« Lukas zieht die Online-Reservierung aus der Tasche. Die »Lady in Red« studiert das Formular einige Minuten lang und nickt dann.

»Bungalow 10. Über die Stufen dort drüben nach oben. Folgen Sie den Hinweisschildern.«

Mit den Rucksäcken auf dem Rücken keuchen wir den kleinen Hügel hinauf. Die Bungalows stehen auf Holzstelzen und man kann von ihnen aus über ein grünes Blätterdach auf die türkisfarbene Lagune schauen. Bungalow 10 hat einen kleinen Balkon mit einer Hängematte und ist einfach, aber geschmackvoll eingerichtet.

»Schau mal, wie schön das Meer von hier oben aussieht!« Lukas ist begeistert von dem paradiesischen Blick.

Ich öffne die Tür zum Bambusschrank und da sieht mich ein Tier mit großen Augen an.

»Igitt!«, rufe ich aus und mache die Tür schleunigst wieder zu.

»Ich werde meine Klamotten wohl im Rucksack lassen«, meine ich.

»Wieso?«, fragt Lukas erstaunt.

»Na, weil ich keine Lust habe, sie mit einem Riesengecko zu teilen. Ich habe mich eben ganz schön erschrocken. Wer weiß, wer sonst noch in diesem Schrank haust.« Es schüttelt mich bei diesem Gedanken.

Mit Taucherbrille, Schnorchel und Kanu machen wir uns am nächsten Tag auf, um die Insel zu erkunden.

»Du musst das Paddel ganz leicht durch das Wasser ziehen. So wie ich. Schau mir zu.«

Lukas taucht das Paddel einige Male rechts und links vom Boot ins Wasser. Aber es klappt bei mir trotzdem nicht so recht. Als wir die Bucht verlassen und aufs offene Meer zusteuern, geht es etwas besser. Gleich in der nächsten Bucht entdecken wir einen einsamen Palmenstrand und steuern ihn an.

Das Kanu liegt im Sand und Lukas hat sich die Tauchermaske aufgesetzt. Er ist bereits im Wasser.

»Das musst du gesehen haben! Das ist eine Welt für sich hier. Du kommst dir vor wie in einem Aquarium.« Er ist begeistert. »Komm, gib mir deine Hand.«

Lukas führt mich ins Wasser und gemeinsam schwimmen wir über die schillernde Unterwasserwelt hinweg: Rote Korallenbäume wachsen an den tiefen Felsspalten, auf denen sich Seegurken bedächtig hin- und herwiegen. Sie ziehen sich rhythmisch zusammen und blähen sich dann wieder auf. An riesige Penisse erinnern sie mich. Bunte Fische spielen hier Verstecken und verschwinden für kurze Zeit in der Spalte einer Höhle. Auf einem Felsen sitzt eine gezackte Muschel, langsam öffnet sie sich und lädt scheinbar zum Verweilen ein ... Ein kleiner Krebs nimmt die Einladung an, er wird wohl in dem feuchten Gefängnis sterben müssen.

Allmählich verliere ich meine Scheu. Ich tauche sogar kurz tiefer und berühre eine Seeanemone, deren Blütenfäden im Wasser tanzen. Eine Muräne schaut aus einer Höhle heraus, sie will nicht gestört werden. Schnell tauche ich wieder nach oben und greife nach Lukas' Hand.

Schwerelos gleiten wir über das Unterwasserparadies hinweg. Zeit und Raum scheinen keine Bedeutung mehr zu haben. Die Strömung treibt uns sanft weiter, alles ist so mühelos, es kostet keine Anstrengung. Einfach nur die Schönheit des Augenblicks genießen, das ist wundervoll! Lukas zieht mich näher an sich heran, unsere Tauchermasken berühren sich und wir sehen uns in die Augen. Wie seltsame Wasserungeheuer sehen wir aus. Ich lache und deute einen Kuss an. Geliebter! Wie sehr hab ich dich lieb! Das will mein Mund sagen, doch meine Lippen umschließen fest das Mundstück des Schnorchels. Lukas betrachtet meinen Mund und es erregt ihn, sich vorzustellen, dass er in diesem hübschen Kirschmund stecken könnte. Ich spüre seine Erektion. Kleine Fischchen schwimmen zwischen meinen Beinen hindurch. Lukas schiebt mein Bikinioberteil leicht zur Seite und berührt meine weiße Brust.

»Küss mich!«, sagen meine Augen.

»Ich finde dich so aufregend!«, antworten seine Hände. Er lässt sie über meinen Rücken nach unten gleiten. Auf meinem Po machen sie halt. Suchen einen Weg ... Ein Seepferdchen schwimmt neugierig um meine Füße, es rollt seinen Schwanz ein und stößt sich damit nach oben. Bei Lukas zuckt es in der Hose. So erregt war er schon lang nicht mehr.

Meine Arme legen sich um seinen Hals. Er spürt meinen Körper, der sich an ihn presst. Meine Beine schlingen sich um seine Hüfte.

»Nimm mich!«, wollen meine Lenden rufen. Er spürt den Druck meiner Schenkel, die ihn fest umklammern.

»Ich begehre dich so sehr!«, sagen seine Finger, als er mein Höschen zur Seite schiebt und versucht, in meine Auster einzudringen. Gar nicht so einfach, im Wasser feucht zu werden, doch dann werden seine Finger in mich hineingesogen. Gierig. Eng. Feucht. Er spürt, wie sich meine Muschel langsam öffnet und mein Saft aus ihr herausströmt. Langsam ziehe ich seine Badehose nach unten und seine Harpune springt mir entgegen. Sie streichelt meinen Oberschenkel. Gar nicht so leicht, im Wasser den Eingang zu finden. Ich helfe. Mit beiden Händen schiebe ich ihn hinein.

Eng umschlungen schweben wir im Ozean. Es gibt nichts zu tun. Einfach sein. Ganz einfach sein.

DIE GRENZEN DES ICH SPRENGEN

Das Wesen der Ekstase

Der Begriff »Ekstase« kommt vom griechischen *ékstasis* und beschreibt einen Zustand der Verzückung und der höchsten Hingabe. In der Ekstase liegt eine Möglichkeit, die eigenen Grenzen zu überwinden und in diesem veränderten Bewusstseinszustand eine spirituelle Erfahrung zu machen, die es uns ermöglicht, die natürlichen Grenzen unserer menschlichen Existenz zu überschreiten. Während des Orgasmus verlieren wir für einen kurzen Moment die Kontrolle über unser Denken und entschweben in einen Augenblick der grenzenlosen Freiheit. Dieser Moment wird von den meisten Menschen als etwas sehr Schönes empfunden. Je mehr wir uns diesem Zustand bewusst und in tiefer Liebe hingeben können, desto tiefer können wir Ekstase erleben. Ekstase können wir sowohl durch eine Reduzierung als auch durch eine Intensivierung von Reizen erfahren.

In unserem »gewöhnlichen« Bewusstseinszustand nehmen wir die Umwelt mit allen Sinnen auf. Unsere Sinne sind die Verbindung zum Außen und wir definieren Realität durch das, was wir sehen, hören, schmecken, fühlen und riechen. Funktioniert auch nur eines unserer Sinnesorgane eingeschränkt, dann arbeiten andere Sinnesorgane umso intensiver und das verändert unsere Wahrnehmung. Ziehen wir unsere Aufmerksamkeit von unseren äußeren Sinnen ab, so verlagert sich unsere Wahrnehmung nach innen und wir erleben die Welt anders. Das innere

Erleben gewinnt an Bedeutung gegenüber dem von außen bewirkten. Die Erfahrungen verändern sich enorm ... je nachdem, wie sehr wir uns erlauben, die Kontrolle über unseren Verstand aufzugeben und in die neue Erfahrung einzutauchen. Bei einem ekstatischen sexuellen Erlebnis spielt Liebe eine wichtige Rolle.
Die Sehnsucht nach tiefer Liebe und Hingabe kann eine völlige Auflösung unseres Seins bewirken, vor allem, wenn dieses Erlebnis mit einer Einschränkung der äußeren Reize einhergeht. Das wussten schon die alten Mystiker und zogen sich vor der äußeren Welt zurück. In Indien meditieren viele Sadhus im Dunklen in einer Höhle. Sie verbringen oft mehrere Jahre in freiwilligem Rückzug und werden von Gläubigen mit Essen versorgt. Das Christentum kennt diese Form der inneren Einkehr ebenfalls: Nonnen und Mönche zum Beispiel führen ein solches Leben – im Kloster. In der Bibel wird beschrieben, dass sich Jesus vierzig Tage und Nächte in die Wüste zurückzog, dort fastete er und hatte dann Visionen. Aus diesem Prozess ging er innerlich gereinigt und geläutert hervor.
Es gibt nun mehrere Möglichkeiten, wie wir Außenreize reduzieren können. Sie fördern das Erlebnis von Ekstase und einen Bewusstseinszustand, der über den alltäglichen hinausgeht, und können natürlich auch miteinander kombiniert werden. Da gibt es Askese, Isolation, Schmerz, Krankheit, Fasten, Meditation ... Auch beim Liebesspiel können wir durch eine bewusste Reduzierung von äußeren Reizen neue Erfahrungen machen. Wenn wir beispielsweise eng umschlungen und mit geschlossenen Augen mit unserem Partner daliegen oder -sitzen und uns selbst und den anderen einfach nur spüren, kann sich uns eine ganz neue

wunderbare Welt des inneren Erlebens öffnen, fernab von allen äußeren Dingen. So können Liebesspiele mit verbundenen Augen uns eine ganz neue Welt der Ekstase eröffnen. Versuchen Sie einmal zu essen, ohne zu riechen (halten Sie sich einfach die Nase zu). Das Essen schmeckt nur halb so gut, denn Geruchssinn und die Geschmacksknospen im Mund arbeiten Hand in Hand. Aber dafür können Sie jetzt vielleicht doppelt so gut hören.

Schaffen wir eine angenehme Atmosphäre, dann werden unsere Sinne auf eine bestimmte Weise stimuliert und das beflügelt das Erlebnis der Liebe. Jeder kennt das: Einen romantischen Abend planen wir nicht in der Döner-Bude – obwohl auch das durchaus seinen Reiz haben könnte. Aber normalerweise haben die meisten Menschen da eher ein romantisches Diner mit Kerzenschein und sanfter Musik im Kopf.

Ekstase kann allerdings auch, wie oben bereits erwähnt, durch eine gezielte Überflutung mit Reizen ausgelöst werden. Damit wird vor allem in spirituellen und mystischen Ritualen experimentiert. So wurde bei den Derwischen der Sufi-Tradition ein besonderer Drehtanz entwickelt, der den Tanzenden den Eintritt in einen höheren Bewusstseinszustand erleichtert. Und die Trommelmusik der Schamanen, die den Rhythmus des Herzens nachahmt, kann auch zu einer Trance-Erfahrung führen, die uns das Tor zum Reich der Krafttiere öffnet. Im Tantra werden Düfte, Öle, spezielle Massage- und Atemtechniken eingesetzt, um den Eintritt in einen ekstatischen Zustand zu erleichtern. Musik, Tanz, Trommeln, Gesang, Lichteffekte, Drogen, Hyperventilation, sexuelle Techniken (wie etwa im Tantra) sind Hilfsmittel, die es uns erleichtern, in einen ekstatischen Zustand zu gelangen.

Ekstase selbst wird von jedem anders erlebt. Sie kann zu einem tiefen emotionalen Erlebnis werden und uns sogar in eine spirituelle Dimension geleiten. Wir können zwar Bedingungen schaffen, die ein Erlebnis der Ekstase begünstigen, aber letztendlich geschieht sie – oder eben nicht – und sie lässt sich nicht kontrollieren. Je mehr wir uns in der Sexualität öffnen – dem Liebespartner und letztendlich dem ganzen Universum –, desto tiefer und ergreifender kann das Erlebnis sein. Über sich selbst und den Partner hinauswachsen, sich eins fühlen mit dem gesamten Universum, sich aus dem Alltag enthoben fühlen und mit Freude und Liebe durchflutet werden … das ist das Wesen der Ekstase.

Körperliche Merkmale der Ekstase

Auf der körperlichen Ebene sind in ekstatischen Zuständen eine Reihe von Veränderungen wie etwa unkontrollierte Zuckungen nachweisbar, der Betreffende kann bleich im Gesicht werden, Schweißausbrüche und starke Muskelspannungen haben. Eigentlich müsste dabei der Blutdruck steigen, aber das Gegenteil ist der Fall. Im Gehirn werden schmerzstillende Endorphine freigesetzt und gleichzeitig sinkt die Konzentration der Stresshormone Adrenalin, Noradrenalin und Cortisol im Blut. Die Anthropologin Felicitas D. Goodman hat sich in ihrer Arbeit ausführlich mit diesem Thema auseinandergesetzt, ihre Erfahrungen hat sie in ihren Büchern niedergeschrieben und ihre Forschungsergebnisse sind im 1978 in New Mexico gegründeten Cuyamunque-Institut einzusehen.

Schamanismus

Ekstatische Erlebnisse sind seit frühester Zeit dokumentiert. Bereits in den Bildern der steinzeitlichen Höhlen Südfrankreichs und Nordspaniens gibt es Hinweise darauf. Hier finden sich skizzenhafte Felszeichnungen von Figuren, die wohl visionäre Erlebnisse hatten. Das ist nicht verwunderlich, denn in der reizarmen Atmosphäre dieser dunklen Höhlen fiel es den Menschen sicher leicht, in tiefe Trance zu geraten. Vielleicht war es aber auch umgekehrt: Möglicherweise wurden die Bilder auf die Felswand gemalt, *um* den Menschen eine Möglichkeit zu geben, Trance zu erfahren. Genau wissen wir das nicht.

Bei den nordamerikanischen Indianern gibt es bis heute spezielle Rituale, die helfen, in einen anderen Bewusstseinszustand zu kommen. Bekannt ist hier vor allem die Visionssuche *(Vision Quest)*. Wer an einer solchen Erfahrung teilnehmen möchte, geht einige Tage oder Wochen an einen Ort in der Wildnis und fastet dort. Nach einiger Zeit stellen sich Visionen und Bilder ein, die von dem Suchenden interpretiert werden können. Sie können einen Lösungsweg für ein bestimmtes Problem aufzeigen, wenn man sich etwa in einer Umbruchphase im Leben befindet, und sind eine Form der schamanistischen Einweihung. Der Suchende ist ganz allein mit sich selbst, der Natur und den kraftvollen geistigen Führern, die ihm weiterhelfen auf seinem Lebensweg. Das ist eine Form der Pilgerreise, die in mancher Hinsicht einer Reise auf dem Jakobsweg im christlichen Umfeld vergleichbar ist. Alle ekstatischen Erlebnisse sind geleitet von dem Wunsch nach neuen Erfahrungen, die über das menschliche Sein hinausgehen und uns das Tor öffnen zu einer anderen Welt.

Schamanen besitzen die Fähigkeit, ihre Seele willentlich vom Körper zu lösen, in die Unterwelt sowie in himmlische Sphären zu reisen und übersinnliche Erfahrungen zu machen. Der Kontakt zur anderen Welt dient ihnen auch dazu, Menschen zu heilen und Unterstützung in weltlichen Dingen zu erhalten, etwa Regen herbeizuführen in Zeiten der Dürre.

Der Dionysoskult

Dionysos ist einer der ältesten und beliebtesten griechischen Götter und wurde von den Griechen und Römern in kultischen Festen verehrt. Der Ursprung des Kults kommt wahrscheinlich aus Assyrien und Kleinasien und lässt sich zeitlich nicht genau datieren. Die Popularität von Dionysos ist nicht weiter verwunderlich, denn die Feste zu seinen Ehren wurden mit berauschendem Wein und wilden Orgien gefeiert. Die Römer nannten ihn »Bacchus«. Dionysos gilt als Gott der Freude und wurde vor allem von den sogenannten *Mänaden* verehrt. Diese mit Efeu bekränzten Frauen hüllten sich während ihrer kultischen Handlungen in Hirsch- oder Rehfelle und trugen Fackeln und mit Efeu umrankte Stäbe. Die Mänaden feierten ausschweifende Feste, bei denen sie wilde Tiere opferten und aßen. Da bei diesen Zusammenkünften meist auch hemmungslose Sexualität gelebt wurde, hatten sie bei den römischen Politikern keinen guten Ruf. Wer »freie Liebe« lebt, ist auch sonst in seinem Denken nicht mehr so leicht zu kontrollieren und so wurde der Bacchuskult 186 v. Chr. vom Magistrat verboten. Natürlich fanden die geheimen Zusammenkünfte auch weiterhin statt. Es gibt allerdings nur wenige Quellen, die uns mehr über diesen Kult berichten.

Interessant sind in diesem Zusammenhang die Wandbilder in der *Villa dei Misteri,* die ca. im 2. Jahrhundert v. Chr. in Pompeji erbaut wurde. Bei den Darstellungen handelt es sich wahrscheinlich um die Einweihung einer jungen Priesterin in den Dionysoskult. Sie besagen, dass auch Lust und Schmerz in den Initiationsprozess miteinbezogen wurden. Deutlich ist an einer Wand ein Flagellations-Ritual (Auspeitschen als kultische Handlung) zu sehen: Eine junge Frau wird ausgepeitscht und scheint dabei in einen ekstatischen Zustand zu geraten. Tabus entstehen in unseren Köpfen. Was für uns tabu ist, mag in anderen Kulturen sogar eine selbstverständliche religiöse Praxis sein.

Rasende Verzückung in der Antike

Das Orakel von Delphi war im antiken Griechenland eine bekannte Pilger- und Weissagungsstätte. Überliefert sind Schilderungen von ekstatischen Erlebnissen, die wahrscheinlich auf die berauschende Wirkung des Gases Ethylen, das hier aus der Erde austritt, zurückzuführen sind. Auch im Attis- und im Isiskult zählen ekstatische Erfahrungen zu den Grundelementen. Für Platon (427–347 v. Chr.) führt die Ekstase zur Erkenntnis der Wahrheit und ist deshalb auch zugleich die Quelle künstlerischen Schaffens. In den hellenistischen Mysterien-Religionen wird Ekstase gleichgesetzt mit Entrückung, die zur göttlich inspirierten Einsicht in die Wahrheit führt. Der Myste – derjenige, der eine mystische Erfahrung macht – tritt aus den Alltagsgrenzen seines Körpers und Bewusstseins heraus und gewinnt die Möglichkeit zur Vereinigung mit einer Gottheit. Philo von Alexandria (15/10 v. Chr.–40 n. Chr.) etwa beschreibt die Ekstase als einen Prozess, bei dem der menschliche Verstand dem göttlichen Geist weicht. Ein Mensch in Ekstase erlebt diesen außeralltäglichen, erweiterten Bewusstseinszustand gewöhnlich als eine Trennung von Körper und Seele. Es ist, als ob eine überpersönliche Macht in ihn eindringe.

WELLENREITEN ZUM ORGASMUS

Wie können wir nun den Orgasmus verlängern und ihn zu einem unvergesslichen Erlebnis werden lassen? Wie wird das Liebesspiel zu einer ekstatischen Erfahrung? Was macht Sex zu einem spirituellen Erlebnis?

Der ekstatische Orgasmus

Es gibt so viele unterschiedliche Möglichkeiten »zu kommen«. Je nach Lust und Laune können wir uns an einem Quickie erfreuen, mehrmals nacheinander zum Höhepunkt kommen oder auch stundenlang in größter Innigkeit miteinander verbunden sein. Ekstase wird beim Sex von jedem ein wenig anders erlebt. Für den einen ist es das Gefühl der grenzenlosen Liebe und der Verschmelzung mit dem Universum. Es ist dann, als ob sich die Grenzen der eigenen Individualität auflösten, und wir erleben uns als Teil eines größeren Zusammenhangs. Für jemand anderen ist es vielleicht einfach das Gefühl rückhaltloser Hingabe an den Partner. In diesem Augenblick würde man für den anderen alles tun, sogar sterben. Auch grenzenloses Vertrauen kann ein Gefühl von tiefer Geborgenheit schenken und man fühlt sich wieder wie ein Baby im Mutterschoß. Ein ekstatisches Erlebnis kann auch bedeuten, dass man sich selbst ganz klar in diesem Augenblick erkennt und große Bewusstheit erhält über das eigene Sein. Es kann bedeuten, dass Gegenwart, Vergangenheit und Zukunft verschmelzen und Zeit bedeutungslos ist.

Vielleicht haben Sie ein Gefühl der Schwerelosigkeit oder Sie empfinden grenzenlose Liebe. Wenn alles von ganz allein zu fließen scheint und wir unendlich glücklich sind, erleben wir einen ekstatischen Zustand. Sicherlich kennen Sie Erzählungen von einem sexuellen Erlebnis, nach dem nichts mehr so war wie zuvor. Ekstatische Erlebnisse können so gewaltig sein, dass sie in der Tat das ganze Leben auf den Kopf stellen. Manchmal liegt das an einem bestimmten Menschen, in den wir uns verliebt haben, oder es geschieht mit dem Partner, der schon seit fünf Jahren neben uns im Bett liegt und dem wir diesmal völlig neu begegnen konnten.

Es gibt also unendlich viele Möglichkeiten, Ekstase zu erleben. Eines aber ist sicher: Eine solch außergewöhnliche Erfahrung lässt sich nicht erzwingen. Im Gegenteil: Wenn wir unbedingt eine besonders romantische und berauschende Liebesnacht haben wollen, setzt uns das meist so sehr unter Druck, dass alle Leichtigkeit verloren geht. Der innere Gleichmut, dass das, was kommt, einfach geschehen darf, ist eine wichtige Voraussetzung. Natürlich können wir Vorbereitungen treffen, wie wir eine Geburtstagsparty sorgfältig planen. Aber ob die Gäste das Menü auch wirklich genießen, ob die richtige Stimmung aufkommt und der Abend allen in unvergesslicher Erinnerung bleiben wird – das können wir leider nicht beeinflussen. Das ist das besondere Geschenk des Augenblicks. Ein geheimnisvolles Zusammentreffen unterschiedlicher Faktoren.

10 Tipps für ekstatischen Sex

Praxis

1. Leichtigkeit

Wer verbissen an seinem Höhepunkt arbeitet, hat bereits verloren. Wer sagt denn, dass eine Ejakulation oder ein Orgasmus unbedingt zur Ekstase gehören? Man kann Ekstase ohne Sex genießen, sich ohne Sex mit dem Universum eins fühlen. Oder einfach – jenseits von Sex – nur das befriedigende Gefühl genießen, dass man mit sich selbst in diesem Augenblick ganz allein und glücklich ist. Wer über sich selbst lachen kann, hat eine wichtige Hürde auf dem Weg zur Ekstase genommen. Lachen ist ein Ausdruck tiefer Freude. Wer lacht, kann in diesem Augenblick an nichts Belastendes denken. Er ist ganz in diesen Moment der Freude eingetaucht. Freude ist der Liebe eng verwandt: Wer sich freuen kann, will niemandem Böses; er ist mit sich selbst im Reinen und wünscht sich auch für andere Menschen das größtmögliche Glück. Diese heitere Gelassenheit ermöglicht es uns, glücklich zu sein. Ganz egal, was um Sie herum geschieht: Nehmen Sie Sex nicht zu ernst. »Hat es dir gefallen? Bist du auch gekommen? War ich gut im Bett?« – Männer, vergesst all diese Fragen und lacht lieber mit eurer Liebsten gemeinsam! Nehmen Sie gemeinsam ein wohliges Bad und versuchen Sie in der Badewanne Sex zu haben. Ich verspreche Ihnen, das wird genug Anlass zum Lachen geben. Kochen Sie gemeinsam ein leckeres Menü und füttern Sie sich gegenseitig ... mit verbundenen Augen. Das ist ein völlig neues Essgefühl – vor allem, wenn Sie sich zum Schluss das Dessert gegenseitig vom Körper lecken. Liebe und Sex sollen Spaß machen. Was sonst?

2. Freiheit

Können wir als Menschen wirklich frei sein? Solange wir einen Körper haben, der anfällig ist für Krankheit und Verfall, werden wir uns wahrscheinlich nicht wirklich frei fühlen. Aber selbst wenn wir Freiheit in unserem menschlichen Körper niemals wirklich erreichen werden, so können wir uns dieses Ideal doch immer wieder vor Augen halten. Freiheit hat mit Leichtigkeit zu tun, ein Symbol für Freiheit ist der Vogel. »Vogelfrei« zu sein hieß im Römischen Reich, dass man keinen gesetzlichen Schutz seines Lebens, seines Eigentums oder sonstiger Rechte mehr genoss; man konnte von jedem straffrei getötet, verletzt oder ausgeraubt werden. »Frei sein wie ein Vogel« hat allerdings eine positive Bedeutung; wir assoziieren damit eine große Freiheit. Ein Vogel hat Flügel und schon immer haben wir Menschen uns danach gesehnt, fliegen zu können. Der Liedermacher Reinhard

Mey besingt in seinem Lied »Über den Wolken« diese grenzenlose Freiheit. Und schließlich bezeichnen wir den sexuellen Akt auch als »vögeln«. Wie kommt das? Immerhin haben nicht nur die Vögel ein Sexualleben. Ihre Schwerelosigkeit scheint uns tief zu berühren und uns an leichten, schönen Sex zu erinnern. In einer Partnerschaft neigen wir oft zum Klammern: »Wo warst du noch nach Feierabend? Sonst arbeitest du doch nie so lang! Was, du warst noch ein Bier trinken mit der neuen Kollegin? ...« Schon braust in uns die Rachegöttin auf und wir greifen auf verschiedene Techniken zurück, um uns vor dem vermeintlichen Liebesverlust zu schützen. Entweder wir gehen nun unsererseits auf die Pirsch und erzählen mal so ganz beiläufig von unserem neuen Chat-Partner im Internet oder dem Profil, das wir neulich bei einer Online-Dating-Agentur erstellt haben. »Was würdest du denn auf eine einsame Insel mitnehmen, Liebster? Ich habe in mein Profil geschrieben, dass ich meinen Dildo einpacken würde ...« Oder wir versuchen es mit Druck. »Wenn du heute Abend nicht mit mir ins Kino gehst, bin ich sauer.« Beides ist auf Dauer keine gute Lösung: Druck bringt den anderen vielleicht dazu, sich zu fügen, weil er keinen Streit möchte. Aber er tut etwas, was er wahrscheinlich gar nicht tun will, und das ist keine passende Voraussetzung

Praxis

für ekstatische Liebe. Nur wenn wir beide aus freien Stücken unsere Zeit miteinander verbringen, werden wir gemeinsam Außergewöhnliches erleben. Oder es bleibt beim Nullachtfünfzehn-Sex. Wie langweilig!

3. Kontrolle aufgeben

Wer immer darauf achtgibt, dass er im Schein der Kerze gut aussieht und ob der Bauch beim Doggy Style zu sehr nach unten hängt, der wird sicherlich keinen ekstatischem Sex erleben, denn Ekstase bedeutet: Kontrolle aufgeben. Wenn wir mit äußeren Dingen beschäftigt sind, verlieren wir die Fähigkeit, zu spüren und ganz im Augenblick zu sein. Der nüchterne Verstand und die wissenschaftliche Analyse sind nicht besonders sexy. Natürlich kann ein geistreiches Gespräch sehr erotisierend wirken, das steht außer Frage. Konzentrieren wir uns aber zu sehr auf unsere Gedanken, so können wir uns nicht mehr spüren. In der westlichen Welt loben und schätzen wir den Verstand über alles und suchen doch gleichzeitig nach der völligen Loslösung von unserem Denken. Im Augenblick des Orgasmus erlebt jeder Mensch einen winzigen Augenblick des völligen Kontrollverlusts. Oder haben Sie schon einmal an Ihre Steuererklärung gedacht, während Sie gerade kamen? Das ist einfach unmöglich! Dieser Augenblick, in dem wir keine Kontrolle haben, beschert uns ein unglaubliches Glücksgefühl. Wenn wir die Kontrolle aufgeben, geben wir aber auch unsere scheinbare Sicherheit auf. Wirkliche Sicherheit gibt es hier auf der Erde allerdings sowieso nicht, denn Vergänglichkeit ist uns in allen Bereichen dieses Erdenlebens gewiss. Menschen treten in unser Leben und verlassen uns irgendwann wieder. Wir werden älter und eines Tages sterben wir … Anstatt zu versuchen, etwas festzuhalten, was sich unmöglich festhalten lässt, sollten Sie sich dem Unausweichlichen stellen. Wenn Sie mit dem Strom des Lebens schwimmen, werden Sie ein Gefühl völliger Unabhängigkeit erleben. Freiheit ist nur erfahrbar, wenn wir den Mut haben, die Kontrolle aufzugeben. Ertappen Sie sich auch ab und zu dabei, dass Sie sich beim Sex vorstellen, wie der andere Sie wohl sehen mag? Dass Sie sich fragen, ob Ihr Bauch zu dick ist, die Brüste zu sehr hängen – hier ist kein Raum für Ekstase! Sie ist nämlich ein ganzheitliches Gefühl. Schließen Sie das nächste Mal beim Liebemachen die Augen und bitten Sie ihn, Sie zu bewegen. Genießen Sie es, wenn er langsam Ihren Arm bewegt, nach oben und nach unten, zur Seite. Klingt harmlos, hat aber eine durchschlagende Wirkung. Sie lernen sich fallen zu lassen, sich hinzugeben – womit wir auch schon beim nächsten Punkt wären – und zu vertrauen.

Praxis

Und durch diese langsame Bewegung entspannt sich nicht nur Ihr Arm, der Muskeltonus im Körper verändert sich und Sie geraten in wohlige Entspannung.

4. Hingabe

Hingabe ohne Kontrollverlust ist undenkbar. Hingabe bezieht sich allerdings meistens auf ein Objekt, wenn auch ein abstraktes, wie etwa die Hingabe an eine göttliche Kraft. Hingabe ist ein bewusster Akt der Liebe und beim Geschlechtsverkehr geben wir uns vor allem einem anderen Menschen hin. Es ist, als würden wir uns wieder erlauben, wie ein Kind zu sein und uns dem anderen blind anzuvertrauen. Und Vertrauen ist ebenfalls eine wichtige Voraussetzung für Hingabe. Wir sind verletzlich, wenn wir all unsere Schutzmechanismen loslassen. Es ist nicht hundertprozentig sicher, dass der Partner mit diesem Geschenk gut umgehen wird. Viele Menschen können das nicht. Dabei ist es wirklich ein ganz wundervolles Geschenk für beide Liebespartner: Derjenige, der sich fallen lässt, erlebt sich selbst in einem neuen Zusammenhang. Wenn das Eis um unsere Seele zu schmelzen beginnt, durchströmt liebevolle Wärme unser ganzes Sein. Und der Partner wird tief in seinem Inneren berührt von dieser rückhaltlosen Offenheit und der Schutzlosigkeit. In diesem Augenblick finden wir gemeinsam zu der ursprünglichen Naivität eines paradiesischen Zustandes zurück, in dem es noch keine Dualität gab. Kindliche Freude und tiefes Vertrauen in die eigene Unverletzlichkeit bestimmen jetzt unser Wesen. Nur wer sich seiner selbst wirklich sicher ist, kann sich vollkommen hingeben. Und so wird Hingabe völlig zu Unrecht manchmal mit Schwäche in Verbindung gebracht. Wer Angst hat, sich in der Leidenschaft zu verlieren, der wird immer die Kontrolle behalten wollen über sein Verhalten und keinesfalls einem anderen Menschen Einblick gewähren in seine tiefsten Sehnsüchte und Ängste. Tun Sie doch einmal einen Abend lang alles, was Ihr Partner sich wünscht: Möchte er, dass Sie nackt in der Küche eine Gurke schälen? Und anschließend sollen Sie ihm Bier aus dem Bauchnabel schlürfen? Er wünscht sich, dass Sie ihn oral verwöhnen, während er die Sportschau schaut? Anschließend dürfen Sie ihm den Nacken massieren, bis er wohlig grunzt? ... Das finden Sie nun nicht sehr erotisch? Dann freuen Sie sich darauf, dass anschließend gewechselt wird und er Ihnen zu Diensten sein wird.

5. Leidenschaft

Leidenschaft ist die größte Triebkraft des Menschen. Sie scheint Grenzen durchbrechen zu können und

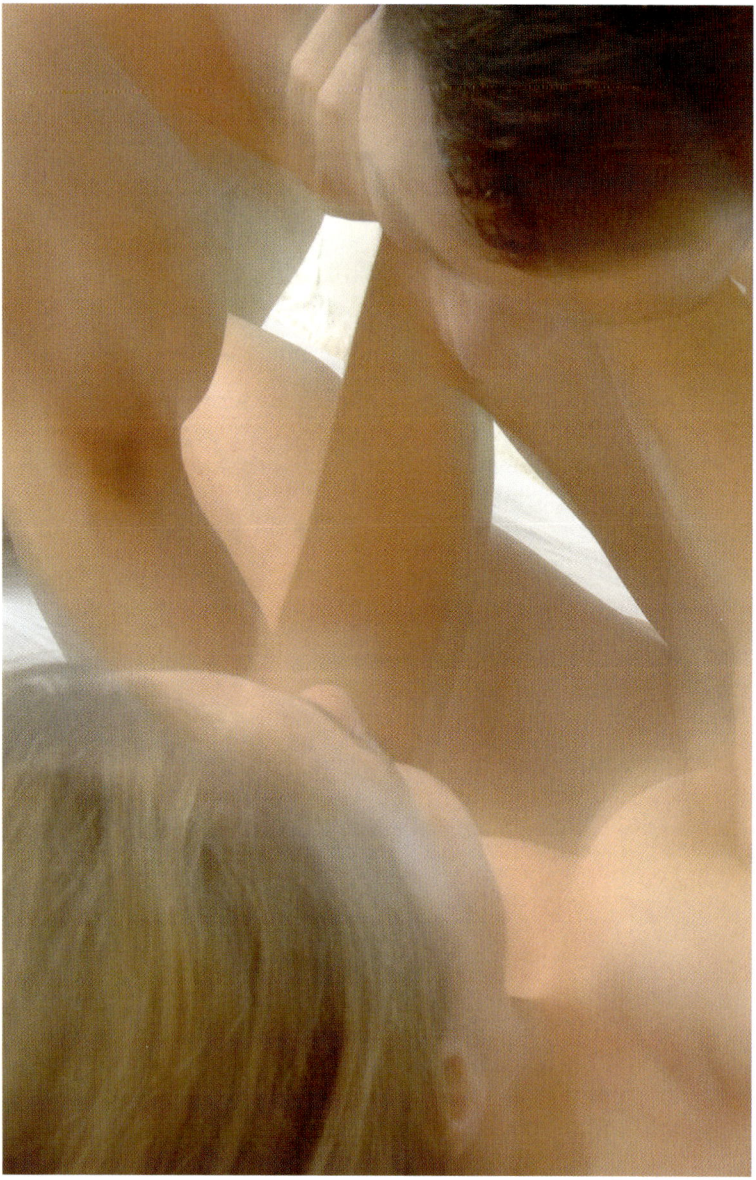

braucht keinen Schlaf. Wer leidenschaftlich in eine Sache vertieft ist, vergisst die Zeit. Das gilt nicht nur in Sachen »Sex«. Auch Künstler oder Erfinder werden von großer Leidenschaft angetrieben. Selbst Manager im Anzug kennen dieses starke Gefühl und sie arbeiten, als ob es kein Morgen gäbe. 18 Stunden vor dem PC sitzen? Kein Problem.

In der Liebe aber bedeutet Leidenschaft, dass man sich mit Haut und Haaren einlässt auf den anderen. Sie ist wahres Feuer. Es scheint, als ob alle anderen Entscheidungsinstanzen ausgeblendet wären in solchen Augenblicken.

Allen voran der kühle Verstand, denn er ist ganz und gar nicht kompatibel mit der Leidenschaft. Diese Gefühlsqualität kennt keine Beschränkung und lodert wie ein kraftvolles Feuer.

Körperliches Verlangen kann einen Flächenbrand auslösen und diese Kraft können wir in der Liebe gezielt einsetzen und transformieren. Wir können dieses intensive Gefühl der Leidenschaft wahrnehmen und diese Energie gezielt darauf lenken, allen Menschen Liebe zu schicken und mit ihnen zu verschmelzen. Haben Sie kurz vor dem Orgasmus schon einmal daran gedacht, Ihr Glücksgefühl in Gedanken an andere weiterzuleiten? An Menschen, die einsam sind, oder an Menschen, die leiden? Auch wenn

Praxis

Ihnen diese Idee vielleicht im Augenblick etwas merkwürdig vorkommt – versuchen Sie es und beobachten Sie, wie Sie sich dabei fühlen.
Ohne Leidenschaft ist unser Leben schal, ihm fehlt die Würze, mit der es erst sein volles Aroma entfaltet. Kennen Sie das Gefühl der Leidenschaft? Es ist sicherlich eine Frage des Temperaments: Der eine ist wilder und leidenschaftlicher, der andere eher sanft und harmoniebedürftig. Aber ein wenig kann man die Leidenschaft schon trainieren: Balgen Sie sich doch einfach mal mit Ihrem Partner. Wer sagt denn, dass es bei der Liebe immer ruhig und zärtlich zugehen muss? Die Mischung macht einen Cocktail schmackhaft und explosiv. Versuchen Sie, sich gegenseitig die Socken auszuziehen, und Sie werden erstaunt sein, wie schnell es dabei zu einer hitzigen Auseinandersetzung kommen kann ... Und irgendwann bleibt einem nichts anderes mehr übrig, als sich dem anderen lustvoll hinzugeben.

6. Neugier

Neugier ist ein grundlegender Wesenszug des Menschen. Ohne Neugier gäbe es keine Entwicklung, denn sie ist der Motor für Veränderung und neue Entdeckungen. Neugier macht lebendig und hält jung. Deshalb ist diese Eigenschaft in erster Linie

Kindern vorbehalten, die die Welt gerade erst entdecken. Kinder erleben spontane Freude, wenn sie zum ersten Mal eine neue Bewegung ausprobieren, wenn es ihnen gelingt, sich mühelos auf den Bauch zu rollen und die Welt aus einer neuen Perspektive zu sehen. Oder wenn sie die ersten vorsichtigen Schritte wagen. Worauf sind Sie neugierig? Oder ist Neugier eine Eigenschaft, die Ihnen schon lang abhanden gekommen ist? Das wäre sehr schade, denn gerade die Liebe und vor allem die Ekstase braucht dieses Gefühl der Begeisterung und der Freude an neuen Entdeckungen. Beginnen Sie klein: Nehmen Sie einen neuen Weg zur Arbeit und seien Sie neugierig darauf, was Sie dabei entdecken werden. Gibt es ein schönes Restaurant, das Sie bisher noch nie besucht haben und unbedingt einmal ausprobieren sollten? Laden Sie Ihren Liebsten ein, mit Ihnen dorthin zu gehen. Hatten Sie schon mal Sex im Keller, in der Garage oder im Wald? Küssen Sie seinen Körper an einer Stelle, die Sie noch nie geküsst haben. »Kommen« Sie mal bewusst nicht und hören Sie auf, wenn es am schönsten ist. Genießen Sie es einmal, stundenlang in seinen Armen zu liegen, ohne dass sie miteinander schlafen. Das kann wunderbar sein und ein Gefühl tiefer Vertrautheit entstehen lassen. Versuchen Sie jedes Mal, wenn Sie sich lieben, irgendeine Kleinigkeit

Praxis

anders zu machen als sonst. Sie denken, das sei banal? Aber nein! Wenn Sie sich immer wieder ein wenig bemühen, aus der Routine auszubrechen und kreativ zu sein, ist das eine gute Voraussetzung für das berauschende Erlebnis der Ekstase.

7. Vertrauen

Liebe ist wie ein Spiegel: Wenn er einen Sprung bekommt, lässt sich das nicht mehr reparieren, heißt es. Damit ist in erster Linie gemeint, dass das Vertrauen in den anderen Menschen so wichtig ist, dass man eine schlimme Lüge wahrscheinlich niemals überwinden kann. Es gibt beim Vertrauen keine halben Sachen. Entweder wir fühlen uns sicher und geborgen oder nicht. Trotzdem sollten wir niemals vergessen, dass Menschen nicht vollkommen sind und dass selbst ein von ganzem Herzen gegebenes Versprechen nicht für die Ewigkeit gilt – auch wenn es in diesem Augenblick so gemeint ist. Aber wer kann schon voraussehen, was er in zwei Jahren gern haben möchte, ob er das Bett immer noch mit demselben Menschen teilen will. Wir verändern uns und das sollten wir nicht aus den Augen verlieren. Das heißt, dass in jeder Beziehung die paradiesische Unschuld der vorbehaltlosen Liebe verloren gehen wird. Und so können wir einem Menschen niemals völlig vertrauen –

Praxis

und dieses Wissen erlaubt es uns dann doch wieder zu vertrauen. Ein Paradoxon? Nur scheinbar. Wenn wir uns der Fehlbarkeit jedes Menschen bewusst sind, wissen wir, dass er stets sein Bestes geben wird ... und mehr geht eben nicht. Letztendlich nimmt uns niemand die Verantwortung für unser Leben ab und wir sollten uns nicht von einem anderen Menschen abhängig machen. Wer auf eigenen Beinen stehen kann, der kann noch besser mit einem Partner tanzen. Und um den Tanz geht es bei der Liebe, vor allem bei der ekstatischen Liebe.

Wie kann man nun lernen, wieder zu vertrauen? Zunächst sollten Sie sich, wie gesagt, klarmachen, dass Ihr Partner es mit Sicherheit nicht böse gemeint hat. Vielleicht hat er einfach zu viel versprochen. Jeder macht Fehler, davor sind auch Sie nicht sicher. Machen Sie sich klar, dass Ihr Partner offensichtlich in einer Zwickmühle steckte, dass er nicht genau wusste, ob das Versprechen, das er Ihnen gegeben hat, wichtiger ist als die Treue zu sich selbst. Sie sollten es ihm hoch anrechnen, dass er auf seine Gefühle gehört hat, denn Sie wollen doch bestimmt nicht mit jemandem zusammen sein, der sich Ihnen ganz unterwirft, völlig unselbstständig ist und dessen Verhalten allein von Angst vor Verlust geleitet wird? Ihnen wäre devotes Verhalten trotzdem lieber gewesen?

Auf lange Sicht würde Sie ein solcher Partner sicher eher langweilen, denn wir alle haben den tiefen Wunsch, zu wachsen und uns weiterzuentwickeln. Und Krisen gehören einfach dazu.

8. Bewusstheit

Ein ekstatischer Moment soll uns über die Grenzen des Alltagsbewusstseins hinaustragen. Das heißt: Wenn wir einen solchen Zustand des erweiterten Bewusstseins erfahren möchten, sollten wir zunächst das ganzgewöhnliche alltägliche Sein spüren können. Denn jemand, der noch nicht einmal ein Spiegelei braten kann, wird sich wahrscheinlich auch mit einem aufwändigen Soufflé schwertun. Wessen sollten wir uns also bewusst sein? Zunächst einmal geht es ganz einfach um das bewusste Wahrnehmen des eigenen Körpers und das muss jeder für sich allein üben. Erst wenn Sie Ihren eigenen Körper spüren, können Sie ein Gefühl dafür entwickeln, wonach der Körper Ihres Liebespartners sich in diesem Augenblick sehnt.

Setzen oder legen Sie sich jetzt bequem hin. Lesen Sie sich nun die folgenden Fragen zuerst einmal durch, schließen Sie dann fünf Minuten die Augen und versuchen Sie, Antworten zu finden:

Praxis

- Wie sitze oder liege ich im Augenblick? Welche Teile meines Körpers berühren den Boden?
- Sind meine Zähne zusammengebissen oder ist mein Kiefer ganz locker?
- Welches Auge fühlt sich größer an, das rechte oder das linke?
- Spüren Sie Ihre Atmung und fragen Sie sich: Atme ich tiefer ein oder mehr aus? Was fällt mir leichter? Halte ich den Atem ab und zu an?
- Wenn ich jetzt aufstehen müsste, über welche Seite würde ich das tun?

Beantworten Sie diese Fragen ganz für sich selbst. Es gibt keine richtigen und keine falschen Antworten, Sie üben damit lediglich das bewusste Empfinden und Wahrnehmen Ihres eigenen Selbst. Die von Moshé Feldenkrais entwickelte Feldenkrais-Methode kann uns durch das bewusste Wahrnehmen der Bewegung helfen, uns besser zu spüren und herauszufinden, was wir vielleicht verändern möchten. »Wenn du nicht weißt, was du tust, kannst du auch niemals das tun, was du tun möchtest«, war seine Devise. Eigentlich ganz klar. Die Feldenkrais-Methode kann in Gruppen erlernt werden; hier übt man unter Anleitung Bewegungen. In Einzelsitzungen wird man von einem Feldenkrais-Lehrer bewegt und darf sich dabei einfach entspannen. Bei der Wahl eines Feldenkrais-Lehrers sollten Sie in jedem Fall darauf achten, dass er Mitglied des Feldenkrais-Verbandes (Adresse am Ende des Buches) ist, also eine vierjährige Ausbildung hinter sich hat.

9. Mut

Wer sich einlässt auf das Abenteuer »Liebe«, braucht starke Nerven. In den seltensten Fällen ist eine Liebesbeziehung nur harmonisch, Auseinandersetzungen und Krisen gehören einfach zum Leben. Wer sich öffnet, ist verletzlich. Aber wenn man etwas Außergewöhnliches erleben will in der Liebe, ist es wichtig, ganz ehrlich zu sein, auch auf die Gefahr hin, dass der andere sich abwendet, wenn er erfährt, wer man wirklich ist.

Erotische Fantasien sollten Platz haben in einer Liebesbeziehung, in der Sie auch mal etwas Besonderes erleben wollen. Was gibt Ihnen einen Kick? Haben Sie schon immer davon geträumt, gefesselt vor Ihrem Liebsten niederzuknien, oder soll er Ihnen den Hintern versohlen? Möchten Sie stundenlang mit einer Feder zum Orgasmus gekitzelt werden und dabei den Duft von Hibiskus einatmen? Oder mögen Sie's im Freien, vielleicht auf der Terrasse über den Dächern der Stadt? Möchten Sie vielleicht gern stundenlangen

Praxis

Sex haben, ohne dass er kommt?
Bei den meisten Paaren stellt sich im Laufe des Lebens Gewohnheit ein: Jeder weiß, was der andere gern mag. Man kennt die gegenseitigen Lustpunkte und drückt sie nach Belieben. Das macht den Sex entspannend und berechenbar. Jeder kommt auf seine Kosten. Ekstatischer Sex ist aber viel mehr, als einfach nur den Orgasmus zielsicher anzusteuern. Wer etwas Besonderes erleben will, muss auch den Mut zur Ehrlichkeit haben.
Schreiben Sie zehn Dinge auf, die Ihnen beim Sex wichtig sind. Und vergessen Sie nicht die ganz neuen Ideen – die Dinge, die Sie bisher noch nicht ausprobiert haben. Ihr Partner soll das Gleiche tun und bei einem Glas Wein lesen Sie sich dann gegenseitig vor, was Sie aufgeschrieben haben. Die Übung funktioniert allerdings nur, wenn beide Partner aufrichtig bemüht sind, mehr über die eigenen Wünsche und Sehnsüchte herauszufinden. Ekstase stellt sich ein, wenn wir mit uns und dem, was wir tun, ganz im Reinen sind.

10. Liebe

Und das Wichtigste zum Schluss: Ohne Liebe bleibt Sex oberflächlich und schal. Er ist dann wie eine lecker aussehende Torte, auf die wir wirklich Lust haben … und beim Naschen müssen wir dann feststellen, dass der Bäcker den Zucker vergessen hat. Schmeckt einfach nicht! Lieben Sie einen Menschen aber aus tiefstem Herzen, dann stellt sich Ekstase bereits ein, wenn Sie Ihrem Liebsten im Restaurant gegenübersitzen und sich in die Augen sehen. Mehr braucht es dann schon nicht mehr, um auf Wolke sieben zu schweben. Liebe kann man sich nicht antrainieren, aber man kann sich darin üben, jeden Menschen, der einem begegnet, wohlwollend und freundlich zu behandeln. Das fängt schon im Kleinen an: Anstatt morgens muffig und wortkarg seine Brötchen beim Bäcker zu holen, könnten wir der Dame hinter der Theke ein nettes Kompliment machen. Irgendwas findet sich immer. Der Kollegin könnten wir unaufgefordert einen Kaffee mitbringen und unsere Mutter freut sich bestimmt über einen Blumenstrauß. (Die beste Freundin natürlich auch.) Es gibt so viele Möglichkeiten, anderen ein wenig Licht und Freude zu schenken. Stellen Sie sich einfach vor, wie Sie sich fühlen, wenn Sie nett begrüßt und wertgeschätzt werden. Sie freuen sich! – So einfach ist das mit der Liebe. Und: Je mehr wir uns darin üben, zu anderen freundlich und gütig zu sein, desto mehr geht es uns in Fleisch und Blut über und wir müssen uns bei unserem Partner nicht anstrengen, ihm seine kleinen und

Praxis

größeren Fehler zu verzeihen. Die Socken liegen schon wieder im Zimmer verstreut? Die Barthaare haben sich nicht von allein auf den Weg in den Abfluss gemacht und der Müll wartet auch noch traurig in der Küche? Sie können sich darüber aufregen und Grundsatzdiskussionen führen … und vielleicht wird Ihr Partner Ihnen sogar recht geben. Aber der Ekstase bringt Sie das keinen Schritt näher, das schafft allein die Liebe!

Der Orgasmus ruft

Natürlich gibt es auch noch ganz spezielle körperliche Techniken, mit denen sich der Orgasmus intensiviert und sich ein besonderes Erlebnis einstellt. Dazu müssen Sie kein Tantra-Profi sein und auch kein Yogi. Allerdings braucht es ein wenig Übung, um den Atem kontrolliert einzusetzen und Körperenergie bewusst wahrzunehmen.

Am besten beginnen Sie beide bereits vor dem Sex mit einer »Trockenübung« und konzentrieren sich bewusst auf die eigene Atmung. Setzen Sie sich vis-à-vis, schließen Sie die Augen und nehmen Sie Ihren Atem wahr. Welche Teile Ihres Körpers bewegen sich beim Atmen? Spüren Sie, wie Ihr Brustbein sich hebt und senkt. Senkt sich Ihr Zwerchfell und wölbt sich Ihr Bauch nach außen beim Einatmen? Lassen Sie Ihren Atem einfach fließen und beobachten Sie ihn.

Lenken Sie Ihre Aufmerksamkeit jetzt in Ihren Beckenboden. (Bei Frauen ist das der Bereich zwischen Anus und Harnröhrenöffnung, bei Männern liegt er zwischen Penisschaft und Anus. Als Frau ziehen Sie nun die Ringmuskeln des Beckenbodens (um die Öffnungen der Vagina, der Harnröhre und des Anus) nach oben – das fühlt sich dann so an, als ob Sie auf der Toilette den Harnfluss unterbrechen wollen. Wenn Sie in dieser Übung zu den Fortgeschrittenen gehören, können Sie versuchen, die drei Ringmuskeln einzeln nacheinander zu aktivieren. Männer spannen den Beckenboden ebenfalls an und experimentieren damit, wie es sich anfühlt, die Muskeln des Penis und des Anus zu aktivieren und den Bereich, der dazwischen liegt.

Atmen Sie jetzt tief ein und halten Sie die Luft an. Gleichzeitig spannen Sie den Beckenboden an. Drücken Sie die angehaltene Luft ein klein wenig nach unten in Richtung Beckenboden. Diese Technik können Sie einsetzen, wenn Sie einen besonders intensiven Orgasmus mit Ihrem Partner erleben wollen.

Wenn Sie sehr erregt sind, kurz vor dem Orgasmus stehen, können Sie sich einen ganz besonderen Höhepunkt verschaffen: Atmen Sie einige Male ganz tief ein, halten Sie die Luft an und spannen Sie den Körper ganz fest an ... mindestens 20 Sekunden lang. So verteilt sich die sexuelle Energie im ganzen Körper. Im Tantra nennt man dieses Einatmen und Nach-oben-Ziehen der Energie *Big Draw*. Ein solcher Orgasmus wird jedes Mal anders sein, je nachdem, wie Sie sich fühlen. Bleiben Sie ganz im Augenblick ... keine Erwartungen ... keine Forderungen ... keine Kritik. Bleiben Sie offen für alles, was in diesem Augenblick passiert.

VERTRAUTE INNIGKEIT

wenn meine seele grau ist, nichts macht mehr sinn
ich bin ganz oben und weiß nicht mehr,
wohin ich gehen soll
wo viele schatten sind, da ist auch licht
ich laufe zu dir, ich vergess dich nicht
du kennst mich und mein wahres gesicht
du erinnerst mich an liebe
ich kann sehen, wer du wirklich bist
du erinnerst mich daran, wie es sein kann

(aus dem Lied »Du erinnerst mich an Liebe« von Ich + Ich)

Der Sommer hatte sich diesmal recht lang bitten lassen und die duftenden Rosen hielten ihre Knospen noch ängstlich verschlossen. Aber heute schien die Sonne all das nachholen zu wollen, was sie in den letzten Wochen verpasst hatte. Es war bereits

Sonntagnachmittag und die Sonnenstrahlen wärmten die Gartenbank, auf der Lukas saß und seine Zeitung las. Er schloss die Augen und schien die Wärme wie eine Eidechse in sich aufzusaugen. Jasmin hatte sich heute vorgenommen, Unkraut zu jäten. Es entspannte sie, sich über die wuchernden Grünpflanzen herzumachen und das Blumenbeet wieder so richtig zur Geltung zu bringen. Die Blumen leuchteten in allen Farben. Sie wollte zum Schluss einen Blumenstrauß pflücken und in die blaue Vase auf dem Fensterbrett stellen. Der Duft von Lavendel stieg ihr in die Nase. Mmmmh, das duftete wundervoll! Nach Sommer in der Provence. Sie würde gern in der Provence leben. Irgendwann einmal. Wenn das Haus hier abbezahlt war und sie nicht mehr arbeiten mussten. Der Rücken tat ein wenig weh von der Gartenarbeit und Jasmin legte sich ins Gras. Lukas war auf der Bank eingenickt. Zeit zum Dösen ... Kaum hatte sie die Augen geschlossen, konnte sie es schon sehen ... das wunderschöne alte Bauernhaus in der Provence. Es ist ein Sommertag wie dieser und dennoch ist alles ganz anders ...

Du erinnerst mich an Liebe

»Kannst du mir mal helfen mit den Einkaufstüten?« Jasmin hat zwei kleinere Tüten auf dem Boden abgestellt und offensichtlich Schwierigkeiten, die kleine Anhöhe bis zum Haus hinaufzukommen. Sie bleibt stehen und ruft noch einmal nach Lukas.

»Ich bin doch noch nicht schwerhörig.« Lukas kommt ihr entgegen und nimmt ihr die Last ab. Aber besonders leichtfüßig ist er auch nicht mehr. Kein Wunder, mit fast achtzig Jahren ist man einfach kein junger Hirsch mehr. Aber er hat sich gut gehalten. Er wandert viel.

»Das braucht man in meinem Alter«, sagt er und es macht ihm großes Vergnügen, sich in Zeitungen zu präsentieren, die von seinen neuesten Touren berichten.

»Hast du schon die Zeitung gesehen?«, fragt Lukas aufgeregt. »Da haben sie über meine letzte Wanderung berichtet. Nur das Foto, das gefällt mir nicht. Zu viel Bauch und ich habe ja die Augen geschlossen. Hab wohl gerade in die Sonne geschaut.«

Lukas stellt die Einkaufstüten auf dem Küchentisch ab.

»Danke.« Sie wischt sich den Schweiß von der Stirn. »Wo ist denn die Zeitung? Lass mal sehen.« Jasmin beugt sich über den Artikel.

»Achtzigjähriger Wandersmann durchquert Frankreich zu Fuß. Selten enden seine Tagestouren unter sieben Stunden Marsch. Pause macht Lukas Hartmann erst am Abend in einem Weinlokal«, liest sie und muss laut lachen. Das stimmt, ein Gläschen Wein am Abend ist für ihren Mann eine wunderbare Entspannung. Neben dem Artikel sieht sie ein Foto: Lukas prostet im karierten Hemd mit einem Glas Rotwein in der Hand der Kamera zu.

»Das Bild ist doch gar nicht schlecht«, sagt sie. »Was hast du denn?«

»Das meine ich ja nicht. Das andere. Vor dem Felsen. Da habe ich die Augen zu.«

»Meine Güte, bist du aber kritisch mit dir! So eitel bin ja noch nicht mal ich als Frau.« Sie kennt ihn schon so lang und so gut.

»Ja, ich weiß.« Lukas lächelt ein wenig beschämt. »Aber zeig mal, was du eingekauft hast. Immerhin gibt es heute etwas zu feiern.«

»Zu feiern?«, sie gibt sich unwissend. »Nicht dass ich wüsste. Du hast doch erst wieder nächstes Jahr Geburtstag.«

»Der Schampus habe ich schon mal kalt gestellt. Deine Lieblingsmarke.« Lukas holt zwei Gläser aus der Glasvitrine und füllt sie mit der prickelnden Flüssigkeit. »Lass uns anstoßen auf sechzig Jahre gemeinsames Leben, meine Rose.«

Lukas drückt ihr einen zärtlichen Kuss auf die Wange. Heute vor sechzig Jahren hatten sie geheiratet, an einem wunderschönen Sommertag. Am Königssee in der Nähe von Berchtesgaden. Die Glocken in der kleinen Kappelle haben mit den Kuhglocken um die Wette geläutet und der Duft von frisch gemähtem Heu hat sich mit dem Duft der Rosen vermischt, mit denen die Kapelle großzügig dekoriert war. Rosen sind ihre Lieblingsblumen. Deshalb nennt Lukas sie auch »Rose«.

»Komm mit!« Lukas zieht sie behutsam in das geräumige Bad. Er hat bereits Badewasser eingelassen und langsam entkleidet er sie. Zärtlich streicht er über ihre hängenden Brüste und küsst ihre schon welken Knospen. Die Fülle des Sommers hat dem Herbst des Lebens Platz gemacht, aber auch diese Schönheit hatte ihren Zauber. Lukas kann die Süße ihrer ehemals reifen Frucht noch immer schmecken. Lächelnd streicht er über ihr faltiges Gesicht. Ihre Haut fühlt sich an wie japanisches Kalligrafie-Papier. Hauchdünn und überaus kostbar. Wie verletzlich sie aussieht, als sie so nackt vor ihm steht. Jasmin kommen fast die Tränen, als Lukas ihr so sanft über die Wangen fährt. Sie kann seine tiefe Liebe spüren, die durch seine Fingerspitzen fließt. Ihr Gesicht rötet sich. Leicht öffnet sie die Lippen und beißt spielerisch in seinen Zeigefinger, mit dem er die Konturen ihrer Lippen nachzeichnet.

»Autsch!« Lukas verzieht das Gesicht. »Du bist immer noch so ein

kleines Biest wie früher. Und dafür liebe ich dich so. Mit dir war es nie langweilig.«

»Ich bin auch immer noch verliebt in dich wie am ersten Tag.« Sie lächelt wie ein verliebter Teenager. »Was hast du denn eigentlich mit mir vor?«

»Lass dich überraschen!« Lukas streckt charmant den Arm aus und hilft ihr in die Wanne.

Rosafarbene Blütenblätter schwimmen auf dem Wasser, passend zu Beethovens Mondscheinsonate, die aus dem Wohnzimmer erklingt.

Jasmin ist gerührt und lässt sich wohlig in das Ölbad sinken, das Lukas für sie vorbereitet hat. Der liebliche Rosenduft breitet sich im Bad aus und sie entspannt sich mehr und mehr. Sie schwebt auf rosa Wolken. Langsam entkleidet sich auch ihr Liebster und steigt zu ihr in die Wanne. Er hat einen Badeschwamm bereitgelegt und beginnt, langsam ihren Arm zu heben und ihn zu waschen. Jasmin schließt die Augen – himmlisch! – und fühlt sich wohlig geborgen … wie ein Baby. Mit kreisenden Bewegungen massiert Lukas ihren Bauch. Im Laufe der Jahre hat die Schwerkraft ihre Wirkung getan … Jasmin gluckst vor Lachen, als Lukas über ihren Bauch streicht.

»Wie süß du aussiehst, wenn du lachst.«

Lukas gefällt der kleine Bauch sehr. Erst wollte sie ihm das nicht glauben, aber im Laufe der Jahre ließ sich sowieso nichts mehr daran ändern, dass ihr Körper eben älter wurde. Und seiner natürlich auch. Sein Haar wurde immer schütterer … am Anfang hat er es noch mit allen möglichen Haarwässerchen versucht.

»Du gefällst mir auch immer noch sehr, mein Schatz. Ich finde einfach, dass du mit einer Glatze verdammt männlich aussiehst.«
Sie kichert wie ein junges Mädchen.

Der Badeschwamm wandert immer weiter nach unten, berührt ihre Schenkel und verweilt auf ihrem grauen Busch.

»Du kitzelst mich.« Sie wird unruhig. An dieser Stelle hat er sie schon eine ganze Weile nicht mehr berührt. Wenn man seit so vielen Jahren verheiratet ist, gibt es irgendwann auch Wichtigeres als Sex. Zärtlichkeit zum Beispiel.

»Ich genieße es so sehr, wie du mich berührst.«

»Ich finde dich immer noch so wunderschön, meine Rose. Du bist für mich die schönste Frau der Welt.«

»Wie süß! Ich habe mir auch nie einen anderen Mann gewünscht.«

»Zeit zum Abtrocknen!« Lukas steigt aus dem Bad und wickelt sie behutsam in ein rosafarbenes Frottee-Handtuch.

»Ganz flauschig und kuschelig fühlt sich das an.« Jasmin ist begeistert und ganz gerührt von so viel Fürsorge.

»Lass uns anstoßen auf ein wundervolles Leben zu zweit.« Lukas reicht ihr das Champagnerglas.

»Auf unsere Liebe …«

»Auf all unsere Höhen und Tiefen.«

»Und auf viele weitere Jahre mit dir, mein Schatz!« Tränen laufen über ihre Wangen und sie küsst ihn zärtlich auf den Mund.

»Lass uns ins Bett gehen.« Lukas nimmt Jasmins Hand und zieht sie mit sich ins Schlafzimmer. Sie kuschelt sich in seinen Arm und spürt, wie seine Wärme sie durchdringt.

»Ich will dich heute spüren. Magst du in mich kommen?«

Jasmin weiß, dass das gar nicht mehr so einfach ist. Am Anfang, so mit fünfzig, als die ersten sexuellen Störungen bei ihm eintraten, da haben sie sich beide Sorgen gemacht. Was war ihnen damals nicht alles eingefallen: Pornos, Clubs, erotische Zeitschriften, sogar einen

Dreier haben sie einmal ausprobiert. Aber das alles war nach einiger Zeit nicht mehr aufregend. Entweder jeder von ihnen hätte sich einen neuen Partner suchen müssen, mit dem die erste Liebe wieder für einen aufregenden Schwung gesorgt hätte, oder sie konnten gemeinsam neue Wege beschreiten ... Sie hatten sich entschlossen zusammenzubleiben. Und ihr Liebesleben hat eine Tiefe erhalten, von der sie nie zu träumen gewagt hätten.

»Leg dich auf die Seite. Ich will dich von hinten halten.« Lukas ist sehr erregt. Die Zeiten des harten Ständers sind allerdings wahrscheinlich für alle Zeiten vorbei.

»Ja, so haben wir's schon immer besonders gern gemacht.« Sie kichert und erinnert sich an wilde Nächte, in denen Lukas sie mit Vorliebe von hinten gevögelt hat.

»Du meinst, Stute und Hengst? Das haben wir schon lang nicht mehr gespielt.« Lukas beginnt leise zu stöhnen. Sein Schwanz drückt leicht gegen ihre welken Backen. Und dieser Anblick der Vergänglichkeit erregt ihn.

»Wie oft ich dich wohl schon so genommen habe?«, scherzt er.

»Na, ich denke schon, dass wir da so einige Rekorde brechen könnten.«

»Du meinst, wir sollten uns ins Guinness-Buch eintragen lassen?«

Sie lachen beide. Gleichzeitig fühlen sie, wie ihre Körper voller Sehnsucht zueinander finden. Es ist kein hartes, wildes Stoßen, eher eine sanfte Annäherung. Als ob man einem alten Freund begegnet und sich gemeinsam an alte Zeiten erinnert. Liebevoll und zärtlich.

»Du fühlst dich so schön an in mir.« Jasmin stöhnt und nimmt seine Hand, die er von hinten auf ihre hängenden Brüste gelegt hat.

»Macht es dir etwas aus ...?«, fragt Lukas nach einer Weile.

»Was meinst du?«, flüstert sie.

»Na, du weißt schon ...« Manche Dinge ändern sich einfach nie. So richtig offen kann er darüber immer noch nicht sprechen.

»Du meinst, dass du so knuddelig weich bist in mir?« Sie muss lächeln. »Das liebe ich an dir. Du fühlst dich so wunderbar zart an. Ich hab das noch nie so gemocht, diese geballte Männlichkeit.«

»Echt? Du magst das sogar, wenn ich nicht mehr richtig hart bin?«

»Aber ja. Ich liebe es.«

Jasmin presst ihren Hintern gegen Lukas und schließt wohlig die Augen. Sie liegen ganz still da. Fühlen sich ineinander verwoben. Zwei Körper, die zu einem Wesen zusammengewachsen sind. Keine Bewegung ist nötig. Ganz miteinander verschmolzen. Ohne Anstrengung. Einfach nur ineinander ruhen. Schweben. Sein. Stundenlang liegen sie so da, ohne dass sie sich bewegen. Spüren keinen Hunger. Der Champagner ist abgestanden. Zeit ist unwesentlich geworden. Im Zimmer wird es immer dunkler. Bald wird es Nacht werden.

Die ersten Regentropfen weckten Jasmin, die im Gras selig eingeschlummert war. Von fern hörte sie bereits das Grollen des Donners und ein Blitz zuckte kurz am grauen Himmel auf.

Lukas war ebenfalls gerade aufgewacht.

»Jasmin, schnell. Es fängt gleich an zu regnen.«

Lukas rannte ins Haus. Kaffeetasse und Zeitung hatte er auf der Bank liegenlassen und Jasmin brachte die Zeitung eilig in Sicherheit vor dem herannahenden Regenschauer. Sie rang nach Luft, als sie im Haus ankam.

»Na, du warst auch schon mal fitter. Solltest vielleicht mal ins Fitnesscenter gehen. Das hält jung«, lästerte Lukas.

»Jetzt fang bloß nicht damit an. Sonst erzähl ich dir, was ich eben geträumt habe.«

»Von Strippern, Callboys ... oder etwa von unserem Nachbarn?«

»Falsch. Ganz daneben«, lachte Jasmin.

»Von grünen Männchen mit einem roten Fühler?«

»Du bist blöd!«

»Na, vielleicht von mir? Dass ich dich wild reite wie beim Rodeo?«

»Schon besser.«

»War ich gut?«

»Na ja ...«

»Was willst du denn damit sagen?«, fragte Lukas und spielte ein bisschen beleidigt.

»Du warst schon ein wenig älter.«

»Fünfzig?«

»Noch älter ... eigentlich viel älter.«

»Du meinst, ich war scheintot?« Lukas war doch ein wenig irritiert.

»Aber es war ein schöner Traum. Du warst in mir. Mit achtzig!«

»Echt? In dem Alter?« Lukas war wieder versöhnt mit der Welt.

»Aber so richtig steif war er nicht mehr, wenn ich mich richtig erinnere ...«

»Ich finde, dann sollten wir die Zeit jetzt noch gut nutzen ...« Sanft führte Lukas seine Frau ins Schlafzimmer.

TREUE

Die wahre Liebe ist keiner Untreue fähig!

Bettina von Arnim

Welchen Stellenwert haben Liebe, Erotik und Treue für uns? Mit dieser Frage beschäftigte sich eine kürzlich in der *Apotheken-Umschau* veröffentlichte Umfrage. Fast 2000 Menschen ab sechzehn Jahren äußerten sich zu diesem Thema und interessant war vor allem die Tatsache, dass über zwei Drittel aller Befragten sich Sex ohne Treue nicht vorstellen konnten. 72,3 Prozent der Befragten gaben an, für sie sei es besonders wichtig, dass sie sich auf die Treue ihres Partners verlassen könnten. Bei der Frage nach der Bedeutung von Liebe beim Sex gingen die Ansichten von Männern und Frauen ein wenig auseinander. Für 64,1 Prozent der Frauen war Erotik ohne Liebe nicht vorstellbar. Tiefe innige Gefühle waren für sie ein wichtiger Bestandteil des Liebesspiels. Nur 53,8 Prozent der Männer teilten diese Ansicht, dennoch ist es erstaunlich, dass für Männer diese inneren Werte ebenfalls so wichtig sind. Ganz im Gegensatz zu den allgemeinen Vorurteilen, dass Männer auf schnellen Sex aus wären. Diese Umfrage zeigt, welch hohen Stellenwert Liebe und Treue heute haben. Gerade in Zeiten wirtschaftlicher Unsicherheit wünschen sich viele Menschen Geborgenheit.

Was genau ist nun Treue? Sie setzt ein Gefühl der Verantwortung voraus und das Bewusstsein dafür, dass damit auch Konsequenzen und Einschränkungen verbunden sein können, die nicht immer angenehm sein müssen. Treue kann einen bewussten

Verzicht beinhalten in dem Sinn, dass man sich etwa sexuell an einen einzigen Menschen bindet – also auf sexuelle Erlebnisse mit anderen Partnern verzichtet, auch wenn die Gelegenheit noch so günstig ist. Wirkliche Treue ist mit starken romantischen Gefühlen für die geliebte Person verbunden und beinhaltet, dass man ohne Wenn und Aber zu seinem Partner steht und ihn mit allen Schwächen und Eigenheiten liebt. Und so ist sie nicht nur ein Zeichen erotischer Verbundenheit, sondern auch die Basis jeder guten Freundschaft: Man kann sich ganz auf den anderen, auf seine Loyalität verlassen – und das ist ein gutes Gefühl.

Die Samurai, die japanische Kriegerkaste, waren berühmt für ihre Treue und Loyalität dem Kaiser gegenüber. Vor allem in Krisenzeiten muss man sich aufeinander verlassen können und somit ist Treue eine Eigenschaft, die unser Überleben sichert. Was die Arterhaltung auf einer rein biologischen Ebene anbelangt, ist dieses Persönlichkeitsmerkmal also ein entscheidendes Auswahlkriterium in Liebesbeziehungen. Der Wunsch nach persönlicher Sicherheit ist tief im Menschen verankert und gleichzeitig Voraussetzung dafür, dass wir uns in der Sexualität völlig hingeben können.

Titanic – ein Meer der Gefühle

Niemand konnte voraussehen, dass der amerikanische Kinofilm *Titanic* aus dem Jahr 1997 ein solcher Kassenerfolg werden würde. Als der Film am Wochenende des 19. Dezember 1997 in den Kinos der USA anlief, waren alle Karten ausverkauft. *Titanic* erhielt elf Oscars und spielte über 1,8 Milliarden US-Dollar ein. Allein in Deutschland haben 18 Millionen Kinozuschauer den Film über das Schicksal des Passagierdampfers bei seiner Jungfernfahrt gesehen.

Die tragische Geschichte des Luxusliners ist allerdings nicht neu. Am 10. April 1912 legte die Titanic in Southampton/England ab und ging auf ihre erste und letzte Reise in Richtung New York. Unterwegs rammte sie einen Eisberg und versank im Meer. Hunderte von Passagieren starben bei diesem tragischen Unglück.

Bereits einen Monat nach dem schrecklichen Unfall brachte der zeitgenössische Maler Willy Stöwer (1864–1931) ein Bild mit dem Titel »Untergang der Titanic« auf die Leinwand. Andere Künstler ließen sich ebenfalls inspirieren und so entstanden zahlreiche Bücher und Filme. Was aber ließ diesen Film, der erst neunzig Jahre später gedreht wurde, eine solche Welle der Betroffenheit und Anteilnahme auslösen? Der Regisseur James Cameron hatte die brillante Idee, das Schicksal dieses Schiffes mit einer persönlichen Liebesgeschichte zu verknüpfen. Eine anonyme Masse von Menschen sterben zu sehen ist zwar an sich schon schlimm, aber die Geschichte des Liebespaares berührte die Menschen tief:

Die aus der gehobenen Oberschicht stammende siebzehnjährige Rose DeWitt Bukater (gespielt von Kate Winslet) war mit ihrer Mutter Ruth und ihrem viel älteren Verlobten Cal auf dem Weg nach New York. Der charmante und gut aussehende Jack Dawson (Leonardo DiCaprio) muss sein Passagierticket erst noch

beim Pokerspiel gewinnen. Jack und Rose verlieben sich auf dem Schiff ineinander und die Szene, in der sie beide mit ausgebreiteten Armen am Schiffsbug stehen und Jack die junge Frau vor dem Selbstmord rettet, ist in die Filmgeschichte eingegangen. Vor allem aber das Ende des Films bewegt die Herzen der Zuschauer: Obwohl Rose bereits einen Platz in einem Rettungsboot erhalten hatte, entschließt sie sich in letzter Minute dazu, bei Jack zu bleiben. Als das Schiff untergeht, treiben beide auf dem offenen Meer und eine schwimmende Schiffstür bietet sich zur Rettung an. Doch sie kann nur einen von ihnen über Wasser halten. In tiefer Liebe und Treue gibt Jack seiner Geliebten den Vorrang und bis zum Ende versucht sie, ihn vor dem Ertrinken zu retten. Irgendwann lassen ihre Kräfte nach … und diese letzte Szene wird jedem Zuschauer ewig in Erinnerung bleiben. »Liebe und Treue«, das ist das Thema dieses Films.

Lust auf einen Seitensprung

Obwohl Treue ein menschliches Grundbedürfnis ist, gab und gibt es immer wieder den Wunsch, sich einer solchen Verpflichtung zu entziehen, was manchen Menschen leichter fällt als anderen. Gibt es vielleicht so etwas wie ein Treue-Gen? Sind Seitensprünge genetisch bedingt oder ahmen wir einfach nach, was uns in der Kindheit vorgelebt wurde?

Die Zeitschrift *Marie Claire* setzte sich in einer Ausgabe im Februar 2002 mit der Frage »Gilt Treue nichts mehr?« auseinander: Laut einer Studie der Hamburger *Gesellschaft über Erfahrungswissenschaftliche Sozialforschung (Gewis)* würden nur 9 Prozent der Männer und 6 Prozent der Frauen einen Seitensprung ihres Partners tolerieren, aber 42 Prozent der Frauen und 46 Prozent der Männer zwischen fünfundzwanzig und sechzig Jahren geben zu, außerhalb ihrer festen Beziehung eine Affäre zu haben oder schon einmal gehabt zu haben. 1,2 Millionen Männer nehmen die professionellen Dienste einer Prostituierten in Anspruch. Hier zeigt sich ein deutliches Missverhältnis zwischen der eigenen Bereitschaft, treu zu sein, und dem Anspruch an den Partner. Kein Wunder also, dass jede zweite Ehe geschieden wird. In der Bevölkerungstabelle des Statistischen Bundesamtes liest sich das folgendermaßen:

Eheschließungen 1998: 417 420, Scheidungen: 192 416;
Eheschließungen 1999: 430 674, Scheidungen: 190 590;
Eheschließungen 2000: 419 505, Scheidungen: 194 408.

Scheiden tut weh

Auch wenn das Eheversprechen der bedeutendste Treueschwur ist, den sich zwei Menschen geben können, heißt das noch lange nicht, dass das Versprechen auch eingehalten wird. Sexuell »betrogen« zu werden, das ist für die meisten Menschen bereits ein traumatisches Erlebnis, viel größer ist jedoch der Einschnitt, den eine Trennung der Eheleute im Leben der Beteiligten verursacht. Deshalb ist der Wunsch meist groß, die Ehe doch noch zu retten. Und davon leben Paartherapeuten. Das Wilhelm-Griesinger-Institut hat in einer Untersuchung allerdings festgestellt, dass Therapeuten ebenfalls vorbelastet sind: Ist ihre eigene Ehe gescheitert, werden sie anderen Ehepaaren eher zu einer Trennung raten; sind sie an einer Paarkrise gewachsen, werden sie die Ratsuchenden auch eher darin unterstützen, ihre Krise gemeinsam zu bewältigen. In diesem Zusammenhang ist auch eine Initiative des *ERF (Evangeliumsrundfunk in Wetzlar)* zu erwähnen. Sie hatte es sich zur Aufgabe gemacht, die Ehe zu retten. Nach dem Aufruf: »Wir geben Ihrer Liebe eine neue Chance«, hatten sich im November 2001 etwa 1500 Paare gemeldet. Der Andrang war sogar so groß, dass man die Ratsuchenden an andere Beratungsstellen vermitteln musste. Natürlich konnte nicht allen Paaren geholfen werden, aber einige fanden in rührender Weise wieder zueinander. Der Wunsch nach Liebe und Versöhnung war erstaunlich groß. Eine Scheidung zählt zu den ganz großen Stressfaktoren und ist fast so traumatisch wie der Tod eines geliebten Menschen. Angeblich soll eine Scheidung die Lebenserwartung um etwa vier Jahre verringern, auf alle Fälle aber schwächt Herzschmerz das Immunsystem. Ein Grund mehr, treu zu sein: Treue stärkt die Gesundheit.

Treueschwur mit Vorhängeschloss

Der Keuschheitsgürtel stammt aus Italien (ca. 1400) und wird auch »Florentiner Gürtel« genannt. Den Schlüssel verwahrte der Gatte und nur er durfte nach seinem Belieben über ihn verfügen. Ob es sich dabei um freiwilligen Verzicht handelte oder ob die Braut einfach nur unter Kontrolle gehalten werden sollte, bleibt dahingestellt. Oder war es auch damals bereits einfach ein erotischer Kick? Heutzutage ist der Keuschheitsgürtel in erotischen Subkulturen wie der SM-Szene wieder angesagt. Der erotische Reiz liegt hier darin, dass man sich dem anderen auf diese Weise ganz ausliefert. Geschieht das von beiden Seiten freiwillig, dann kann man hier durchaus von »Treue« sprechen.

Eine ungewöhnliche Variante des Keuschheitsgürtels haben Paare in Italien gefunden. Um ihre ewige Treue unter Beweis zu stellen, greifen Hunderte von Liebespaaren in Rom zu einem seltsamen Ritual: Sie hängen Ketten mit Vorhängeschlössern an die Laternen auf einer alten Brücke und werfen die Schlüssel in den Tiber. Inzwischen sorgen sich die Stadtbehörden bereits, ob die Milvische Brücke dem Liebestaumel gewachsen ist und ob das für die Touristen ein zumutbarer Anblick ist. Einige Laternen auf der nördlichen Tiber-Brücke ähneln bereits Weihnachtsbäumen – und das auch im Frühjahr. Die Milvische Brücke wurde im 2. Jahrhundert v. Chr. gebaut. Hier entschied sich 312 n. Chr. die Schlacht zwischen Kaiser Konstantin und seinem Mitkaiser Maxentius. Inzwischen war die Brücke mit ihren Hunderten von Vorhängeschlössern bereits in einem Musikvideo zu sehen. Und in Rom wird mittlerweile das »Goldene Vorhängeschloss« verliehen – ein Preis für die beste Liebesbotschaft zum Valentinstag. Leider wurden einige Vorhängeschlösser gestohlen … wer weiß, welche Auswirkungen das auf den Treueschwur haben wird.

Pflanzen der Treue

Der immergrüne *Efeu* rankt sich um alte Gemäuer und braucht nicht viel Zuwendung, um zu überleben. Er ist bescheiden und genügsam, schmiegt sich den äußeren Gegebenheiten an und war deshalb schon immer ein Symbol der Treue und der Freundschaft. In Griechenland war es Brauch, dem Brautpaar einen Efeuzweig als Symbol der ewigen Treue zu überreichen. Und Grabstätten werden häufig mit Efeu bepflanzt; er steht für ewiges Leben.

Allerdings wurde Efeu im Alten Ägypten, in Rom und in Griechenland auch mit den Göttern des Weines in Verbindung gebracht. Heiterkeit und Geselligkeit sollten ewig halten und den Menschen ein Leben lang begleiten.

Rosmarin ist eine weitere immergrüne Pflanze, die mit Treue assoziiert wird.

Einer griechischen Sage nach soll Leukothoe, die Tochter des persischen Königs Orchamos, von Helios entjungfert worden sein, weshalb ihr erboster Vater sie tötete, indem er sie lebend in ein Grab einschloss. Der Sonnengott ließ einen Rosmarinstrauch daraus erwachsen, um sie zu erfreuen und sie wieder zum Leben zu erwecken. Rosmarin hat eine anregende Wirkung auf den Körper und stärkt das Herz. Deshalb wurde das getrocknete Kraut in Ägypten für Räucherungen verwendet. In Belgien gilt es als Symbol für das Leben: Kinder werden der Legende nach aus einem Rosmarinstrauch geboren und im Tod soll Rosmarin den Menschen in ein besseres Leben geleiten und so legte man dem Sarg in früheren Zeiten ein Sträußchen Rosmarin bei. In der Küche ist Rosmarin ein hoch geschätztes Würzmittel, vor allem in Frankreich und in Italien. Rosmarin gilt auch als Liebeskraut und war in Griechenland der Göttin Aphrodite geweiht. Man bereitete dort einen Wein aus Rosmarin zu und kredenzte ihn seiner Liebsten. In der Antike waren Rosmarinkränze für die Braut weit verbreitet. Wer mit einem Rosmarinstrauß in Berührung kam, der würde sich bald verlieben, sagte man.

Ein Rosmarinbad soll aphrodisierend wirken und alle Sinne anregen. Es regt den Kreislauf an und das stärkt wiederum die Libido.

KUSCHELN

Wer meint, dass Sexualität nur dann erfüllend ist, wenn beide Partner einen Orgasmus haben, der irrt gewaltig. Es gibt so viele Möglichkeiten, Liebe auszudrücken und zu erfahren, und wilde Leidenschaft ist nur eine Facette des Liebesspiels. Jedes Paar hat mit der Zeit herausgefunden, was beiden gefällt. Ideal ist es, wenn mal die Bedürfnisse des einen und dann wieder die des anderen erfüllt werden. Auf diese Weise können sich beide in der Beziehung wohlfühlen. Zärtliche Berührung kann der Himmel auf Erden sein und jeder Mensch sehnt sich danach. Viele Menschen können gut auf Sex verzichten, aber Kuscheln wollen sie trotzdem. Berührung ist einfach ein menschliches Grundbedürfnis, das uns seelisch ausgeglichen sein lässt. Aus diesem Grund sind in den letzten Jahren die aus New York stammenden »Kuschelpartys« auch in Deutschland sehr populär geworden. Hier geht es nicht darum, den Traumprinzen zu finden, sondern über den Körper zu kommunizieren und sich gegenseitig Liebe und Geborgenheit zu schenken. Berührung stärkt unser Immunsystem, denn die Haut steht – laut TCM – mit dem Meridianpaar Lunge/Dickdarm in Verbindung. Und der Dickdarm wiederum stärkt unsere Körperabwehr.

Wenn Sie nun nicht so gern mit Fremden kuscheln und Ihrer Beziehung einen romantischen Kick geben wollen, machen Sie doch einfach zu Hause Ihre eigene »Kuschelparty«.

Das Ritual

Vorbereitung

Planen Sie diesen Termin mit Ihrem Partner wie eine wichtige Verabredung. Das erhöht die Spannung und Sie werden das Gefühl haben, ein besonderes Ritual gemeinsam zu gestalten. Es empfiehlt sich, diesen Termin nicht gerade auf einen Tag zu legen, an dem später noch ein wichtiges Fußballspiel stattfindet – es sei denn, das Ballfieber lässt Sie beide völlig kalt. Die Raumtemperatur sollte einer Kuschelorgie angemessen sein und außerdem sollten vorsorglich ein paar flauschige Decken bereit liegen, damit Ihnen nicht kalt wird. Wenn sich der Körper entspannt, sinkt auch die Körpertemperatur. (Viele Menschen haben vor dem Kuscheln Angst, weil sie hier mehr Nähe und Intimität erfahren und sich nicht mit geilem Sex ablenken können. Hier geht es nur darum, den anderen und sich selbst zu spüren.)
Verabreden Sie sich zu einer bestimmten Zeit zum Kuscheln und vereinbaren Sie vorher, wie lang Sie kuscheln wollen. Am Anfang ist eine Stunde durchaus angemessen. Sie können sich einen Wecker stellen oder einfach Ihrer eigenen Intuition vertrauen, die Ihnen sagt, wann es für Sie genug ist. Alles ist erlaubt bei einer Kuschelparty … außer Sex. Wird man

Praxis

liebevoll berührt, dann kann das sehr tief gehen und die verschiedensten Emotionen auslösen. Scheuen Sie sich nicht davor zu zeigen, wie Sie sich fühlen – das ist ein Geschenk, das Sie Ihrem Partner machen: wahre Intimität.

1. Kuschelphase

Einer von Ihnen ist zunächst etwas passiver. Wenn das Ihr Partner ist, darf er sich einen Ort suchen, an dem er sich wohlfühlt. Er setzt oder legt sich so hin, wie es ihm im Augenblick angenehm ist, und schließt die Augen. Er darf darauf vertrauen, dass genau das geschehen wird, was ihm jetzt guttut. Sie setzen sich neben Ihren Partner und tun zunächst gar nichts. (Keine Sorge, es wird nicht langweilig werden!) Sie sitzen einfach nur da und betrachten Ihren Liebsten. Wenn Sie möchten, können Sie ebenfalls die Augen schließen und sich innerlich auf ihn einstimmen: Wie geht es Ihrem Partner? Hatte er einen anstrengenden Tag? Wonach sehnt er sich wohl? Will er schmusen oder möchte er sich lieber entspannen und sinnlich verwöhnt werden? Sie können hier nichts falsch machen. Vertrauen Sie Ihrem Gefühl. Versuchen Sie – jenseits aller Worte – zu erspüren, was Ihr Partner sich in diesem Augenblick wünscht. Wir sprechen viel zu viel. Sprache kann der Verständigung

dienen, wir können uns mit ihrer Hilfe aber auch verstecken und so müssen wir nicht preisgeben, was uns wirklich am Herzen liegt. Vielleicht aus der Angst heraus, dass wir verlassen werden, wenn wir uns so zeigen, wie wir wirklich sind.
Berührung ist direkter und ehrlicher. Berührung kann sehr verbindend sein und wir können darüber auf einer sehr tiefen Ebene miteinander kommunizieren.
Tun Sie das, was Ihr Partner jetzt braucht – nach Ihrem Gefühl. Umarmen Sie ihn zum Beispiel eine Weile und halten Sie ihn einfach nur in Ihren Armen. Streicheln Sie zärtlich sein Gesicht und machen Sie immer wieder kleine Pausen, in denen der andere die Möglichkeit hat nachzuspüren und Sie selbst wieder neu erspüren, was Sie Ihrem Partner als Nächstes Gutes tun wollen. Alles, was Sie tun, soll liebevoll und zärtlich sein und dem anderen helfen, sich zu entspannen und gut zu fühlen. Vermeiden Sie schnelle Bewegungen. Langsame Streicheleinheiten werden meistens als besonders angenehm empfunden.
Wo möchte Ihr Partner Ihre Hand jetzt wohl spüren? Auf seinem Herzen? Auf dem Bauch? Oder möchte er die Hand zwischen seinen Beinen haben? Vergessen Sie nicht, dass es in dieser Übung nicht so sehr um die sexuelle Leidenschaft geht. Das ist ein anderes Mal dran. Nach einer Weile dürfen Sie die Rollen

tauschen und Ihr Partner darf Sie verwöhnen … mit zärtlichen Berührungen und vielem mehr. Es ist wichtig, dass in dieser Phase einer passiv und der andere aktiv ist.

2. Kuschelphase

Wenn jeder von Ihnen den anderen verwöhnt hat, dürfen Sie die beiden Rollen ein wenig mischen. Jetzt können Sie beide spüren, was sich in jedem Augenblick richtig anfühlt: Einmal verhält sich der eine von Ihnen ruhiger und passiver, der andere aktiver. Sprechen Sie nicht, spüren Sie, wann es an der Zeit ist, die Bedürfnisse des anderen zu erfüllen. Und: Denken Sie an die Pausen. Verändern Sie die Geschwindigkeit und Intensität Ihrer Berührungen. Wagen Sie sich auch an Bereiche des Körpers, die Sie sonst eher vernachlässigen. Füße zu streicheln kann unheimlich erotisch sein. Außerdem können Sie auch mit anderen Körperteilen als mit Ihren Händen streicheln: Wie fühlt es sich an, wenn der Unterarm über den Bauch streicht? Wenn Ihre Füße die Schenkel des Liebsten liebkosen? Berühren Sie Ihre Liebste mit der Nasenspitze oder haben Sie schon mal mit Ihrem linken Ohr gestreichelt? Oder vielleicht mit dem ganzen Körper?

Praxis

3. Kuschelphase

Nun beginnt das eigentliche Kuscheln. Wenn Sie sich genug gestreichelt und verwöhnt haben, dürfen Sie beide langsam zur Ruhe kommen. Schmiegen Sie sich in einer bequemen Stellung aneinander, schließen Sie die Augen und spüren Sie den Körper und die Gegenwart des anderen. Liegen Sie einfach nur da. Verschmelzen Sie mit den Gedanken, den Ängsten, Freuden und Wünschen Ihres Partners. Lauschen Sie auf seinen Herzschlag. Wie atmet er? Atmen Sie im gleichen Rhythmus? Schneller oder langsamer? Verändern Sie die Position, wenn es Ihnen unbequem wird, aber widerstehen Sie der Versuchung, etwas zu tun. Wenn die Nähe zu groß wird, bekommen manche Menschen, wie bereits erwähnt, Angst und versuchen sich abzulenken, indem sie sprechen.

Halten Sie aus, dass Sie beide sich nicht mehr bewegen und auch nicht mehr sprechen, und nach einer Weile werden Sie merken, dass sich etwas verändert ... Vielleicht werden Sie einfach nur müde und schlafen miteinander ein. Oder Sie beginnen diese Nähe zu genießen, fühlen sich unendlich glücklich. Sie könnten ewig so liegen. Vielleicht werden Sie aber auch traurig und es kommen unangenehme Erinnerungen hoch, alte Wunden werden aufgerissen. Nehmen Sie sich Zeit zu spüren, dann wird all das an die Oberfläche kommen, was sonst keinen Raum hat. Sie werden wahrnehmen, wo Ihre Partnerschaft gerade steht, egal, ob es angenehm oder eher traurig ist. Wahrscheinlicher ist allerdings, dass Sie sich gut fühlen werden. Es mag sein, dass Sie auf einmal den Eindruck haben zu schweben, mit dem Partner in eine andere Dimension zu entgleiten. Das sind ganz besondere und kostbare Augenblicke in einer Liebesbeziehung ... Wir wissen nie, wann sie eintreten, aber wir erkennen sofort, dass wir in diesem Augenblick etwas ganz Besonderes erleben. Kuscheln kann zu tiefen meditativen Erlebnissen führen und uns eine Ahnung davon geben, wie groß universelle Liebe ist. Liebe lässt sich nur schwer und nie ganz und gar mit Worten beschreiben, eigentlich kann man sie nur fühlen.

Teil 2

… UND WAS FRAUEN VON MÄNNERN LERNEN KÖNNEN

Frauen kennen sich im Bereich der Gefühle meist besser aus als Männer. Ihre Intuition funktioniert besser als die der Männer und sie sind geübter darin, das Feuer der Liebe am Leben zu erhalten. Sie merken sehr schnell, wenn etwas fehlt in einer Beziehung, und können es ausgleichen. Frauen benötigen emotionale Nähe, um sich dem Partner zu öffnen, und sie können Männern zeigen, wie sie sich anfühlt. Innigkeit und emotionale Tiefe gehören zu einer harmonischen Beziehung einfach dazu. Wenn allerdings nur Harmonie herrscht, fehlt der Beziehung der Funke, der das Feuer der Leidenschaft immer wieder zum Lodern bringt. Und der Zündstoff für eine aufregende sexuelle Beziehung liegt darin, dass man auch mal wagt, die eigenen Grenzen zu überschreiten und etwas Neues auszuprobieren. Es ist der sexuelle Kick, der Lust verschafft und den viele Menschen in einer Dauerbeziehung aus den Augen verloren haben. Findet Sex nur noch in bekannten und vertrauten Bahnen statt, so wird er irgendwann langweilig. Wer will schon jeden Tag das Gleiche essen: Egal wie gut uns dieses Gericht einmal geschmeckt hat, auf die Dauer wird sogar Hummer fad.
Männer haben oft von Natur aus ein wenig mehr Lust am Abenteuer. Sie sind dabei in der Regel ein bisschen flexibler als Frauen und brauchen nicht immer eine tiefe emotionale Bindung, um geilen Sex zu genießen. Das ist weder eine gute noch eine schlechte Eigenschaft – es ist einfach eine Eigenheit, von der beide Partner profitieren können, die inspirieren kann und es uns ermöglicht, uns neue Welten zu erschließen. Es ist wichtig, sich auch mal über das Wohlbekannte und Erprobte hinauszubewegen und gemeinsam etwas zu erleben, was den Rahmen des

Bisherigen sprengt. Dabei sollte man natürlich behutsam vorgehen; man darf den anderen nicht überfordern. Wünscht ein Mann sich einen flotten Dreier und seine Liebste ist dafür nicht offen, dann muss ein Kompromiss gefunden werden. Vielleicht besucht man zuerst einmal gemeinsam eine Kuschelparty ... und das ist dann schon mal ein erster Schritt in die Richtung, andere Menschen in das eigene Liebesleben einzubeziehen.

Resignation macht sich in einer Beziehung oft dann breit, wenn sich einer der Partner mit seinen erotischen Bedürfnissen oder in seinem Wesen nicht angenommen fühlt.

Egal, wonach es Ihren Partner gelüstet, bewerten Sie seine Bedürfnisse nicht, auch wenn sie Ihnen seltsam erscheinen. Hören Sie aufmerksam zu. Fragen Sie nach, wenn Sie etwas nicht genau verstanden haben. Und wenn Sie ein Wunsch befremdet, schlafen Sie eine Nacht darüber, bevor Sie eine Entscheidung treffen. Viele Fantasien kann man mit dem Partner wahr werden lassen – wenigstens in abgeschwächter Form. Natürlich sollte niemand dabei seine eigenen Grenzen missachten. Jeder erfährt das Leben und die Liebe anders und was für den einen absolut richtig ist, kann für einen anderen falsch sein.

Lassen Sie uns wieder ein klein wenig werden wie die Kinder: Sie haben Freude an der eigenen Kreativität und entdecken sich in jedem Spiel neu, sie haben Spaß, wachsen daran und entwickeln sich. Beim Heranwachsen geht uns diese natürliche Neugier leider mit der Zeit ein wenig verloren. Wir werden dazu erzogen, dass alles, was wir tun, einen Zweck haben muss und dass Zeit kostbar ist. Dieses zielorientierte Verhalten ist im Berufsleben sinnvoll, in der Liebe ist es allerdings eher »tödlich«.

Wirklich scharfer Sex wird von feministisch oder spirituell orientierten Frauen oft verteufelt. Sie belächeln oder kritisieren die Triebhaftigkeit der Männer. Doch: Jeder Mensch ist anders und es sind andere Dinge, die ihm Spaß machen. Solange niemand dabei zu Schaden kommt und es mit dem Einverständnis der Beteiligten geschieht, ist alles erlaubt. Bewertungen machen uns unfrei und sie verhindern, dass wir uns weiterentwickeln. Wirklich geiler Sex ist eine andere Art, sich neu zu spüren, er ist intensiv und sehr verlockend. Natürlich besteht auch die Gefahr, dass man danach süchtig wird oder dass man sogar nach immer stärkerer Stimulierung sucht. Süchtig können allerdings auch sehr gefühlsbetonte Menschen werden, die sich in eine emotionale Abhängigkeit von Ihrer/m Geliebten begeben und nicht mehr eigenständig handeln können. Es ist also immer wichtig, zu reflektieren, sich und die eigenen Motive kritisch zu beleuchten und bewusst und liebevoll zu handeln. So können auch ungewöhnliche sexuelle Praktiken sehr reizvoll sein und neuen Schwung in Ihr Liebesleben bringen.

ZUSCHAUEN

Lukas hatte sich viele Wochen sehr um seine Frau bemüht, er wollte wiedergutmachen, dass er vor nicht allzu langer Zeit tatsächlich an einen Seitensprung gedacht und auch schon etwas dafür getan hatte ... und Jasmin zeigte sich sehr versöhnlich. Sie plante am Samstagabend einen Besuch in einer herrlichen Saunalandschaft. Ein richtiger Wellness-Tempel! Lukas hatte eine Schwäche für nackte Körper, das wusste sie. Am liebsten lief er auch in den eigenen vier Wänden so herum, wie Gott ihn erschaffen hatte. Er machte viel Sport und das sah man ihm an.

Als sie faul in ihren Liegestühlen lagen und die nackten Menschen beobachteten, die an ihnen vorübergingen, fragte Jasmin: »Sag mal, was macht dich eigentlich an? Du hast dich in den letzten Wochen sehr auf mich eingestellt. Ich finde, jetzt ist es an der Zeit, dass ich mehr über deine geheimen Sehnsüchte erfahre. Selbst wenn dabei die Büchse der Pandora aufgehen sollte.«

»So schlimm ist es nicht!«, lachte Lukas.
»Ich bin mir da nicht so sicher. So gierig, wie du da eben die kleine Rothaarige am Pool angeschaut hast.«
»Echt? Ist dir das aufgefallen?« Lukas wurde ein wenig rot. Fast so wie die Haarfarbe dieser jungen Frau, der er mit den Augen schon eine Weile gefolgt war.
»Ich kenn dich ganz gut. Zumindest dachte ich das bisher. So genau weiß man das ja nie.«
»Wenn du magst, lese ich dir mal eine geile Geschichte vor, aus dem Männermagazin, das ich gerade lese.«
»Na klar. Fang an.«
»So eine Fantasie macht mich zum Beispiel auch an.« Lukas begann zu lesen ...

Die Sonnenbrille

Tobias stieg langsam die Treppen hinauf. Es war zwar bereits September, aber an diesem Tag war es recht warm gewesen. Als er vor der Wohnungstür ankam, standen ihm Schweißperlen auf der Stirn. »Fitnesstraining wäre wahrscheinlich gar nicht schlecht«, dachte er. Das Studio liegt bei seinem Büro direkt um die Ecke, aber irgendwie hatte es bisher trotzdem nie geklappt. Vor 21 Uhr kam er meist nicht vom Schreibtisch weg, schließlich wollte er Karriere machen.

»Guten Abend«, grüßte ihn seine Nachbarin, die gerade mit ihrem Dackel Gassi ging. »Sie sehen müde aus.«

»Ja, ja, alles klar! Heute war einfach ein besonders stressiger Tag.«

Er wusste, dass er im Augenblick nicht gut aussah. Er schlief in letzter Zeit schlecht und vor allem viel zu wenig. Das Werbekonzept für den neuen Kunden sollte diese Woche noch fertig werden ... und er hatte bisher einfach noch keine zündende Idee.

Tobias schloss seine Wohnungstür auf und schaltete das Licht im Flur an. Mist! Die Birne war gestern durchgebrannt und er hatte vergessen, eine neue zu besorgen. Er warf seine Aktentasche auf einen Stuhl und holte sich als Erstes ein kühles Bier. Es zischte beim Öffnen. Jetzt erst mal abschalten und nicht mehr an die Firma denken! Das Bier gluckerte kühl seine Kehle hinab und mit jedem Schluck fühlte er sich besser.

Er sah aus dem Fenster. In der Wohnung gegenüber sah er seine neue Nachbarin. Er ging auf den Balkon und setzte sich in die Abendsonne. Letzte Woche war sie dort eingezogen. Wahrscheinlich Single, groß, schlank, um die vierzig, blond. Beim Einkaufen war er ihr ein paar Mal begegnet ... sie hatte jedes Mal eine große Sonnenbrille getragen. Auch wenn es regnete. Das wirkte schon merkwürdig. Tobias lehnte sich in seinem Plastikstuhl gemütlich zurück. Die letzten warmen Abende waren gezählt und so genoss er diese lauwarme Luft umso mehr.

Das Fenster auf der anderen Straßenseite wurde geöffnet und die Frau mit der Sonnenbrille war kurz zu sehen. Diesmal allerdings ohne Brille.

»Ich glaube, sie hat schöne blaue Augen«, dachte Tobias. »Eigentlich muss sie die doch gar nicht verstecken hinter diesen großen Gläsern.«

Sollte das heute doch noch sein Glückstag werden? Die Blonde begann langsam ihre Bluse aufzuknöpfen. Leider drehte sie sich jetzt mit dem Rücken zum Fenster. »Komm, dreh dich um!« Tobias versuchte sie mit seinen Gedanken dazu zu bewegen, sich ihm wieder zuzuwenden. Jetzt verschwand sie leider ganz aus seinem Sichtfeld, sie war in ein anderes Zimmer gegangen. Wahrscheinlich in der Küche. Vielleicht wollte sie sich ein Käsebrötchen schmieren.

Tobias nutzte die Gelegenheit, um sich in der Küche noch ein Bier zu holen. Er riss den Kühlschrank auf, griff nach dem Bier und dem Öffner ging eilig wieder auf den Balkon. Den Striptease der süßen Nachbarin wollte er auf keinen Fall verpassen.

Wo war sie denn geblieben?

»Komm schon, zeig dich! Dein netter Nachbar wartet auf dich!«

Eine Viertelstunde verstrich, doch das Zimmer gegenüber blieb leer, draußen begann es zu dämmern. Wo mochte sie nur sein? Vielleicht im Bad. Jammerschade, dass er ihr jetzt nicht beim Duschen zusehen konnte, das würde ihm seinen Feierabend wirklich versüßen ...

Auf dem Balkon wurde es kühler. Tobias hätte beinahe aufgegeben und sich doch vor den Fernseher gesetzt, da ging endlich das Licht im Zimmer auf der anderen Straßenseite an. Er hielt sich an seiner Bierflasche fest. Hoffentlich würde sie ihn hier draußen nicht entdecken. Das wäre peinlich. Die Unbekannte von gegenüber war wohl wirklich im Bad gewesen. Die langen Haare hingen tropfnass über ihren Bademantel. »Zieh ihn doch aus!«, bat Tobias still. »Eigentlich müsste man dich jetzt sanft abtrocknen und deinen Körper dabei mit Küssen bedecken.«

Sie stand seitlich zu ihm und beugte ihren Kopf nach vorn, um sich die Haare mit einem Handtuch zu frottieren. Der Bademantel ging dabei ein wenig auf und Tobias beugte sich ebenfalls nach vorn, um besser sehen zu können ... In diesem Augenblick klingelte ihr Telefon und sie verschwand wieder.

»Das ist eine gute Gelegenheit, um sich ein neues Bier zu holen«, dachte Tobias und ging wieder in die Küche. »Vielleicht auch zwei.«

Auf keinen Fall wollte er den Moment verpassen, in dem sich die blonde Nachbarin nackt zeigte.

»Eigentlich könnte ich mich auch vor den Fernseher setzen und mir einen Porno anschauen«, schoss es ihm durch den Kopf. »Der wird wenigstens nicht ständig unterbrochen.«

Aber er verwarf diesen Gedanken wieder. Das wäre zu einfach. Er nahm noch einen Schluck Bier und wartete. »Mensch, was telefoniert die denn so lang? Und wieso tut sie es nicht in dem Zimmer, in das ich so wunderbar hineinsehen kann? Vielleicht hat sie einen Freund?«

Tobias spürte ein wenig Neid in sich aufsteigen. Er wäre gern derjenige gewesen, der ihr jetzt den flauschigen Bademantel zur Seite schob, ihre Brüste entblößte und mit seinen Händen umfasste. Er wollte ihre zarten Knospen lecken und sanft mit seinen Zähnen bearbeiten. Seine Hände würden danach über ihre weiblichen Rundungen nach unten gleiten. Zu ihrem Po. Er wollte ihre Backen öffnen. Seine Finger in ihrem Hintern vergraben und dabei an ihren geschwollenen Brüsten saugen.

Mit all diesen Bildern im Kopf begann er unruhig zu werden und griff sich in den Schritt. Die Hose saß eng und am liebsten hätte er Knopf und Reißverschluss geöffnet und ihm ein bisschen mehr Raum gegeben .... Aber was, wenn ihn jemand beobachtete?

Endlich kam sie zurück. Tobias sah, dass sie lächelte. Mit den Fingern fuhr sie sich durch ihr Haar, schüttelte es und begann den Knoten ihres Bademantels zu öffnen. Es war wohl ein Doppelknoten ... es dauerte nach Tobias' Gefühl eine Ewigkeit ... Er hielt den Atem an, endlich würde er ihre Brüste sehen und hoffentlich noch viel mehr ...

Ob sie wohl schon sehr nach unten hingen? Das wäre schade. Seine Neugier und seine Lust waren groß. Ob sie rasiert war? Er hoffte es. Endlich schien sie den Knoten des Bademantels gelöst zu haben, das Telefon klingelte nicht, das Licht ging nicht aus und sie schien sich auch nicht umdrehen zu wollen. Bingo! Tobias zitterte fast vor Erregung, er rutschte in dem Balkonstuhl ein bisschen nach unten und begann seinen Schwanz durch die Hose zu massieren. Endlich!

»Schatz, hast du schon was gegessen?« Sandra, Tobias' Freundin, war nach Hause gekommen. Erschrocken zog Tobias seine Hände zurück, er fühlte sich ertappt, wie ein ungezogener Junge. Oh nein! Den ganzen Abend hatte er auf diesen Augenblick gewartet.

»Schatz, wo bist du?« Sandras Stimme kam näher.

Tobias sah noch einmal sehnsüchtig zum gegenüberliegenden Fenster und beeilte sich dann, seiner Freundin entgegenzugehen. Auf dem Balkon gemeinsam in den Sternenhimmel zu schauen wäre jetzt sicherlich keine so gute Idee gewesen. ... Dennoch schlief Tobias sehr gut in dieser Nacht. Und die Muse hatte ihn endlich geküsst: Er hatte die zündende Idee für seinen neuen Kunden.

»Du meinst, die Dame sah dann genau so aus wie ich jetzt? Nur mit einer Sonnenbrille bekleidet?« Jasmin räkelte sich wohlig auf ihrer Liege. Lukas musste seinen Blick von ihr abwenden, um keine Erektion zu bekommen. Er starrte deshalb auf einen älteren Herrn mit sehr behaartem Rücken.

»Warte nur, bis wir zu Hause sind«, murmelte er vor sich hin.

NACKTE GEILHEIT

Die Quelle aller Namen ist das Wort, denn durch das Wort werden alle Namen ausgesprochen.
Die Quelle aller Formen ist das Auge, denn durch das Auge werden alle Formen gesehen.
Die Quelle aller Handlungen ist der Körper, denn durch den Körper werden alle Handlungen ausgeführt

Brihadaranyaka Upanishad (alter indischer Text)

Wir werden nackt geboren und sterben nackt, das sagt ein chinesisches Sprichwort. Der menschliche Körper in seiner ursprünglichen Nacktheit hat etwas Unschuldiges, wie man bei kleinen Kindern noch gut sehen kann, die sich ihrer Sexualität noch nicht bewusst sind. Vor allem in der Pubertät verändert sich unsere Einstellung zu unserem Körper: Wir beginnen uns zu schämen, wenn wir von anderen nackt gesehen werden. Nacktheit macht uns schutzlos und wir fühlen uns ohne Kleider verletzlich und den gierigen oder kritischen Blicken anderer Menschen ausgeliefert. In dieser Schutzlosigkeit liegt aber auch die große Chance, dem Liebespartner sehr nahe zu kommen.
Die wenigsten Menschen sind mit ihrem Körper ganz zufrieden. Sich dem anderen auch mit kleinen Speckröllchen und Hängebrüsten zu zeigen fällt oft gar nicht leicht. Aber Perfektion ist im Grunde genommen langweilig, und wenn wir den Partner mit den Augen der Liebe betrachten können, wird jeder nackte Körper zu einem wunderschönen Instrument der Zuneigung und Liebe. Nacktheit kann allerdings auch hocherotisch und sexy sein.

Absoluter Einklang ist etwas Kostbares, aber auch sehr Seltenes zwischen Paaren. In solchen Augenblicken passt nämlich kein Blatt Papier mehr zwischen die Liebenden und die Vertrautheit zwischen ihnen kann zu wunderschönen und ergreifenden Erlebnissen führen. Nullachtfünfzehn-Sex ist auf Dauer langweilig und hinterlässt keine Abdrücke in unserer Seele. Das Gefühl tiefer Verbundenheit und die Fähigkeit, sich dem anderen so zu zeigen, wie wir sind – eben nackt und bloß –, wird die Sexualität auf eine neue Ebene führen.

Von nackten Göttinnen und schönen Frauen

Wenn wir es recht überdenken, so stecken wir doch alle nackt in unseren Kleidern.

Heinrich Heine

Die Ursprünge des Tantra liegen weit zurück. Bereits vor über 20 000 Jahren wurden die ersten Statuen von Muttergottheiten in Indien und in Europa gefunden. Sie waren alle nackt und zeigten überzeichnet große weibliche Geschlechtsmerkmale. Die Venus von Willendorf ist eines der bekanntesten archäologischen Fundstücke einer nackten Göttin und wahrscheinlich um 25 000 v. Chr. entstanden. Gefunden wurde sie im Jahr 1908 bei der Freilegung altsteinzeitlicher Siedlungsreste bei Willendorf, Österreich. Diese elf Zentimeter hohe Figur einer fülligen, unbekleideten Frau mit vollen Hängebrüsten trägt eine lockige Frisur, hat allerdings kein Gesicht.

Viele Naturvölker lebten ursprünglich in unschuldiger Nacktheit, bis sie von der westlichen Zivilisation überrollt wurden. Einige indische Naturstämme wie etwa die heute lebenden Nayar sind gut erforscht. Durch das Eindringen der Arier mussten sie aus dem Industal flüchten und sich verteidigen. Die Nayar-Männer lebten deshalb als Krieger und waren ständig unterwegs. Die Frauen lebten in matriarchalen Clans, Reisende rühmten ihre Eleganz, Schönheit, Intelligenz und Selbstachtung. Die Nayar gingen barfuss und waren nur mit einem weißen Hüfttuch bekleidet – auch die Frauen, die manchmal mit einem Blumenkranz geschmückt waren. Legten sie diesen einem Mann um den Hals, so hatten sie ihn auserwählt. Auch sexuell waren die schönen Frauen sehr freizügig. Nachdem sie rituell entjungfert waren, durften sie nach Lust und Laune Beziehungen eingehen. In der Regel hatte eine Frau drei bis zwölf Ehemänner – und das gleichzeitig. Und die Männer hatten ihrerseits mehrere Frauen, bei denen sie Unterkunft fanden, wenn sie unterwegs waren.

Die Vertreibung aus dem Paradies

Als unser Vater Adam nackt im Paradies war, da konnte ihm der Teufel nicht schaden.

Physiologus

Am Anfang der Menschheitsgeschichte schien Nacktheit ein natürlicher und sogar göttlicher Zustand gewesen zu sein. Wie kommt es, dass wir in unserer westlichen Zivilisation ein eher gespaltenes Verhältnis zu unserer Nacktheit und damit auch zu unserer Sexualität entwickelt haben? Vor allem das Christentum hat viel dazu beigetragen, dass dieser Urzustand des Menschen als unsittlich und sogar anstößig empfunden wird. Dabei vergnügten sich die ersten Menschen durchaus im Adamskostüm und lebten in Harmonie mit allen Tieren, das berichtet zumindest die Bibel. Adam und Eva empfanden keine Scham, denn ihre Nacktheit war ihnen selbstverständlich. Doch Eva wollte, von der Schlange in Versuchung geführt, unbedingt vom verbotenen Baum der Erkenntnis kosten und Adam sollte dasselbe tun. Dieser Ungehorsam wurde bestraft und die beiden wurden aus dem sonnigen Paradies vertrieben.

Reizvolle Bekleidung

Seide wurde erfunden, damit die Frauen nackt in Kleidern gehen können.

Sprichwort aus Arabien

Ein Gutes hatte die Vertreibung aus dem Paradies allerdings: Die erotische Kleidung wurde entdeckt – wenn auch erst mit der Zeit. Verhüllte Nacktheit ist erotisch und spannend! Denn was wir jeden Tag um uns haben, ist nicht mehr besonders aufregend – oder haben die Menschen am FKK-Strand für Sie etwas Erotisches? Das Verhüllte, Verbotene dagegen wirkt reizvoll auf uns – das hatte schon Eva am eigenen Leibe erfahren müssen.
Kleidung kann verbergen, aber auch verlocken und vor allem die

Fantasie anregen. Mit einem engen Rock kann man spielen: Er kann die weiblichen Formen hervorheben, schränkt Frauen in ihrer Bewegung ein, sie können nicht mehr so schnell laufen (und damit fliehen, liebe Männer). Außerdem kann man ihn bewusst einsetzen, indem man ihn ein wenig hochschiebt … Eine Hose kann beim Mann ähnlich reizvoll sein. Eine wirklich enge Hose etwa … und manchmal ist er auch so heiß, dass die Hose deutlich sichtbar zu eng wird. Und frau lässt ihre Hand ganz beiläufig über seine Beine in Richtung Schritt streichen und er mag ahnen, was als Nächstes folgen *könnte*.

Waren im alten Indien zur Blütezeit des Tantra (etwa 500 n. Chr.) die Göttinnen nur spärlich bekleidet, so ist das im modernen Indien heutzutage anders. Frauen tragen einen Sari, ein traditionelles Wickelgewand. Gebadet wird auch in diesem Kleidungsstück, ein Bikini im Meer wäre undenkbar. Umso reizvoller sieht es für den Betrachter aus, wenn Inderinnen in ihren Kleidern ins Wasser gehen, die danach klatschnass sind und eng anliegen … Diese Form der versteckten Erotik wird in den Bollywood-Filmen immer wieder gern verwendet: Die Heldin badet in einem heiligen Fluss oder im Meer und die Kamera zeigt anschließend in Großaufnahme die schamhaft bedeckten Brüste und die Brustwarzen, die sich unter dem nassen Stoff aufgerichtet haben.

Setzen Sie Kleidung ruhig so raffiniert ein, dass sie viel erregender wirkt als natürliche Nacktheit. Wussten Sie übrigens, dass indische Ehemänner ihre Frauen häufig auch nicht nackt zu Gesicht bekommen?

Exhibitionismus – das Spiel mit der eigenen Nacktheit

Weibliche Nacktheit muss man den Männern mit dem Teelöffel geben, nicht mit der Schöpfkelle.

Coco Chanel

Sie müssen kein Stripper und keine Stripperin sein, um mit Nacktheit spielen zu können. Sie brauchen vielleicht einfach nur ein wenig Freude am Spielen … Sie trauen sich das nicht? Aber Sie ziehen sie sich doch jeden Abend aus, bevor Sie ins Bett gehen … Und wenn es Ihnen so schwierig erscheint, schließen Sie doch einfach die Augen, während Sie sich für Ihren Liebsten oder Ihre Liebste entkleiden. Berühren Sie Ihren Körper sinnlich, öffnen Sie langsam die Knöpfe oder den Reißverschluss Ihres Rocks oder Ihrer Hose und danach die Knöpfe Ihrer Bluse oder Ihres Hemdes … und lassen Sie dann ein Kleidungsstück nach dem anderen langsam und scheinbar beiläufig zu Boden fallen. Wenn Ihre Augen geschlossen sind, entgeht Ihnen allerdings leider, wie gierig Ihr Partner Sie ansieht … Er oder sie würde Sie sicherlich am liebsten auf der Stelle vernaschen.

Exhibitionisten sind Menschen, die es *genießen*, sich anderen nackt zu zeigen. Natürlich brauchen sie dazu einen Gegenpart, also Menschen, die andere gern nackt beobachten. Die meisten Menschen sind eher Voyeure als Exhibitionisten. Die gesamte Porno-Industrie lebt davon, dass Menschen (und vor allem Männer) es lieben, anderen beim Sex zuzusehen. Natürlich mögen auch Frauen erotische Fotografien und Pornos. Aber die meisten

Pornos werden eher für männliche Zuschauer gemacht, was an der Auswahl der weiblichen und männlichen Darsteller und der Szenenfolge zu erkennen ist. Inzwischen werden aber auch Filme für Frauen gedreht. Die männlichen Darsteller sind dann recht ansehnlich – in jeder Beziehung – und die Filme haben auch eine Handlung, in der die Frau eine aktive Rolle spielt. Man findet diese Pornos beispielsweise in Frauensexshops.
Schauen Sie sich einmal mit Ihrer/Ihrem Liebsten gemeinsam Fotos oder Filme an. Jeder von Ihnen darf sich etwas aussuchen, was sie beziehungsweise er ansprechend findet. Es ist wirklich spannend, wenn man herausfindet, was den Partner anmacht, und vielleicht entdecken Sie völlig neue Seiten an ihm – und an sich selbst. Lernen Sie, sich mit den intimen Wünschen des anderen auseinanderzusetzen, auf diese Weise wird Ihre Verbindung inniger werden. Sie werden zu Verbündeten und das macht Ihren Sex noch aufregender.

Die Unschuld des Herzens

Sich der Kleider zu entledigen hat aber nicht nur eine erotische Komponente: Wenn wir es wagen, unsere Verkleidung – alle Masken und Rollen – abzulegen, kommt unser wahres Ich zum Vorschein. Dann erkennen wir, wer wir wirklich sind, und werden zu authentisch Liebenden.
Ein babylonischer Mythos erzählt die Geschichte der Göttin Ishtar, die alles ablegen musste, was sie am Leibe trug: Die wunderschöne Göttin Ishtar wusste sehr genau, wie sie ihre Reize

einzusetzen hatte, um die Männer um den Verstand zu bringen. Sie wurde als Heilerin verehrt, lebte in einem prächtigen Tempel und hatte alles, was man sich nur wünschen kann. Aber ihr war langweilig und so wollte sie ihre Schwester Ereschkigal in der Unterwelt besuchen. Das war kein besonders schöner Ort, dort ernähren sich die Toten von Schlamm und Abfall. Aber Ishtar war neugierig und machte sich also auf die Reise. Ein wenig erstaunt war sie allerdings, dass sie vor dem Durchschreiten des ersten Tores zum Reich der Toten ihre Krone und ihren Umhang ablegen sollte. Den Moder der Unterwelt konnte sie bereits riechen, kein Sonnenstrahl drang bis in diese dunklen Felsschluchten vor. Am zweiten Tor sollte sie ihre Ohrringe abgeben.

»Das geht ja noch«, tröstete sie sich, »die haben mir sowieso nie so gut gefallen.«

Der Verlust der kostbaren Lapislazuli-Kette am dritten Tor war allerdings schmerzlicher.

»Was willst du mit meiner Kette, die steht dir bestimmt nicht besonders?«, fragte sie den Wärter frech.

Aber sie bekam keine Antwort. Inzwischen fragte sie sich, ob sie nicht besser umkehren sollte. Aber jetzt war sie sicherlich schon nah am Ziel. Vorsichtig tastete sie sich an den glitschigen Wänden entlang, sehen konnte sie schon lang nichts mehr. Am vierten Tor sollte sie ihren Brustpanzer abgeben und leistete zaghaft Widerstand.

»Wie soll ich mich verteidigen, wenn mir die Toten an die Wäsche wollen? Ich gehe nie ohne meinen Brustschutz.«

Aber es half ihr alles nichts, und als ihr schließlich auch das letzte Stück Stoff von kalten Krallen genommen wurde, wollte sie ihre Nacktheit mit den Händen bedecken. Der Wärter geleitete sie in das Schloss der Dunkelheit, doch Ereschkigal freute sich keineswegs über den Besuch ihrer Schwester. Sie sah Ishtar mit ihrem Todesblick an und ordnete sechzig Folterqualen für sie an. Ishtar siechte daraufhin langsam dahin.

Die Erde aber trauerte um Ishtar. Der Göttervater Ea wurde zu Hilfe gerufen und er erschuf einen wunderschönen Eunuchen aus Sternenstaub, der die Göttin der Unterwelt überlisten sollte. Ereschkigal lief das Wasser im Mund zusammen, als sie den schönen Jüngling sah. Sie ließ sich von ihm dazu überreden, ihm das kostbare Lebenselixier zu geben, mit dem es ihm gelang, Ishtar aus dem Totenreich zu befreien. Doch Ishtar hatte sich verändert: Sie bedankte sich bei der Sonne und freute sich von nun an jeden Tag über die kleinen Wunder der Natur.

Nacktheit ist eben doch viel mehr als einfach nur Unbekleidet-Sein. Wenn wir nackt sind und unsere Seele zeigen, wie sie ist – ohne jede Verkleidung –, erlauben wir den anderen, uns so zu sehen, wie wir wirklich sind. Uns zu er-kennen. Es wird uns leichtfallen, uns in unserer Nacktheit anzunehmen, wenn wir uns selbst lieben und zu unserer körperlichen Unvollkommenheit stehen. Unser Körper wird älter, das ist der Lauf der Dinge! Aber wer sagt uns, dass wir deshalb weniger schön und begehrenswert sind?

Ich habe einen befreundeten Fotografen einmal gefragt, was er an einer Frau begehrenswert finde. »Wenn sie in sich ruht und ausstrahlt, dass sie sich schön findet«, war seine Antwort.

MAL GANZ OHNE SCHAM!

Beantworten Sie die folgenden Fragen – am besten schriftlich. Nehmen Sie also ein Blatt Papier und einen Stift zur Hand und schreiben Sie auf, was Ihnen zu diesen Fragen einfällt. Und: Seien Sie ehrlich zu sich selbst.

- Fällt es Ihnen schwer, zu Ihrer eigenen Nacktheit zu stehen? Was gefällt Ihnen an Ihrem nackten Körper? Was stört Sie?
- Wann haben Sie Ihren Partner oder einen anderen Menschen zum letzten Mal nackt gesehen?
- Wie sind Ihre Eltern mit Nacktheit umgegangen? Können Sie sich an bestimmte Erlebnisse dabei erinnern?
- Können Sie sich vorstellen, sich vor fremden Menschen nackt auszuziehen und mit ihnen vielleicht sogar Sex zu haben? Erregt Sie diese Vorstellung?
- Haben Sie für Ihren Partner schon mal einen Striptease gemacht? (Nein? Dann wird's aber Zeit!)
- Welche Funktion hat Kleidung für Sie? Brauchen Sie morgens lange, um auszuwählen, was Sie an diesem Tag anziehen wollen? Nach welchen Kriterien wählen Sie Ihre Kleidung aus?
- Haben Sie schon mal die Kleidung mit Ihrem Partner getauscht? Das kann sehr reizvoll sein!
- Sich dem Partner »nackt« zeigen bedeutet auch, dass Sie sich ihm ganz öffnen und ihm von Ihren Wünschen und Träumen erzählen. Welche Fantasien oder Geheimnisse enthalten Sie ihm vor?

FRECHES LUDER

Am Abend nach dem Saunabesuch war es bei Jasmin und Lukas sehr leidenschaftlich zugegangen. Nackte Körper erregten Lukas und er hatte noch immer diesen attraktiven Rotschopf vor Augen. Was für ein prachtvoller Hintern! Das erzählte er Jasmin allerdings nicht. Nachdem er sie zwei Stunden lang in allen vorstellbaren ganz neuen Stellungen gevögelt hatte, schlief Lukas in ihren Armen ein und hatte einen wirklich seltsamen Traum …

Der Rosettentester

Willi werde ich genannt. Nicht besonders aufregend, ich weiß. Aber so heiße ich nun mal. Klingt auch nicht schlimmer als Johannes, oder?

Aber das ist gar nicht der Grund, wieso wir hier sind, in diesem Wartezimmer, in dem ich vor allem Männer um die fünfzig sehe.

Ich soll lernen, mich zu benehmen … wurde mir gesagt. Was auch immer das heißen soll. Stimmt, ich bin nicht so gesprächig und ich will eigentlich nur meinen Kopf durchsetzen. Wenn es nicht so geht, wie ich mir das vorstelle, geht bei mir gar nichts mehr. Tote Hose! Dabei reiße ich mich wirklich zusammen, das sollte man mir zugutehalten. Ich könnte auch anders.

Schon morgens, wenn ich aufstehe, würde ich am liebsten noch mal fühlen, wie es ist, über ihre zarten Backen zu streichen. Ob sie das wohl mag? Ich wollte es so gern einmal ausprobieren, wenn sie morgens noch ein bisschen schlaftrunken vor dem Kopierer in der ersten Etage stand. Wenn ich ihre pralle Kehrseite nur sah, wurde mir ganz eng in der Hose und ich kam ins Schwitzen. Ich kann nichts dagegen tun, so was erregt mich einfach. Und das ist nicht zu übersehen … wenn man genau hinschaut. Das passiert einfach!

Also gehen wir jetzt lieber nicht mehr nach unten zum Kopieren. In der zweiten Etage steht ja auch ein Kopiergerät. Obwohl … eigentlich ist es allzu köstlich, so ganz in ihrer Nähe zu stehen und ihren Duft einzuatmen. Wenn das so weitergeht, Mann oh Mann … ich komme ja gar nicht mehr zur Ruhe. Und ich gebe zu: Passend ist es nicht, wenn seine Hose in der Konferenz, während sie spricht, eng wird. Und er wird dann unruhig: Hoffentlich merkt es keiner! Dann versuche ich an etwas anderes zu denken und mich zu entspannen … Aber kaum steht die Rothaarige wieder vor ihrem Projektor, um die nächsten Tabellen an die Wand zu werfen, kaum hat sie uns ihren appetitlichen Hintern zugekehrt, geht es schon wieder los … und ich denke nur noch an das eine: Wie ihre Rosette wohl aussieht?

Allein bei diesem Gedanken steigt mir das Blut in den Kopf. Jede Rosette sieht anders aus. Das würde man zunächst mal erst gar nicht meinen. Sie sind zum Beispiel verschieden groß. Manche sind jungfräulich klein und zusammengezogen. Das mag ich sehr. Der einzige Nachteil ist hier, dass man da sehr, sehr vorsichtig sein muss, sonst kneifen sie. Dann geht nichts mehr. Und ein Hintern darf schon was zum Anfassen sein, allzu knochige Pos mag ich nämlich nicht. Ist einfach unerotisch, finde ich. (Wenn Frauen wüssten, dass sie mir und vielen meiner Genossen den Spaß verderben mit ihren ewigen Diäten.)

Diese zarten pinkfarbenen kleinen Münder zwischen den Backen, oh, mein Gott! Dafür würde ich sterben. Allein bei der Vorstellung, dass ich in diese köstliche Enge eindringen darf, regt sich jede Zelle in meinem Schwellkörper. Ich gebe es zu, ja, ich bin ein Rosetten-Fetischist. Und was ist dabei? Es gibt solche und solche. Die einen stehen auf Lack und Leder. Oder auf Brüste. Ich stehe eben auf Rosetten. Allein der Gedanken lässt mich feucht werden. Da könnte ich stundenlang. In dieser köstlichen engen Umarmung spüre ich die Grenzen meines Seins.

Willi, reiß dich zusammen. Du bist hier, weil du Mist gebaut hast, das weißt du ganz genau. Wie betreten diese Herren um mich herum alle dreinschauen. Was die wohl für ein Problem haben? Sieht nicht so aus, als ob die gern darüber sprechen würden. Vielleicht beim Herrn Doktor. Ich langweile mich. Außer der adretten Sprechstundenhilfe gibt es hier nichts, was mich auch nur im Geringsten interessieren würde. Wie ihre Rosette gebaut ist? Ob sie es von hinten mag? Ich habe mir sagen lassen, dass viele Frauen insgeheim davon träumen, dass wir uns einfach von hinten an sie heranmachen.

Die Rothaarige vom Kopierer, die geht mir immer noch nicht aus dem Kopf. Dumm, dass sie gleichzeitig auch noch die Chefin ist. Ich gebe es zu, das Ganze ist dumm gelaufen: Da steht sie doch eines Morgens am Fenster, rührt verschlafen in ihrem Kaffee … und wenn ihr nicht in diesem Augenblick das Zuckertütchen aus der Hand gefallen wäre, wäre alles ganz anders gekommen ... Sie bückte sich und ich weiß auch nicht, was da auf einmal in mir vorging. (Männer denken mit ihrem Schwanz. Da ist schon was Wahres dran.) Jedenfalls bückte sie sich, um nach dem Tütchen zu greifen, das unter den Tisch gefallen war und präsentierte mir ihre pralle Kehrseite. Der schwarze Rock spannte über ihren runden Backen … und die lächelten mich an, ich schwöre es! Sie sagten: Streichle uns! Was sollte ich da machen?

Natürlich habe ich mich da erhoben und langsam hinter diesen geilen Arsch geschoben, ihn zärtlich liebkost. Erst schien sie irritiert zu sein … Ihr Rock war noch ein bisschen im Weg und da schob sie ihn sich nach oben, um mir zu helfen. Mann, hatte die einen saftigen Schinken. Darauf steh ich ja enorm. – Ein Kondom fischte sie aus ihrer Schublade. Ob die das häufiger macht mit den jungen Kollegen? Vielleicht macht sie das ja öfters?, dachte ich danach. Leider zu spät, wie ich feststellen musste. Hätte ich mich nur zurückgehalten! – Ich bohrte mich also in sie, das ging wunderbar, auch sogar ohne Gleitgel. …

Jetzt hatte die Rothaarige Blut geleckt und ab da musste ich Überstunden schieben ... Für meine Freundin hatte ich schon keine Kraft mehr. Für meine Chefin allerdings inzwischen auch nicht mehr. Ich sollte allzeit bereit sein … für sie. Aber ich hab doch auch noch eine Seele. Hätte ich ihre Rosette nur in Ruhe gelassen. Das freche Luder. Damit hat sie mich verführt. Und jetzt? Jetzt geht seit einigen Wochen gar nichts mehr. Ich habe keine Kraft mehr. Fühle mich schlapp und abgeschlagen. Mag mich nicht mehr erheben, mich nicht mehr erfreuen an nacktem Fleisch … keine Lust mehr auf Rosetten. Will lieber meine Ruhe haben. Ob es den anderen auch so geht hier? Irgendwie wirken die hier alle ein wenig abgeschlafft. So ist das also, wenn man sich seinen größten Traum erfüllt ...

Schweißgebadet wachte Lukas auf. Seine Hand wanderte instinktiv nach unten zu Willi. Gott sei Dank! Er lebte noch ... sie freuten sich beide. Lukas schmiegte sich von hinten an Jasmin. Die Rothaarige aus der Sauna konnte ihm gestohlen bleiben ... für alle Zeiten!

MIT WORTEN VERFÜHREN

Die Gefahr des Wortes ist die Lust des Gedankens.

Karl Kraus

Die Kommunikation über die gesprochene oder geschriebene Sprache ist die wichtigste Form des menschlichen Austauschs. Je zivilisierter wir geworden sind, desto komplexer wurde auch unser Sprachempfinden. Mit Worten kann man jemanden angreifen, man kann ihm schmeicheln, ihn erfreuen und natürlich ungeheuer scharf machen und verführen. Sprache ist immer auch ein sehr persönliches Ausdrucksmittel und sie kann dazu beitragen, dass wir uns jemandem näher verbunden fühlen oder uns von ihm distanzieren. Da in der westlichen Zivilisation Sprache vor allem sehr funktional eingesetzt wird – um einen bestimmten Sachverhalt zu kommunizieren, der mit unserem alltäglichen Leben zu tun hat –, haben viele Menschen verlernt, Sprache als poetisches Mittel der Verführung einzusetzen. Liebesbriefe zu schreiben war früher weit verbreitet. »Ich kann weder essen noch schlafen, weil ich nur an dich denke, Liebste, ich mag nicht einmal mehr Pudding«, schrieb der englische Admiral Nelson seiner Angebeteten, Lady Emma Hamilton, am 29. Januar 1800.

Gesprochene Sprache dagegen ist vergänglich, wir hören sie und im nächsten Augenblick ist der Klang der Stimme bereits verhallt. Wenn zehn Menschen das Gleiche hören, *verstehen* sie sehr unterschiedliche Dinge. Deshalb war es Menschen schon immer ein Anliegen, Sprache zu konservieren, vor allem auch, wenn es um die Sprache der Liebe ging. Immer wieder kann man vor dem Einschlafen die süßen Zeilen des/der Angebeteten lesen. Und selbst wenn die Liebe längst vergangen ist, bleiben diese Zeilen. Viele berühmte Dichter haben ihre Liebe in Briefen für die Nachwelt festgehalten. Goethe war ein Meister in der Kunst der poetischen Verführung. Er schreibt in einem Sonett:

***»Wie du so freundlich meine Sehnsucht stilltest
Mit süßen Worte und mich so ganz verwöhntest.***

***Sogar Dein Lispeln glaubt ich auch zu lesen,
Womit du liebend meine Seele fülltest
Und mich auf ewig vor mir selbst verschöntest.«***

Cyrano de Bergerac

In dem Film Cyrano de Bergerac geht es um die Macht der Liebesworte. »Ich fühle für euch, gestorben zu sein. Oh ja, Madame, ich bin tot. Und dieser Tod, den man Liebe nennt, ist umso grausamer, denn wenn man zu lieben beginnt, beginnt man alsbald zu sterben.«

Dieser aufwändig inszenierte Historien-Film aus Frankreich aus dem Jahr 1990 entstand nach dem gleichnamigen Theaterstück von Edmond Rostand (1868–1918). Der französische Schriftsteller Savinien Cyrano de Bergerac (1619–1655) hieß in Wirklichkeit Hercules Savinien de Cyrano.

Der Film, der den Schriftsteller zu seiner Hauptfigur macht, erzählt die Geschichte von Cyranos großer Liebe zu seiner schönen Cousine Roxane. Er, der große Fechtmeister und freiheitsliebende Poet, wagt es nicht, ihr seine Liebe zu gestehen, denn er hat einen beträchtlichen Schönheitsfehler: eine ungemein große Nase. Der Kadett Christian dagegen ist attraktiv, aber unpoetisch ... und Cyrano ist poetisch, aber hässlich. So werden die beiden zu einem unzertrennlichen Team: Cyrano schreibt die Liebesbriefe für Christian, der auf diese Weise Roxanes Liebe gewinnt. Sie allerdings hält den jungen Kadetten für den Schreiber der wundervollen Briefe. Doch Christian fehlt jeglicher Sinn für Poesie und so kann es natürlich nicht lang gut gehen: Der Schwindel kommt eines Tages heraus. Christian ist zu diesem Zeitpunkt allerdings schon im Krieg gefallen.
Wir verlieben uns in die Sprache eines Menschen; in die Art, wie er uns seine Liebe zeigt und wie er die Welt sieht. Außerdem kann Sprache unser Liebesspiel unglaublich bereichern.

Liebesbriefe von Ovid

Bereits in der Antike schrieb der römische Dichter Publius Ovidius Naso (34 v. Chr.–17/18 n. Chr.) fiktive Liebesbriefe mythischer Heldinnen. Die *Heroides* bestehen aus fünfzehn einzelnen Briefen, in denen die heroischen Frauengestalten – zumeist aus dem griechischen Mythos – sich an ihre Liebhaber oder Ehemänner wenden, denen sie Treulosigkeit vorwerfen. Manche beinhalten auch einen verzweifelten Versuch, dem Geliebten die Trennung auszureden. Es finden sich darunter auch Briefe, die voller Sehnsucht die Rückkehr des Kriegers erwarten. Hier geht es um Liebe und Leidenschaft, um die treue Liebe Penelopes zu ihrem Gatten, um unerwiderte Liebe oder die Liebe Phaedras zu ihrem Stiefsohn Hippolytos ... Ovid hat auch drei Männer zu Wort kommen lassen.

E-Mail, Chat und SMS

Wer nimmt sich heutzutage noch Zeit, einen Liebesbrief zu schreiben? Schneller geht es auf alle Fälle mit der modernen Technik, und wenn man sich dem Liebsten eng verbunden fühlt, möchte man ihm das am liebsten sofort mitteilen. Und am schnellsten geht das heute per SMS. Die sinnliche Komponente eines Liebesbriefs ist damit leider verloren gegangen. Wir können nicht mehr erkennen, ob das Herz des Geliebten bei der Unterschrift so tief berührt war, dass seine Hand gezittert hat. Der persönliche Duft des uns bekannten Parfums wird sich durch den PC leider nicht verströmen und da ist kein Papier, das wir durch unsere Hände gleiten lassen können. Allerdings können wir prompt eine passende Antwort finden und der Flirt kann sofort beginnen.
Schnelligkeit ist sicherlich der größte Vorteil einer Kommunikation mithilfe moderner Technologien. Sie können Ihren Liebsten vor der wichtigen Konferenz mal so eben per SMS wissen lassen, dass Sie jetzt am liebsten seinen Schwanz in den Mund nehmen möchten ... und er wird sich von seinem Konkurrenten

garantiert nicht kleinkriegen lassen. Und Sie können dem anderen Ihre geheimsten Fantasien mitteilen. »Ich würde gern von dir im Flur genommen werden, wenn du heute nach Hause kommst«, klingt verlockend ... heute macht er sicherlich keine Überstunden. Es sei denn, er ist ein bekennender Workaholic und Arbeit macht in mehr an als seine Freundin. Auch das soll vorkommen.

Vielleicht kann man sogar die Energie des anderen spüren, wenn er die erotische Mail liest. Ein paar wohl gewählte erotische Worte zur richtigen Zeit können einen megaharten Ständer herbeizaubern oder ihre Muschi feucht werden lassen. Worte lösen in unserem Gehirn Erinnerungen und Assoziationen aus. Kennen Sie die Schlüsselreize, auf die Ihr Partner anspringt, so können Sie ihn regelrecht um den Finger wickeln.

Erotische Worte wirken ...

Der eigenen Kreativität sind keine Grenzen gesetzt und erotische Sprache lässt sich vielfältig einsetzen: Sie können Ihre Liebe zum Ausdruck bringen oder mit zweideutigen Bemerkungen flirten. Der Liebespartner ist gerade auf Geschäftsreise? Diese Gelegenheit sollten Sie sich nicht entgehen lassen und ihn auf die Ferne mit einem erotischen Telefonat verführen. Anfassen ist dabei erlaubt! Beschreiben Sie bis ins Detail, was Sie gerade tragen ... oder zumindest, was Sie in diesem Augenblick gern tragen würden. Weiß ja keiner, dass Sie gerade in Ihrer Jogginghose auf dem Sofa relaxen. Was würde Ihnen jetzt Freude machen? Erzählen

Sie es Ihrem Partner und Sie dürfen dabei ruhig auch ein wenig laut werden. Stöhnen und andere Lautmalereien Ihrer Lust wirken sehr erregend, also halten Sie sich damit nicht zurück. Höfliches Schweigen ist in diesem Zusammenhang nicht angemessen.

Pornos mögen Sie nicht, weil Sie die Sprache so vulgär finden? Probieren Sie doch einfach einmal aus, wie es sich anfühlt, wenn Sie »ficken« sagen und zugeben, dass Ihre Möse richtig »feucht« ist und sich nichts mehr wünscht als seinen »harten Schwanz« ... Sie können vielleicht zuerst einmal eine Generalprobe allein zu

Hause machen, bevor Sie Ihrem Liebsten »schmutzige Worte« zuflüstern. Sie werden erstaunt sein, dass diese Worte den anderen in der richtigen Situation ganz schön in Stimmung bringen. Es kommt vor allem darauf an, *wie* Sie es sagen. Wenn Sie selbst dabei erregt sind, könnten Sie sogar ein Kochrezept vorlesen und es würde ihn antörnen. Probieren Sie genau das doch einmal für sich allein aus: Lesen Sie ein Kochrezept laut vor und geben Sie Ihrer Stimme einen verführerischen Klang. Lesen Sie den Text mehrmals laut vor und betonen Sie immer wieder anders. Spielen Sie mit Klang und Tonlage. So können Sie Ihrem Liebsten erzählen, was Sie wollen, und er wird das schrecklich aufregend finden. Das Gleiche gilt natürlich auch für Frauen: Männer, eure Liebsten finden es klasse, von euch etwas Erotisch-Schmutziges ins Ohr gehaucht zu bekommen. Vergesst dabei aber nicht, auf ihre Reaktion zu achten. Wichtig ist, wo ihre Grenze liegt.
Darf es auch ein bisschen härter sein? Wenn beiden klar ist, dass das hier ein erotisches Spiel ist, dürfen Sie sich ruhig auch deftigerer Ausdrücke bedienen. Es kann anmachen, als »Luder« oder »Schlampe« bezeichnet zu werden. Vorausgesetzt natürlich, dass man sich von dem anderen geliebt und respektiert fühlt. Sie dürfen auch sexuelle Befehle erteilen wie zum Beispiel: »Bück dich!« oder »Zieh dich aus!« Sie sind sich nicht sicher, ob Ihnen so etwas liegt? Probieren geht über Studieren. Sie wollen den anderen ja nicht beleidigen, das Ganze ist eine Art Rollenspiel.
Ihre Worte sollen den anderen erregen, nicht verletzen. Sprechen Sie anschließend darüber, wie Sie beide das verbal-erotische Spiel erlebt haben: Was hat Ihnen gefallen, was nicht? Wo liegt Ihre gefühlte Grenze?

DAS WORT HAT: DER PENIS

Sie möchten wissen, was Ihr Partner wirklich denkt? Wie er sich in der Sexualität fühlt? Fragen Sie *ihn* doch mal! Ja genau. Fragen Sie seinen besten Freund, wie er sich fühlt.

Bitten Sie Ihren Partner, sich aufs Bett zu legen und sich zu entspannen. Natürlich nackt. Legen Sie zunächst erst mal nur eine Hand auf seinen Bauch und geben Sie ihm zu verstehen, dass er sich ganz sicher und geborgen fühlen darf. Sie werden jetzt seinen Penis massieren und stimulieren ... ganz sanft und liebevoll. Sie wollen in diesem Augenblick ja nicht unbedingt Sex mit Ihrem Liebsten haben, Sie wollen *ihn* zum Sprechen bringen. Und wenn er zu erregt ist, fällt ihm vielleicht nichts mehr ein oder er kann nur noch an »das Eine« denken.

Legen Sie Ihre Hand nun ganz sanft auf seinen Penis und lassen Sie ihm Zeit zu spüren. Fragen Sie *ihn* dann, wie er sich fühlt. Lassen Sie Ihrem Partner Zeit, in diese etwas ungewohnte Art der Kommunikation hineinzufinden. Sie werden erstaunt sein, worüber er spricht, wenn er sich an das neue Spiel gewöhnt hat. Das Wort hat jetzt sein bester Freund, geben Sie *ihm* einfach Raum. Fragen Sie *ihn* zum Beispiel, was *ihm* am Sex mit Ihnen am besten gefällt, und hören Sie einfach nur zu: Vielleicht liebt *er* es, sich zwischen Ihren Brüsten zu reiben? Am liebsten möchte *er* Ihnen dabei mal ins Gesicht spritzen, so wie in den Porno-Filmen? Warum nicht? Beim Sex ist erlaubt, was den Beteiligten gefällt. Moralische Hemmungen brauchen Sie nicht zu haben: Wenn Sie den anderen lieben, dürfen Sie ruhig auch mal in verschiedene Rollen schlüpfen.

Was wünscht sich sein Penis sonst noch? Fragen Sie immer wieder nach. Er möchte einmal von zwei Frauen gleichzeitig geleckt werden? Uiiiiih ... das geht dann schon ans Eingemachte. Bleiben Sie freundlich und gelassen, hören Sie einfach nur zu. Wie möchte *er* angefasst werden? Berühren Sie *ihn* und bitten Sie *ihn* um Feedback. Möchte *er* sanft gedrückt werden oder mag *er* es lieber härter? Möchte *er* mit der ganzen Hand umschlossen oder lieber zwischen Daumen und zwei Fingern bewegt werden? Möchte *er*, dass Sie *ihn* lecken? Wahrscheinlich wird *er* da nicht Nein sagen. Welche Stellen sind am empfindsamsten? Meistens sind das die Stellen um die Eichel und das *Frenulum* (Vorhautbändchen) herum. Aber vielleicht liebt *er* es besonders, wenn Sie *ihn* ganz tief verschlingen, à la *Deep Throat*. Sie müssen *ihn* sich ja nicht gleich in der vollen Länge in den Hals stecken, Hauptsache, Sie umarmen die Eichel mit Ihren Lippen. Übung macht die Meisterin.

Und wenn *er* erst einmal ins Reden kommt, ist *er* wahrscheinlich nicht so schnell zu stoppen. Lassen Sie *ihm* Zeit, stimulieren Sie *ihn* zwischendurch immer wieder ein klein wenig ... und hören Sie einfach nur zu. Vielleicht entwickeln Sie im Laufe des Gesprächs ein ganz neues Verhältnis zu *ihm*, lernen *ihn* von einer ganz anderen Seite kennen. Möglicherweise wussten Sie bisher noch gar nicht, dass *er* sich manchmal ungeliebt fühlt, wenn Sie sein Sperma nicht schlucken? Okay, wenn Sie darauf nicht stehen ... Aber dennoch ist es gut zu wissen, dass *er* ein Gefühlsleben hat, genau genommen ist *er* sogar sehr sensibel. Manchmal hat *er* keine Lust, jetzt kann *er* es Ihnen ja sagen. Wenn *er* sich unter Druck gesetzt fühlt, wenn *er* pausenlos im

Einsatz sein muss und Sie nie genug bekommen ... das ist *ihm* zu viel. Manchmal möchte *er* am liebsten nur »abhängen«, einfach mal nur ausruhen. *Er* will nicht immer nur kommen müssen. Und ab und zu hätte *er* vielleicht auch mal Lust, in Ihnen einzuschlafen. Ja, ganz im Ernst! *Er* würde sich gern in Ihnen ausruhen und sich nicht bewegen müssen. Wenn Sie verbissen Ihre Kalorien zählen, törnt *ihn* das ab. Sie dürfen sich getrost ein paar Rundungen zulegen, das findet *er* sexy.

Fragen Sie *ihn* ruhig auch nach seiner Vergangenheit. Wann bietet sich Ihnen schon mal so eine Gelegenheit. Wann hatte *er* zum ersten Mal Sex? Wie hat *er* überhaupt seine Lust entdeckt? Doktorspiele? Oder einfach mal selbst ausprobiert? Werden Sie ruhig ein wenig intim. Vielleicht erzählt *er* Ihnen von seiner Biologielehrerin ... damals ... mein Gott, war die klasse! Ganz nass war *er* am Morgen, wenn *er* in der Nacht von ihr geträumt hat. Oder von seinem Kumpel, mit dem *er* regelmäßig zum großen Wett-Wichsen angetreten ist. Falls *er* Ihnen solche Geheimnisse erzählt, dürfen Sie sich glücklich schätzen, denn die erfährt sonst niemand.

Fragen Sie *ihn*, ob *er* ab und zu auch mal traurig ist. Wann ist *er* bedrückt? Vielleicht beichtet *er* Ihnen, dass *er* manchmal das Gefühl hat, nicht wertgeschätzt zu werden. *Er* möchte mit mehr Respekt und Achtung behandelt werden. *Er* ist doch kein Lustobjekt, das man nur als Mittel zum Zweck einsetzt und nur anfasst, damit *er* hart wird ... Nein, *er* ist ja schließlich aus Fleisch und Blut und hat einen eigenen Kopf ... und Gefühle. Ja, Sie haben richtig verstanden: *Er* hat Gefühle. Wenn Sie *ihn* berühren, dann soll das auch von Herzen kommen. Sie spüren es schließlich ja auch ganz genau, ob Sie von ganzem Herzen begehrt werden oder ob nur mal eben Ihre »Lustknöpfe« gedrückt werden.

Wenn *er* sich seinen Frust von der Seele geredet hat, fragen Sie *ihn*, was er sich in diesem Augenblick von Ihnen wünscht. *Er* darf sich etwas wünschen? Wahrscheinlich ist *er* ganz erstaunt und ein bisschen schüchtern. Darauf ist *er* nicht vorbereitet, denn *er* ist es gewohnt, auf Ihre Wünsche einzugehen. Auch wenn man *ihm* das nicht unbedingt ansieht. Eigentlich macht es *ihm* am meisten Spaß, wenn Sie Spaß haben. Also fragen Sie ruhig noch einmal nach, was *er* sich jetzt in diesem Augenblick wünscht: Möchte *er* von Ihnen massiert werden oder einfach nur ein wenig in Ihrer Hand ausruhen? Vielleicht ist *ihm* das ein oder andere, was *er* Ihnen eben anvertraut hat, auch im Nachhinein ein wenig peinlich. Lassen Sie *ihn* wissen, dass Sie seine Gedanken und Gefühle sehr spannend finden, und zeigen Sie *ihm*, dass Sie *ihn* achten und lieben. *Er* ist äußerst sensibel und wenn *er* sich verstanden fühlt, wird *er* Sie dafür reichlich belohnen ...

DAS ERSTE MAL IST IMMER ANDERS!

Nachdem sich Jasmin einmal ausführlich mit dem besten Freund ihres Mannes unterhalten hatte, war ihr eines sonnenklar: Er braucht mehr Abenteuer, mal etwas Ungewohntes. Am Besten hatte er es in der Zeit gehabt, als sie sich gerade kennengelernt hatten. Diese Zeit der »Neu-Lust« hatte er unglaublich spannend gefunden. Ihr erstes Treffen war sehr aufregend gewesen. Es war ihnen in Erinnerung, als ob es gestern gewesen wäre …

Schriesheimer Riesling

Sie hatten sich zu einem Spaziergang verabredet. Diesmal sah es nicht nach Regen aus, der Zug schien keine Verspätung zu haben und ihre

Periode würde sie auch erst in einer Woche bekommen. Bis jetzt hatte er auch noch nicht abgesagt. Das hatte er schon mehrmals getan … sogar erst einen Tag vorher. Er hatte meist angerufen. »Hi, tut mir schrecklich leid, aber ein ganz wichtiger Geschäftstermin hat sich eben noch ergeben. Muss unbedingt diesen Kapitalanleger treffen. Ist wirklich superwichtig für mich! Aber wir sehen uns bald.«

Manchmal hatte sie auch eine E-Mail bekommen. »Hi, bin schrecklich in Eile und deshalb heut nur ganz kurz. Es klappt leider nicht mit Montag, meine Freundin will unbedingt mitfahren und ich konnte es ihr nicht ausreden. Sie will Freunde von uns besuchen. Werde die ganze Zeit an dich denken und bin selbst ganz frustriert. CU soon!« Inzwischen wusste sie, dass »CU« see you bedeutet. Ob es heute klappen würde? Sie zweifelte noch daran.

Er wartete in seinem dunkelblauen Jeep auf sie. Seine Hände fühlten sich feucht an. In zehn Minuten würde sie da sein. Mit einer SMS könnte er das Schicksal jetzt noch abwenden. »Stehe im Stau und schaffe es nicht mehr rechtzeitig.« Aber er hatte sie noch nie belogen, das wäre zu billig. Er hatte dafür gesorgt, dass wirklich immer etwas dazwischengekommen war. Sie hatten sich vor einigen Monaten übers Internet kennengelernt. Was sie schrieb, zog ihn magisch an, es ging ihm unter die Haut. Er fühlte sich so aufgeladen, als würde sie

tatsächlich neben ihm stehen und ihren nackten Körper von hinten an ihn drücken. Wie oft hatte er sich das vorgestellt. Er wollte die Augen schließen und in ihren süßen Duft eintauchen. Sich hingeben, einmal nicht stark sein müssen, die Kontrolle abgeben. Sich fallen lassen und aufgefangen werden. Er begehrte sie so sehr und das machte ihm Angst. Am liebsten wäre er wieder abgefahren, auf der Stelle.

Sie stieg wie verabredet am Hauptbahnhof aus und hielt am Taxi-

stand nach ihm Ausschau. So hatten sie es ausgemacht. Aber außer einem weißen Opel und drei einsamen Taxis war kein Auto zu sehen. Mist, wieder verpasst! Seine Nummer wählen, klingeln lassen und darauf hoffen, dass er abnimmt.

»Hallo. Wo steckst du? Ich warte hier hinter dem großen Bus«, sagte er.

Sie sah keinen Bus, vielleicht war sie falsch ausgestiegen.

»Ich hoffe, du stehst am Hauptbahnhof«, sagte sie.

»Ja klar. Ich bin da!« Er lachte und das klang gut.

Sie lief um die Ecke, das Handy am Ohr.

»Ich glaube, ich seh dich kommen. Sitze in einem blauen Jeep.«

Jetzt hatte sie den Bus entdeckt und dahinter winkte jemand mit beiden Armen. Nicht zu fassen, diesmal hatte es tatsächlich geklappt!

Sie trug eine dunkle Sonnenbrille und sah anders aus als auf dem Foto, irgendwie vielleicht ein bisschen älter. Wie oft hatte er sich dieses Foto von ihr im Internet angesehen. Sie hatte ihn darauf aufmunternd angelacht, ihre langen blonden Haare fielen ihr dabei keck ins Gesicht. Wie ein Model hatte sie darauf ausgesehen und er hatte sich in dieses Bild verliebt. Die Frau, die ihm da gerade entgegenkam, war ihm allerdings ausgesprochen fremd.

Jetzt saß sie neben ihm im Auto und sie fuhren zusammen in Richtung Weinberge. Verlegen sah sie ihn von der Seite an: Er sah gut aus, anders als sie ihn sich vorgestellt hatte, aber sehr attraktiv. Er hatte einen Dreitagebart … und seine blauen Augen wirkten unschuldig und jungenhaft. Eigentlich hatte sie einen etwas älteren Mann erwartet. Es war ihr fast unangenehm, dass sie so verliebt war.

»Hast du Wasser im Auto?«, fragte sie. »Ich habe Durst.«

Er hatte kein Wasser und es war heiß. Ihre Schenkel klebten und sie wäre jetzt gern erst mal unter die Dusche gesprungen. Die Situation war leider ganz und gar nicht romantisch. Manchmal hatten sie sich bis zu zehn Mal am Tag geschrieben. Wenn sie nachts allein in ihrem Bett lag, hatte sie sich an seine Worte erinnert, mit denen er ihre Brüste liebkoste. Sie ließ ihre Finger dann nach unten wandern und zog ihre Lippen auseinander wie Rosenblätter. Dabei stellte sie sich seinen harten Penis vor, mit dem er über ihren Bauch streichelte … bevor er ihn in ihrem Blütenkelch versenkte. Diese Erinnerung erregte sie.

Auf der Zugtoilette hatte sie sich den Slip ausgezogen. In ihren Fantasien trug sie auch kein Höschen und stand seinen Gelüsten jederzeit zur Verfügung. Sie spürte, wie sie sehr feucht wurde und schob den modischen Folklore-Rock unruhig unter ihrem Po zusammen. Er fuhr unkonzentriert und musste mehrfach umkehren, weil er eine Abzweigung verpasst hatte.

»Hab lang hier gewohnt, aber ist schon ewig her, dass ich das letzte Mal hier war«, versuchte er seinen fahrigen Stil zu entschuldigen. »Ich liebe diese Gegend. Ist irgendwie idyllisch, finde ich.«

Im Augenblick fand er es eher merkwürdig, mit einer ihm fremden Frau herumzufahren, mit der er so intime Dinge ausgetauscht hatte, deren Körper er allerdings nicht zu berühren wagte. Er fühlte sich verpflichtet, mit ihr zu plaudern. Die Situation sollte nicht noch peinlicher werden, als sie ohnehin schon war.

Sie hatte sich dieses Treffen ein wenig anders ausgemalt. In ihrer Vorstellung war er bereits im Wagen über sie hergefallen und unter ihren Rock getaucht, um nach ihrer kostbaren Perle zu suchen.

»Sag mal, träumst du gerade?«, fragte er sie.

Und sie wollte ihm auf keinen Fall erzählen, an was sie gerade gedacht hatte.

Er parkte den Jeep auf einem einsamen Parkplatz. Die Kneipe, in der sie Wasser hatten kaufen wollen, war leider geschlossen. Er kannte sich nicht aus mit Affären. Eigentlich fühlte er sich damit sehr unwohl, dass er seine Freundin belogen hatte. Aber er war da einfach so hineingerutscht. Eher aus Neugier hatte er ein wenig im Netz gesurft und sich nur ein bisschen prickelnden Zeitvertreib davon versprochen, und dann war ein intensiver Austausch daraus entstanden.

Sie gingen stumm nebeneinander her. Schreiben fiel ihm leichter.

»Es ist wirklich schrecklich heiß hier. Können wir uns nicht irgendwo in den Schatten setzen?«

Sie hatte recht. Ein Spaziergang in der glühenden Sonne war wirklich nicht sehr angenehm.

»Lass uns dort oben unter den Baum sitzen.«

Sie kletterten der Abhang hinauf und, oben angekommen, holte sie eine Decke aus der Tasche, die sie im Schatten ausbreitete.

In Gedanken hatte er sie schon so oft verführt ... Doch heute blieb sein Penis schwach. Die ungeheure Heftigkeit seiner geheimen Fantasien und dieser schwüle Sommertag – das war einfach nicht zusammenzubringen. Sie war enttäuscht, er konnte es sehen und es tat ihm leid.

»Er hat einfach Angst«, dachte sie.

»Wie wär's, wenn ich dir was vorlese?«

Er war erleichtert. Er machte es sich bequem und schloss die Augen. Und sie begann zu lesen: »Hi, es ist gleich Feierabend und statt zu arbeiten muss ich pausenlos an dich denken. Weißt du, was ich jetzt am liebsten mit dir machen würde? Langsam dein T-Shirt nach oben schieben und mich über dich beugen. Ich möchte dich einatmen, meine Nase in deinen Achselhöhlen vergraben und meine Zähne zärtlich in deine Schultern verbeißen. Du schmeckst so gut. Mmmhhh! Ich würde dich jetzt gern fressen, mit Haut und Haaren. Meine Zunge berührt deine Brustwarzen, ganz sanft. Du fühlst, wie die Erregung bis in deine Fußspitzen kriecht, und deine Hose wird eng.«

Sie neigte sich über ihn und ihre Haare streichelten seinen Hals. Ihre Fingerspitzen fanden die Kuppeln seiner Brüste und begannen leicht daran zu ziehen.

»Ich bedecke deinen Bauch mit zarten Küssen und schiebe deine Hand in meinen Ausschnitt. Sage: Knete meine Brüste und nimm sie in deinen Mund.« Mit der Zungenspitze zeichnete sie die Konturen seiner Lippen nach und öffnete seinen Mund. Er bot keinerlei Widerstand.

»Nimm mich, ich bin dein, ich bin es schon lang gewesen«, schien sein Körper zu sagen.

»Du fühlst, wie sehr ich mich nach dir verzehre. Mein Körper will sich mit dir vereinigen, mein Geist mit dir verschmelzen und meine Seele will mit dir eintauchen in das Meer der ewigen Glückseligkeit.«

Ihre Zungen berührten sich zum ersten Mal. … Seine Hose hatte sie längst geöffnet und das Kondom war auch schnell übergestülpt. Sie schob ihren Rock ein wenig nach oben, langsam senkte sich ihr Schoß auf sein pralles Geschlecht. Ihre Lippen weiteten sich und saugten den harten Stab ein. Ihr Becken bewegte sich rhythmisch auf und ab. Der Oberkörper tanzte einen wilden Tango, sie schleuderte ihre Haare durch die Luft.

Ihre Hände krallten sich ineinander, die Augen waren geschlossen … sie beide stöhnten, zuerst leise, dann waren sie nicht mehr zu überhören.

»Sei still, meine Liebe, wenn uns jemand hört. Ich brenne lichterloh.

Meine reife Frucht wird platzen wie eine heiße Marone in der Glut. Beweg dich nicht mehr, sonst muss ich kommen, mich in dir ergießen, wie ein reißender Strom alles überfluten. Überwältigende Hitze, im Feuer der Leidenschaften verschmelzen. Kraftlos, tot, erfüllt mit Leben. Sprachloses Glück.«

Die Zeit lässt sich nicht mehr zurückdrehen, aber es gibt ja auch andere Möglichkeiten, einander neu zu entdecken.
»Lass uns doch mal auf eine ungewöhnliche Party gehen«, schlug Lukas vor.
»Wie meinst du denn das?« Jasmin war ein wenig misstrauisch. Normalerweise war Lukas nicht unbedingt ein leidenschaftlicher Partylöwe.
»Na, eine Party eben.« Lukas war ein wenig wortkarg und druckste umständlich herum.
»Du meinst mit Freunden? Sollen wir eine Party machen? Mensch Lukas, jetzt lass dir doch nicht alles aus der Nase ziehen!« Jasmin wurde ungeduldig.
»Nein. Kein Stress. Wir müssen keine Party machen, nur hingehen.«
»Ein bestimmtes Motto?« Jetzt wurde Jasmin neugieriger.
»Ich fürchte, wir müssen davor erst noch einmal einkaufen gehen.«
»Schön. Du weißt, dass ich dafür immer zu haben bin. Aber du? Das hätte ich mir nicht träumen lassen.«

»Vielleicht sollten wir davor auch noch mal auf die Sonnenbank.«

»Bitte?«, Jasmin wurde hellhörig. Lukas war bisher noch nie im Solarium gewesen.

»Zu weißen Klamotten sieht das irgendwie komisch aus, wenn man so käsig aussieht.«

»Weiße Klamotten? Spinnst du?« Seit wann waren weiße Outfits im Nachtleben gefragt? Schwarz war doch viel verführerischer.

»Tja, wie soll ich dir das erklären. Es ist eine ganz spezielle Veranstaltung. Schon mal was von Emergency Room gehört?«

»Du meinst, die Helden im OP?«

»Ja, genau! Findest du die Oberärzte nicht toll? Ich meine, das hat doch einen gewissen sexuellen Reiz, oder?«

»Du willst wohl eher andeuten, dass du gern mal ne Krankenschwester vögeln würdest?« Jasmin begann den Braten zu riechen. Trotzdem konnte sie sich noch immer nicht so recht vorstellen, worauf Lukas hinauswollte.

»Ich habe uns für eine erotische Kliniknacht angemeldet.«

»Du hast was?« Jasmin war sprachlos.

»Ich dachte, das wäre doch mal was anderes. Ein gewisser Kick!« Lukas war ein wenig kleinlaut und machte sich an der Kaffeemaschine zu schaffen. Inzwischen hatten sie eine nagelneue Espressomaschine mit allen Schikanen.

»Heißt das, ich soll mir ein Häubchen aufsetzen und einen Schwesternkittel tragen?«, fragte Jasmin ungläubig.

»Du könntest auch weiße hohe Latexstiefel anziehen«, schlug Lukas vor.

»Du hast ja wohl einen Knall!«, lachte Jasmin. Die Vorstellung, die Party als Schwester Jasmin unsicher zu machen, war auch zu komisch. »Und was willst du anziehen?« Jasmin kicherte und malte sich bereits aus, wie Lukas ihr im weißen Arztkittel die Brust abtastete. Das fand sie dann aber doch irgendwie aufregend ...

»Meinst du, der Malerkittel von der letzten Wohnungsrenovierung geht?«

»Spinnst du? Du bist ein Arzt und kein Handwerker! Nichts da. Wenn schon, dann machen wir das richtig. Ich schau schon mal im Internet, wo wir so was am günstigsten kriegen.«

»Vielleicht bei Ebay«, schlug Lukas vor.

»Wirst du mich dann auf einen Gynäkologenstuhl setzen und untersuchen?« Jasmin fand diese Vorstellung komisch und gleichzeitig auch irgendwie erregend ... Das hätte sie jetzt aber in keinem Fall zugegeben.

»Dann musst du aber die Beine weit spreizen. Sonst komm ich nicht in dich rein.«

»Für einen Finger wird es reichen. Oder was willst du sonst noch in mich reinstecken?«

»Das kann ich noch nicht sagen. Da muss ich zuerst noch deine Brüste abtasten, um eine Diagnose stellen zu können.«

»Was haben denn meine Brüste mit meinem Unterleib zu tun?«, kicherte Jasmin.

»Wenn sie angeschwollen sind und die Nippel stehen, dann ist das ein Symptom.«

»Wofür?«

»Ich muss zuerst noch untersuchen, ob die Schamlippen auch geschwollen sind, vorher kann ich nichts sagen. Das kann man aber nur dadurch herausfinden, dass man sie ein wenig auseinanderzieht. Ich würde dann von innen ein wenig herumfühlen und sehen, ob du genügend Gleitflüssigkeit produzierst … für meinen harten Schwanz. Und das müsste ich dann wohl erst mal ausprobieren.« Lukas griff nach Jasmins Po und kniff hinein, bis sie quiekte.

»Du Ferkel!« Jasmin wendete sich mit gespielter Entrüstung von ihm ab. Und insgeheim überlegte sie schon, wie sie kostengünstig an ein Schwestern-Outfit kommen konnte …

ROLLENSPIELE

Kennen Sie diesen peinlichen Augenblick nach dem Höhepunkt, wenn Sie eigentlich nur kuscheln wollen, aber Ihr Liebster Sie erwartungsvoll ansieht und die berühmte Frage stellt: »War es gut für dich?«

Sie wissen genau, was die Frage eigentlich bedeutet: »War ich gut?«

Spätestens jetzt hat sich auch noch der letzte Hauch von Romantik in Luft aufgelöst. Viele Männer verwechseln den Liebesakt offensichtlich mit einer Führerscheinprüfung und glauben wohl, es ginge darum, bei ihrer Partnerin Punkte zu sammeln. Aber auch Frauen fühlen sich oft unter Druck gesetzt in der Liebe. Immer wieder wird in den Medien von Umfragen berichtet, die besagen, dass viele Frauen beim Geschlechtsverkehr schon mindestens einmal einen Orgasmus vorgespielt haben. Wer überall in den Medien von multiplen Orgasmen liest und selbst nicht mal einen bekommt, fühlt sich natürlich ungenügend. Doch wer zu schnell auf den Gipfel losstürmt, übersieht die vielen Blumen am Wegrand und kann sich auch nicht an der schönen Aussicht erfreuen.

Die schönsten Bergtouren habe ich auf halbem Weg erst einmal unterbrochen und eine längere Pause gemacht, denn es war mir wichtiger, mich zu entspannen, zu genießen und im grünen Gras zu liegen. Wir alle wissen, was nach dem Erklimmen des Gipfels passiert: Es geht wieder abwärts! Je länger Sie deshalb den Höhepunkt hinauszögern, umso größer die Vorfreude und Sie lernen dabei, Ihre Sinnlichkeit intensiver zu spüren.

Das erotische Liebesspiel

Erotisches Spiel lässt erst gar keinen Leistungsdruck aufkommen und ergibt sich aus einem spielerischen Umgang mit Sexualität. Der Spieltrieb ist dem Menschen angeboren und es gibt unzählige Theorien darüber: So beobachtete der englische Kinderarzt und Psychoanalytiker Donald Winnicott (1896–1971), dass bereits ganz unscheinbare Gegenstände wie ein weiches Tuch oder ein Kissen für das Kind unschätzbaren Wert besitzen können. Fast alle Kinder haben die Fähigkeit, ein totes Objekt mit Leben zu erfüllen, und besitzen eine primäre Kreativität, aus der sich im Laufe der Jahrhunderte Kunst, Religion und Wissenschaft entwickelt haben. Für einige Wissenschaftler, die sich mit der Theorie des Spiels auseinandersetzen, wie zum Beispiel den Philosophen Hans-Georg Gadamer, steht das kindliche Spiel nicht im Gegensatz zur Realität, sondern ist vielmehr unverzichtbar für die Bewältigung des Lebens. So schreibt er in *Wahrheit und Methode*, dass alle Zweckbezüge, die das tätige und sorgende Dasein bestimmten, im spielenden Verhalten nicht einfach verschwunden seien, sondern auf eigentümliche Weise gestaltet würden. Das Spielen geschehe nicht nur um der Erholung willen, sondern diene auch der Heilung von unguten Regungen und Gemütszuständen.

Die Fähigkeit, Realität mit spielerischer Distanz zu erleben, ist wiederum die Grundvoraussetzung für Humor, und der ist für eine harmonische Partnerschaft unerlässlich. Jeder Mensch hat eine kreative Seite, die er entwickeln kann und die das Liebesleben prickelnder macht. Bereits Freuds Traumforschung zeigt,

dass die meisten Menschen fähig sind zu fantasieren und dass Träumen ein schöpferischer Akt ist.

Wir sind von klein auf dazu erzogen worden, Leistung zu erbringen, unentwegt bewertet zu werden und uns zu verbessern. Wir setzen unsere Energie wenn möglich so ein, dass sie uns den größten Nutzen bringt, und Müßiggang erscheint uns als Zeitverschwendung. Diese Lebenseinstellung führt zwar zu wirtschaftlicher Produktivität, die Sinnlichkeit und vor allem die Freude am Liebesspiel bleiben dabei aber auf der Strecke. Beim Spielen vergessen wir alles, was uns belastet, was uns Sorgen bereitet und für einen winzigen Augenblick werden wir nicht von unserem Verstand bestimmt. Dieser bedeutsame Augenblick kann ausreichen, um uns wieder auf uns selbst zu besinnen und auf das, was uns guttut und entspannt. Wenn wir spielen, dürfen wir lachen, denn *diese* Realität ist nicht ganz so ernst und kann jederzeit wieder verändert werden. Und Lachen ist gesund. Es gibt sogar eine Therapieform, das »Lach-Yoga«, die der Inder Madan Kataria aus Yoga und anderen Bewegungsübungen geschaffen hat.

Liebe, sagt man, sei die schönste Nebensache der Welt: Sie bringt keinen direkten Nutzen und kann uns Freude bereiten. Und so passen erotisches Spiel und Liebe hervorragend zusammen, denn beides macht Spaß. Wir können unserer Fantasie freien Lauf lassen und aus der täglichen Routine ausbrechen. So vertiefen wir die Verbindungen zu unserem Liebespartner und lernen weitere Möglichkeiten der Intimität und Liebe kennen.

Ein Spiel kann uns bis in unser tiefstes Inneres berühren. Es ist hilfreich, ganz bewusst verschiedene Rollen auszuprobieren, wenn wir unsere Maske ablegen, unsere ursprüngliche Schlichtheit wieder spüren wollen. Spielen hilft uns, zu erkennen, wer wir wirklich sind, und uns zu entwickeln. Im erotischen Spiel mit verschiedenen Rollen erfahren wir, wer sich hinter der Maske versteckt hält. Solche Spiele können komisch, lustig und ausgelassen sein oder auch raffiniert, herausfordernd und grenzüberschreitend. Und der spielerische Umgang mit Sexualität und Erotik bringt wieder frischen Wind in unsere Beziehungen ... und macht mehr Lust auf Liebe.

Rollenspiele in der Antike

Schon vor über 5000 Jahren fanden Menschen Gefallen an Verkleidung und am Spiel. Meistens wurde das im Zusammenhang mit religiösen Ritualen und Festen zelebriert.
Zu Ehren der Göttin Isis gab es in Ägypten ein ausgelassenes Fest und die Griechen huldigten dem Gott Dionysos. Die Freude an der Verkleidung und am spielerischen Ausdruck war ein typisches Merkmal des Dionysoskults. Daraus entwickelte sich Mitte des 6. Jahrhunderts das griechische Theater. Die Feste zu Ehren von Dionysos, des Gottes der Fruchtbarkeit und der Ekstase, waren besonders rauschhaft. Insgesamt wurden ihm zu Ehren drei Feste gefeiert: Das Frühlingsfest war relativ harmlos, hier wurden Lieder gesungen und Blumen gestreut. Im Herbst ging es schon viel wilder zu; Frauen kleideten sich in Tierfelle und zogen nachts wild schreiend mit Fackeln umher. Das griechische Theater ging jedoch aus dem Fest hervor, das im Winter stattfand

und bei dem hauptsächlich rituelle Tänze zu Ehren des Gottes Dionysos aufgeführt wurden.

Die Saturnalien

Die Saturnalien waren ein römisches Fest zu Ehren des Gottes Saturn. Die Feiern fanden ursprünglich nur am 17. Dezember statt, wurden dann aber bis Ende Dezember ausgedehnt. Der 17. Dezember war der Tag, an dem der Saturntempel auf dem Forum Romanum eingeweiht worden war.
Die Feiern begannen mit Opfern vor dem Tempel und einem öffentlichen Mahl, zu dem jeder eingeladen war. Das Besondere an diesem Fest war ein Rollentausch, der zu dieser Zeit stattfand. Bei diesem karnevalartigen Fest nahm man den Sklaven ihre Fußfesseln ab, die soziale Hierarchie wurde manchmal umgedreht und die Sklaven durften sich von ihren Herren bedienen lassen. Teilweise wurden sogar die Kleider getauscht, sodass man für einige Zeit in die Rolle des anderen schlüpfen konnte. Natürlich floss dabei der Wein in Strömen und man feierte wilde Orgien. Außerdem herrschte Redefreiheit und jeder musste sich Kritik gefallen lassen. Es sind wohl rechte Saufgelage gewesen, denn der Dichter Horaz (65–8 v. Chr.) berichtete, dass nüchtern Gebliebene auffielen, und Martial (40–104 n. Chr.) nennt das Fest »die feuchten Tage«. Sogar das normalerweise verbotene Würfelspiel wurde toleriert. Unter einem sogenannten »Saturnalienkönig«, der jedes Jahr neu gewählt wurde, pflegte man in gebildeten Kreisen geistreiche Konversation. Als Glücksbringer

schenkte man sich gegenseitig Öllämpchen und Tonfiguren. Auch in sexueller Hinsicht waren die Saturnalien ein Fest der Ausschweifungen und sicherlich trug das Rollenspiel dazu bei, dass Sexualität wieder neu entdeckt wurde.

Lupercalien

Der italienische Herdengott Faunus hatte den Beinamen Lupercus (der Wolfsabwehrer) und man hatte in einer heiligen Grotte ein Bild von ihm aufgestellt, auf dem er mit einem Ziegenfellumhang zu sehen war.
Angeblich war Romulus der Begründer der Lupercalien und man feierte sie am 15. Februar. Dieses Fest, das gefeiert wurde, wenn der Frühling näherrückte, sollte zur Reinigung und Vorbereitung des neuen Jahres dienen. Dieses Fest war ebenfalls sehr beliebt bei den Römern und man wollte damit Fruchtbarkeit und Wohlstand ins kommende Jahr einladen.
Zum Auftakt der Feier wurden junge Böcke geopfert und darauf folgte ein Opfermahl. Zwei Jünglinge von vornehmer Herkunft mussten mit einem blutigen Messer ihre Stirn berühren und anschließend wurde sie ihnen mit Milch wieder abgewischt. Die Priester kleideten sich anschließend in die Felle der geopferten Böcke – darunter waren sie völlig nackt – und liefen so durch die Stadt. Verheiratete Frauen stellten ihnen nach und ließen sich von ihnen mit einem Riemen in die Hand schlagen. Das sollte ihnen angeblich eine glückliche Ehe schenken.

Karneval und Fasching

Diese römischen und griechischen Verkleidungsfeste der Antike kann man durchaus als Vorläufer des europäischen Karnevals betrachten. Traditionell begann der Karneval in Europa im Januar, am Dreikönigstag. Das war zum einen eine Zeit, in der man sich auf den Frühling vorbereitete und die dunklen Geister des Winters mit Masken vertreiben wollte. Andererseits war es eine Zeit der Lebensfreude und Ausgelassenheit, mit der man sich vor der langen Fastenzeit noch etwas gönnen wollte. Am Aschermittwoch war es dann vorbei mit dem wilden Treiben und man bereitete sich auf eine Zeit der Enthaltsamkeit vor, die erst Ostern beendet war.

Im Mittelalter war es der Schembartlauf, der die Fastnacht populär machte und der bis 1539 Teil des Nürnberger Brauchtums blieb. Angeblich wurden die Nürnberger Metzger und Messerer (Hersteller von Messern) nach einem Handwerkeraufstand für ihre Treue zum Nürnberger Rat mit dem Privileg belohnt, an Fastnacht einen vermummten Tanz vorzuführen. Es muss sich dabei um eine Art Aufführung gehandelt haben, bei der die tanzenden Männer eine Kette bildeten. Doch anstatt sich an den Händen zu halten, hatten sie manchmal Wurstringe, Schwerter, Reifen oder Holzbögen als Bindeglieder. Reiter auf Pferdeattrappen begleiteten die Tänzer. Dieser Brauch wurde von der Nürnberger Jugend später zur fantasievollen Kostümierung und Selbstdarstellung genutzt. Die Schembartläufer machten sich lustig über die Nürnberger Obrigkeit und an diesen Tagen herrschte »Narrenfreiheit« in jeglicher Hinsicht.

Nachdem die Reformation die Fastenzeit abgeschafft hatte, war auch die ausschweifende Zeit des Feierns davor nicht mehr unbedingt nötig und viele alte Bräuche gerieten zunächst in Vergessenheit. Doch die Freude am Verkleiden und am orgiastischen Feiern setzte sich trotzdem durch. In Köln wurde 1823 der Karneval wieder gefeiert und bis heute finden in Deutschland Umzüge statt. In den Hochburgen des Karnevals Köln und Düsseldorf kann man die fantasievollsten Kostüme bewundern und es scheint so, als ob es dem Menschen wirklich ein Bedürfnis ist, in eine andere Rolle zu schlüpfen. Mit liebevoller Sorgfalt schneidern sie sich Kostüme und man sieht sogar ganze Gruppen von »Chinesen« oder »Sträflingen« durch die überfüllten Straßen ziehen.

Zu allen Zeiten scheint es Maskenfeste gegeben zu haben. In den Schlössern feierte man im Barock und Rokoko ausgelassene Feste, die an die italienische *Commedia dell' arte* erinnerten.

Karneval in Venedig

Der englische Reisende Joseph Addison beschrieb zu Beginn des 18. Jahrhunderts den venezianischen Karneval in seinen berühmten Reisebeschreibungen: »Vom Karneval in Venedig ist überall die Rede. Die größte Zerstreuung bietet zu dieser Zeit hier die Maskierung, wie übrigens auch zu anderen Festen. Die Venezianer – von Natur aus festlich gestimmt – lieben es, sich in die Massen und Vergnügungen derartiger Anlässe zu stürzen und dabei ihre Identität hinter Vermummungen zu verbergen. In der Tat sind sie ja vor die Notwendigkeit gestellt, Zerstreuungen ausfindig zu machen, die der Natur ihres Wohnortes entsprechen

und sie für die entgangenen Vergnügungen der Landbewohner entschädigen. Diese Verkleidungen eröffnen jede Gelegenheit für eine Unmenge an Liebesabenteuern, denn die Amouren von Venedig sind intrigenreicher als in irgendeinem anderen Land« (aus der Zeitschrift *Spectator* aus dem Jahr 1703).
Vor allem die Nordeuropäer waren fasziniert von dem geheimnisvollen Zauber Venedigs, dem Inbegriff von geheimnisvoller Verführung und Erotik. Die venezianischen Kurtisanen hatten den Ruf, besondere sexuelle Fähigkeiten zu besitzen und bereits im 16. Jahrhundert erschienen gedruckte Kataloge mit den Beschreibungen und Adressen der teuersten Prostituierten. Das Venedig-Bild des 18. Jahrhunderts, das Addison gleichsam einleitet, ist gänzlich von erotischen Erwartungen durchzogen. Wilhelm Heinse, mit seinem Roman *Ardinghello und die glückseligen Inseln* Begründer des ästhetischen Immoralismus in Deutschland, beschreibt in seinem italienischen Tagebuch, dass die Venezianerinnen reizende Geschöpfe und ganz zur Wollust gemacht seien ... Sobald sie nur einen Jüngling ansähen, könne man ein wollüstiges Lächeln um ihren Mund herum erkennen, als ob man sie schon vor dem Bett halb entkleidet vor sich habe. Alles diene bei ihnen dem Hauptzweck, der Wollust. Sogar ihre Gondeln böten die vollkommenste Lage zum bequemsten Genuss: ein weiches Polster für den Hintern und zwei Bänke daneben, um die Beine darauf zu legen. Jeder Ruck des Gondelführers mit dem Ruder sei ein Wolluststoß.
Die wunderschön verzierten Masken, für die der Karneval in Venedig bekannt wurde, machten es leicht, sich dahinter zu verstecken und die geheimsten Wünsche unerkannt auszuleben.

Maskierung und Rollenspiele

Masken werden seit Urzeiten in Theater und Kunst, aber auch zu religiösen und rituellen Zwecken getragen und durch Verkleidung beziehungsweise Kostüme ergänzt. Masken werden aufgesetzt und erleichtern es, in eine andere Rolle hineinzufinden oder zumindest die eigene Identität zu verschleiern. Sie wurden aus Holz, Leder, Ton, Tuch oder Kunststoff gefertigt.
Im antiken griechischen Theater benutzten die Schauspieler typisierte Masken, damit es ihnen leichter fiel, ihren rollenspezifischen Gefühlen Ausdruck zu verleihen. In der *Commedia dell' arte* sind die bekanntesten Maskentypen die des Harlekins und des Bajazzos. Im japanischen und im chinesischen Theater gibt es ebenfalls Masken. Mit Schminke wirkt das Gesicht allerdings ebenfalls maskenhaft.
Da Masken eine Person quasi »unsichtbar« machen, hat es oft etwas Unheimliches, jemandem gegenüberzustehen, der maskiert ist. Sind die Gesichtszüge eines Menschen nicht zu erkennen, so wirkt das beängstigend. Diese Tatsache erhöht auch bei erotischen Rollenspielen die Spannung. Und man weiß ja, wer sich hinter der Maske verbirgt.
Es gibt eine Vielzahl von Rollenspielen. Grundsätzlich kann man allerdings zwischen zwei unterschiedlichen Arten unterscheiden: Manche Rollenspiele haben feste Regeln und in manchen wird spontan improvisiert. Diese beiden Spielarten sind natürlich auch miteinander kombinierbar.

Praxis

Freie Rollenspiele

Vor allem Kinder lieben diese Art der spontanen Rollenspiele. Sie haben den Mut, sich auch ungewohnten Situationen zu stellen und empfinden Vergnügen daran, sich völlig auf eine neue Rolle einzulassen und zur Rolle zu werden. Freie Rollenspiele werden von den Teilnehmern während des Spiels spontan mit Fantasie frei gestaltet. Die Vereinbarungen lassen viel Spielraum für eigene Improvisationen. Natürlich können Sie hierbei auch Requisiten und Spielzeuge verwenden. Ein Polizist braucht eine Uniform und eine Krankenschwester kann ihre Arbeit nicht ohne Häubchen machen. Und Bauarbeiter, Feuerwehrmänner und Klempner müssen ebenfalls entsprechend ausgestattet sein und über das nötige Werkzeug verfügen. Das Know-how für ihre Tätigkeit können sie dann vor Ort unter Beweis stellen. Wichtig ist vor allem, dass Sie die richtigen Rahmenbedingungen schaffen (wie im Folgenden beschrieben), um sich in der Rolle zu Hause zu fühlen ... und dann einfach ein bisschen experimentieren. Es soll Spaß machen, sich zu verkleiden und einfach zu spielen.

Inszenierte Rollenspiele

In diesen Rollenspielen halten sich die Spieler an die Spielregeln und legen im Voraus Handlungsabläufe

und Charaktere fest. Hier benötigen Sie ebenfalls Requisiten und Sie sollten sich, bevor das Spiel beginnt, über den Ablauf des Rollenspiels absprechen … gegebenenfalls ein kleines Drehbuch schreiben. Sie können dabei verschiedene Eigenschaften festlegen, die Sie Ihren Rollen geben möchten. Wer ist aktiver? Zu welchen sexuellen Handlungen darf es kommen? Wie sieht der genaue Handlungsablauf aus?
Sie dürfen sich ruhig ein nahezu fantastisches Abenteuer ausdenken: Sie werden von Ihrem Partner in einem Raumschiff gekidnappt und sollen den Außerirdischen als Sklavin zu Diensten sein … Oder Sie sind Kleopatra und Ihr neuer Diener muss heute sein Können unter Beweis stellen. Solche Rollenspiele dürfen auch komisch sein, wobei man sie dennoch ernst nehmen und versuchen sollte, die Spielregeln einzuhalten. Legen Sie gemeinsam fest, wie die beiden Charaktere beschaffen sein sollten, was erlaubt ist und wo Ihre Grenzen liegen.
So darf der junge Diener Kleopatra vielleicht ansehen, aber niemals berühren, es sei denn, es wird von ihr ausdrücklich gewünscht. Er darf zwar sprechen, hat aber beim Sex seinen Mund zu halten und muss prinzipiell warten, bis er gefragt wird. Kleopatra dagegen ist herrisch, sie sagt, wohin die Reise geht. Sie darf das Spiel beenden, wann immer ihr danach ist.

Praxis

Und wenn Sie dem Außerirdischen gegenüberstehen, dürfen Sie vielleicht neugierig sein und Fragen stellen, aber Sie sind die ganze Zeit nackt, während er bekleidet ist. Sie dürfen nichts berühren, denn schließlich befinden Sie sich in einem futuristischen Raumschiff und da geht leicht mal was kaputt. Er darf Sie in verschiedene Positionen bringen, in denen Sie eine Weile verharren müssen, bevor Sie sich wieder bewegen dürfen. Sie müssen ihm erzählen, wie die Erdenbewohner Sex machen, und ihm dann zum Beispiel zeigen, wie eine Frau sich selbst befriedigt und wie sie das mit ihrem Partner macht. Sie dürfen dann unterschiedliche Sexpraktiken an ihm demonstrieren.

EROTIK-TEST: WELCHE ROLLE PASST ZU MIR?

Der nachfolgende Test soll Ihnen, liebe Frauen, helfen, mehr über Ihre erotischen Vorlieben herauszufinden und besser einschätzen zu können, wie Sie mit der Entdeckung des sinnlichen Spiels beginnen können. Wenn Sie den Test ausgewertet haben, können Sie sich gleich mit den nachfolgenden Rollenspielen vertraut machen. Nehmen Sie sich aber jetzt zuerst ein wenig Zeit für die Fragen und machen Sie es sich mit einem Glas Wein oder einer Tasse Tee gemütlich. Manchen Antworten sind natürlich mit einem Augenzwinkern gemeint ... Genießen Sie Ihre Fantasien, die sich bei der Auswertung dieses Fragebogens einstellen werden. Es macht außerdem Freude, den Partner anschließend zu befragen und neue Ideen miteinander auszutauschen und auszuprobieren. Viel Spaß beim Beantworten der Fragen!

1. *Erinnern Sie sich an ein schönes Liebeserlebnis. Stellen Sie es sich noch einmal in allen Einzelheiten vor. Was hat Ihnen daran besonders gut gefallen?*

a) Wir waren in der Öffentlichkeit und es bestand die süße Gefahr, dabei beobachtet zu werden.
b) Mein Partner war besonders liebevoll und hat mich stundenlang massiert.
c) Wow! Ich hatte das Gefühl, total abzuheben.
d) Ich wusste nicht, dass spitze Stiefel so sexy sein können.

a = 10 Punkte, b = 5 Punkte, c = 20 Punkte, d = 15 Punkte

2. *Welches ist Ihr erotisches Lieblingsspielzeug? Welches würden Sie gern einmal ausprobieren?*

a) Mit Liebeskugeln in der Disko tanzen
b) Mich mit einem wasserdichten Dildo in die Badewanne legen
c) Heißes Wachs auf meinem Körper trocknen lassen
d) Kenne ich alles schon. Was gibt es sonst noch?

a = 10 Punkte, b = 5 Punkte, c = 15 Punkte, d = 20 Punkte

3. *Welches Kostüm würden Sie für ein Maskenfest auswählen?*

a) Ich wäre gern ein Pirat, der alles im Griff hat.
b) Eine Hexe, die alle verzaubern kann
c) Ich hasse es, mich zu verkleiden, und setze mir nur pro forma eine Perücke auf.
d) Ich würde ein witziges Fantasiekostüm auswählen, das von allen bewundert wird.

a = 15 Punkte, b = 20 Punkte, c = 5 Punkte, d = 10 Punkte

4. *Ihr Partner lädt Sie zu einem sinnlichen Wochenende Ihrer Wahl ein, wohin würden Sie am liebsten fahren?*
a) In ein schickes Hotel am Central Park in New York
b) In ein romantisches Hotel auf Ibiza, mit Blick auf die quirlige Altstadt
c) In eine gemütliche Pension im Allgäu, mit frischem Käse zum Frühstück
d) Zum Zelten nach Frankreich, mit Wildwasserkanu-Fahrt
a = 15 Punkte, b = 10 Punkte, c = 5 Punkte, d = 20 Punkte

5. *Wie zeigen Sie Ihrem Partner, dass Sie Lust auf ihn haben?*
a) Ich schalte den Fernseher aus und bestehe darauf, dass ich spannender bin als der Krimi.
b) Ich koche unsere Lieblings-Pasta und bitte ihn anschließend, mir eine Nackenmassage zu geben.
c) Ein kurzes Augenzwinkern genügt und er weiß, dass ich scharf bin.
d) Ich kleide mich besonders sexy und lasse meine Hand zwischen seine Beine gleiten.
a = 15 Punkte, b = 5 Punkte, c = 20 Punkte, d = 10 Punkte

6. *Welcher Teil des Körpers erregt Sie an einem potenziellen Liebespartner am meisten?*
a) Tiefgründige Augen, die mir in die Seele schauen können
b) Zarte Hände, die einfühlsam über meinen Körper streicheln
c) Kräftige Arme, die richtig zupacken können
d) Ein knackiger Hintern zum Anbeißen
a = 20 Punkte, b = 5 Punkte, c = 10 Punkte, d = 15 Punkte

7. Welches Geburtstagsgeschenk würde Sie am meisten erfreuen?

a) Eine ayurvedische Öl-Massage

b) Ein Besuch in einem Swinger-Club

c) Ein paar rote Bondage-Seile mit Gebrauchsanleitung

d) Ein Tantra-Kurs mit meinem Liebsten

a = 5 Punkte, b = 10 Punkte, c = 15 Punkte, d = 20 Punkte

8. Welche Eigenschaften wirken aphrodisierend auf Sie?

a) Ich mag es, wenn jemand weiß, was er will und wie man es bekommt.

b) Am wichtigsten finde ich es, dass ich mit meinem Partner über alles sprechen kann.

c) Ich stehe auf gesellige Typen, die auf jeder Party im Mittelpunkt stehen.

d) Feinfühligkeit! Ich mag Menschen, die mir die Wünsche von den Augen ablesen können.

a = 15 Punkte, b = 20 Punkte, c = 10 Punkte, d = 5 Punkte

9. Welcher Buchtitel würde Sie neugierig machen?

a) Ein Fest der Sinne

b) Die Tigerfrau

c) Lust auf Liebe

d) Der erotische Maskenball

a = 5 Punkte, b = 15 Punkte, c = 20 Punkte, d = 10 Punkte

10. Wie schlafen Sie nach einer Liebesnacht am liebsten ein?

a) Wenn der Sex zu Ende ist, will ich meine Ruhe haben – am liebsten allein.

b) Ich mag es, wenn mich starke Arme von hinten umfassen.
c) Ineinander verschlungen, damit wir gemeinsam träumen
d) Nur unsere Füße berühren sich.

a = 15 Punkte, b = 5 Punkte, c = 20 Punkte, d = 10 Punkte

11. Was törnt Sie beim Sex am meisten ab?

a) Wenn mein Partner nicht rasiert ist
b) Pornos! Schließlich will ich das Objekt der Begierde sein.
c) Ein guter Freund ist ein schlechter Liebhaber.
d) Der gleiche Ort zur gleichen Zeit

a = 5 Punkte, b = 15 Punkte, c = 20 Punkte, d = 10 Punkte

12. Wenn Sie einem Außerirdischen Sex erklären müssten, welche Definition würde am ehesten zutreffen?

a) Ein lustvoller Austausch zwischen mindestens zwei Körpern
b) Ein Kampf der Giganten
c) Romantische Sehnsucht, die zum Ausdruck gebracht werden möchte
d) Ein grenzenloses Abenteuer zwischen Liebenden

a = 10 Punkte, b = 15 Punkte, c = 5 Punkte, d = 20 Punkte

13. Wenn die Zeitschrift Schöner Wohnen Ihr Schlafzimmer kostenlos und ganz nach Ihren Wünschen neu gestalten würde, wie sollte es dann aussehen?

a) Ich hätte gern ein schmiedeeisernes Himmelbett, an dem man gut Fesseln befestigen kann …
b) Ein orientalisches Ambiente fände ich schön, mit vielen bunten Kissen und goldenen Vorhängen.

c) Mir ist vor allem ein großes Wasserbett wichtig, auf dem viel Platz ist für wilde Spiele.
d) Ich stelle mir einen luftigen Raum vor, der gemütlich eingerichtet ist, mit vielen Blumen und Holzmöbeln.
a = 15 Punkte, b = 5 Punkte, c = 20 Punkte, d = 10 Punkte

14. Welche erotische Fantasie würden Sie gern einmal nachspielen?
a) Ich bin in einem orientalischen Harem und lasse mich von meinem Lieblingssklaven rundum verwöhnen.
b) Ich treffe mich mit meinem Liebsten in einer Bar und wir tun so, als ob wir uns nicht kennen, und landen dann zusammen im Bett.
c) Mein Liebespartner tut so, als ob er/sie ein Callboy/Callgirl wäre und mich besucht.
d) Auf einem Fest werden allen Männern die Augen verbunden und die Frauen dürfen mit ihnen machen, was sie wollen.
a = 5 Punkte, b = 20 Punkte, c = 15 Punkte, d = 10 Punkte

15. Ihr Liebster schlägt Ihnen einen erotischen Abend mit einem anderen Paar vor. Wie verhalten Sie sich?
a) Die Vorstellung erregt mich sehr und ich suche mir auf einer Kontakt-Homepage gleich was Leckeres aus.
b) Kommt nicht in Frage! Dazu bin ich zu eifersüchtig.
c) Prinzipiell bin ich dafür offen, aber es sollte sich spontan ergeben aus einem lockeren Abend mit guten Freunden.
d) Zumindest in der Fantasie würde ich diese Vorstellung gern mal ausleben.
a = 10 Punkte, b = 15 Punkte, c = 5 Punkte, d = 20 Punkte

16. *Aschenputtel geht heimlich in ihren goldenen Schuhen zu einem Tanz. Um Mitternacht verlässt sie fluchtartig den Palast des Königs, und als sie die Treppe hinabläuft, verliert sie einen Schuh. Wie sollte die Geschichte Ihrer Meinung nach weitergehen?*

a) Der Prinz ist so erbost darüber, dass sie so schnell verschwunden ist, dass er sie zwingt, den ganzen nächsten Abend auf High Heels zu tanzen ... und immer wenn sie stolpert, muss Aschenputtel ein Kleidungsstück ablegen.

b) Aschenputtel überlegt es sich anders und kehrt um. Sie flirtet heftig mit dem Prinzen und lässt sich abends von ihm mit wundervoll duftendem Rosenöl massieren. So eine gute Partie lässt sie sich nicht entgehen.

c) Aschenputtels Freundinnen verraten dem Prinzen ihre Schuhgröße und er überrascht seine Angebetete mit weißen Satin-Hochzeitsschuhen, die mit einem riesigen Diamanten besetzt sind.

d) Aschenputtel ist eigentlich eher scharf auf die Schwester des Prinzen und vernascht sie im Garten hinter der Rosenhecke, während der Prinz laut rufend nach ihr sucht.

a = 15 Punkte, b = 5 Punkte, c = 20 Punkte, d = 10 Punkte

17. *An welchem Ort macht Ihnen Sex am meisten Spaß?*

a) Unter freiem Himmel am Gipfelkreuz des Matterhorns

b) In einem Taxi in Paris, unter den Blicken des afrikanischen Fahrers

c) Im Kellergewölbe einer Burgruine

d) Auf der Matratze in einer Luxusherberge

a = 20 Punkte, b = 10 Punkte, c = 15 Punkte, d = 5 Punkte

18. Sie erinnern sich sicherlich an die berühmte Szene mit Humphrey Bogart und Ingrid Bergman in den Film Casablanca. Hier sagt Bogart den berühmten Satz: »Ich seh dir in die Augen, Kleines!« Wie könnte der Film Ihrer Meinung nach jetzt weitergehen?

a) Ingrid Bergman hat keine Lust mehr, angeschaut zu werden, und verbindet Humphrey Bogart die Augen.
b) Sie setzt sich eine Brille auf, um ihn besser sehen zu können.
c) Die beiden schauen sich so verliebt in die Augen, dass sie die Welt um sich herum ganz vergessen. (Käme jetzt ein LKW um die Ecke gesaust, sie würden ihn bestimmt nicht sehen.)
d) Ingrid errötet und sagt: »Nicht jetzt, ich muss erst noch meinen Eyeliner nachziehen.«

a = 15 Punkte, b = 10 Punkte, c = 20 Punkte, d = 5 Punkte

19. Wie essen Sie Oliven am liebsten?

a) In einem gut geschüttelten Martini
b) Mit den Fingern von der griechischen Vorspeisenplatte
c) Vom Körper meines Liebespartners
d) Gar nicht! Ich hasse Oliven.

a = 5 Punkte, b = 10 Punkte, c = 20 Punkte, d = 15 Punkte

20. Welches Buch würden Sie dem Partner gern vor dem Einschlafen vorlesen?

a) Märchen aus Tausendundeiner Nacht
b) Das Kamasutra
c) Der kleine Prinz
d) Die Geschichte der O.

a = 5 Punkte, b = 20 Punkte, c = 10 Punkte, d = 15 Punkte

Auswertung:

100 bis 175 Punkte: Sie genießen das Leben. Lesen Sie weiter unter »Rollenspiele für Genießer«, Seite 236 ff.

175 bis 250 Punkte: Sie sind ein verspielter Typ. Lesen Sie weiter unter »Inszenierungen für verspielte Paare«, Seite 246 ff.

250 bis 325 Punkte: Sie sind ein leidenschaftlicher Typ. Lesen Sie weiter unter »Spielideen für leidenschaftliche Menschen«, Seite 253 ff.

325 bis 400 Punkte: Sie sind ein ekstatischer Mensch. Lesen Sie weiter unter »Spiele für ekstatische Menschen«, Seite 260 ff.

Rollenspiele für Genießer

Praxis

Sie lieben es, sich verwöhnen zu lassen, und Sie sind den sinnlichen Verführungen des Lebens nicht abgeneigt. Zärtliche Berührungen gefallen Ihnen ebenso gut wie aufregende Gaumenfreuden. Ein Luxusdinner in einem teuren Restaurant erfreut Ihr Herz, aber noch schöner finden Sie es, wenn Ihr Liebster den Kochlöffel schwingt. Aber natürlich nur, um damit die Suppe umzurühren. Ihnen gefallen alle Spiele, bei denen es sanft zugeht und bei denen Sie sich fallen lassen können und sich wohlfühlen.

1. Spiel: Ihr ganz persönlicher Butler

Stellen Sie sich vor, dass Sie gerade eine Luxusreise nach Thailand gebucht haben und in einem Fünf-Sterne-Palast gelandet sind. Bereits beim Check-In nimmt Ihr Butler Sie in Empfang und zeigt Ihnen Ihr Zimmer. Er erklärt Ihnen genau die einzelnen Funktionen Ihrer Hightech-Luxussuite. Er ist ein Allround-Talent und wird Sie in den nächsten Tagen total verwöhnen. Er kann nicht nur wundervoll massieren ... Vielleicht möchten Sie nach dem anstrengenden Flug zunächst mal ein entspannendes Blütenbad nehmen? Ihr persönlicher Wellness-Experte wird es für Sie vorbereiten. Lassen Sie sich beim Entkleiden helfen und

steigen Sie dann mit seiner Hilfe in die Wanne. Schließen Sie die Augen und träumen Sie von seinen einfühlsamen Händen, die Sie gleich auf Ihrem Körper spüren werden. Er wird Ihnen ein flauschiges Handtuch reichen und Sie damit abtrocknen. Inzwischen hat er schon alles für eine entspannende Massage vorbereitet. Ein duftendes Körperöl steht bereit und Sie dürfen es sich auf einem Handtuch bequem machen.
Sagen Sie ihm genau, was Sie sich wünschen. Welche Körperstellen soll er besonders intensiv massieren und wo möchten Sie nicht berührt werden? Eher mit mehr oder mit weniger Druck? Sie sind die Kundin und Sie wünschen sich, wonach immer es Sie gelüstet. Ihr Masseur wird sein Bestes geben und sein Können unter Beweis stellen. Immerhin hofft er auf ein gutes Trinkgeld. Sie dürfen ihm natürlich durchaus zeigen, dass Ihnen seine Massage gefällt, und auch seine Hände mal an bestimmte Körperregionen dirigieren, die sich besonders von ihm angesprochen fühlen. Lassen Sie es sich gut gehen.
Wie weit er dabei gehen darf, das bleibt allein Ihnen überlassen. Ist Ihnen heute nach einer reinen Entspannungsmassage, dann muss er das respektieren. Aber vielleicht genügt Ihnen das nicht und Sie möchten auch im Intimbereich massiert werden. Sie können

Ihrem Butler natürlich auch grünes Licht geben und es ihm überlassen, für Ihr Wohlbefinden zu sorgen …

Was Sie bei diesem Spiel beachten sollten:
Es ist besonders spannend, wenn Sie dieses Spiel an einem Wochenende in einem Luxushotel machen. Nichts gegen die eigenen vier Wände, aber das Ambiente eines eleganten Hotels wird einen ganz besonderen Reiz auf Ihr Rollenspiel und auf Ihr Liebesleben ausüben. Je realistischer Sie sich in diese beiden Rollen hineinversetzen, desto aufregender wird es.

2. Spiel: In einem japanischen Teehaus

Bei diesem Spiel kommt vor allem der Mann auf seine Kosten. Stellen Sie sich vor, Sie sind eine Geisha in einem japanischen Teehaus und erwarten einen neuen Gast, der sich bei Ihnen Erholung und Entspannung wünscht. Sie dürfen sich in einen Kimono hüllen und auch die Wohnung ein wenig puristisch gestalten. Ist Ihre Wohnung voll mit antiken Möbeln und erinnert sie Sie nicht im Entferntesten an ein japanisches Teehaus? Dann lassen Sie sich für einen Tag und eine Nacht den Schlüssel für das Appartement Ihrer besten Freundin geben. Vielleicht ist sie öfter mal auf Geschäftsreise und stellt Ihnen ihre Wohnung gern mal zur Verfügung. Es ist immer spannend,

wenn man Sex auch mal in einer anderen Umgebung hat, denn hier fühlt und verhält man sich anders. Geben Sie Ihrem Liebsten die neue Adresse zum Beispiel per SMS und bitten Sie ihn, zu einer bestimmten Zeit am angegebenen Ort zu sein. Stellen Sie einen Kirschblütenzweig in die Wohnung; falls das nicht der Jahreszeit entspricht, kann es auch ein Ikebana-Gesteck sein. Stecken Sie sich die Haare hoch oder setzen Sie sich eine Perücke auf. Wenn sich Ihr Aussehen verändert hat, werden Sie sich anders bewegen und die Erotik wird einen neuen Kick bekommen.

Praxis

Sex kann ein Teil des Spiels sein, das ist aber nicht zwingend notwendig.
Begrüßen Sie Ihren Gast mit einer Verbeugung und geleiten Sie ihn in die Wohnung. Bitten Sie ihn, auf dem Sofa oder auf einem Stuhl Platz zu nehmen und servieren Sie ihm zur Begrüßung eine Tasse Tee. Hierbei reichen Sie ihm allerdings nicht einfach eine Henkeltasse mit der Aufforderung »Hier, trink!«, Sie gestalten diese einfache Tätigkeit zu einem aufwändigen Ritual. Er wird Ihnen dabei zusehen, wie Sie den Tee in eine Kanne geben und mit heißem Wasser überbrühen. Sie müssen dafür nicht unbedingt einen Kurs besucht haben, in dem Sie die Teezeremonie erlernt haben. Lassen Sie Ihrer Fantasie einfach freien Lauf. – Stellen Sie sich vor, dass Sie dieser einfachen Tätigkeit Ihre volle Aufmerksamkeit widmen. Er wird sich dann schon beim Zusehen darauf freuen, wie es sein wird, wenn Sie ihm danach Ihre volle Aufmerksamkeit schenken. Und überreichen Sie ihm die Teeschale erst, wenn sie ein wenig abgekühlt ist. Er soll sich natürlich nicht den Mund verbrennen.
Während er an seinem Tee nippt, dürfen Sie schon den nächsten Akt des Spiels vorbereiten: eine rituelle Fußmassage. In eine Schüssel aus Keramik – zur Not tut es auch eine aus Plastik – füllen Sie warmes Wasser und geben ein wenig Duftöl hinzu. Er darf sich

ruhig noch an seinem Tee erfreuen, während Sie sich vor ihn knien und seine Schuhe und Strümpfe ausziehen. Langsam heben Sie einen Fuß in die Waschschale und beginnen ihn im Wasser zu massieren. Dehnen Sie ihn behutsam in alle Richtungen, drehen Sie die Zehen ein wenig in den Gelenken und drücken Sie die Stellen, die Ihnen verhärtet erscheinen. Massieren Sie seine Fußsohle und streichen Sie zärtlich darüber. Wenn ein Fuß gewaschen und ausreichend verwöhnt wurde, heben Sie ihn langsam aus dem Wasser und wickeln ihn in ein warmes Handtuch. Stellen Sie ihn neben der Schüssel ab und wenden Sie sich dem anderen Fuß zu.
Sie sollten während dieses Rituals nicht sprechen, vielleicht haben Sie vorher eine sanfte Meditationsmusik – zum Beispiel japanische Flötenmusik – eingelegt, die leise im Hintergrund läuft. Cremen Sie seine Füße anschließend mit einer Körperlotion ein und bitten Sie ihn dann, sich zu entkleiden, damit Sie seinen ganzen Körper verwöhnen können …

Was Sie bei diesem Spiel beachten sollten:
Hier kommt es vor allem darauf an, das Ambiente sehr reizarm und japanisch zu gestalten. Ein Kimono und eine Perücke sind wichtige Verkleidungsutensilien. Sprechen Sie nicht und halten Sie höflich Distanz.

Praxis

3. Spiel: Wieder ganz klein sein ...

Hierbei handelt es sich um eine etwas ungewöhnliche Spielvariante, die aber sehr interessant und auch entspannend sein kann. Stellen Sie sich vor, dass Sie ein Säugling sind und nur durch Babysprache kommunizieren können. Sie werden gewaschen, gepudert und gewickelt. Natürlich bekommen Sie einen Schnuller und müssen gefüttert werden. Vor allem das Füttern nimmt einen großen Teil des Spiels ein, denn Babys sind sehr oral fixiert. Entweder Sie saugen an der Brust oder es gibt Brei. Eine Vorstellung, die Sie eher befremdlich und unerotisch finden?

In diesem Rollenspiel steht die Sexualität nicht im Vordergrund, es geht vielmehr darum, die Verantwortung abzugeben, sich fallen zu lassen. Sie haben noch nicht einmal die Möglichkeit, mit Worten zu kommunizieren. Probieren Sie einfach mal aus, wie es sich anfühlt, wenn man sich so bedingungslos hingibt und das Leben wieder so einfach geworden ist.

Zu empfehlen ist dieses Rollenspiel vor allem, wenn einer der Liebespartner beruflich sehr eingespannt ist und das Paar gar keinen oder nur noch selten Sex hat. Es kann eine sehr beruhigende und wohltuende Erfahrung sein, sich dem anderen so ganz zu überlassen und zärtliche Berührung zu genießen, ohne jegliche Erwartung. Für dieses Rollenspiel sollten Sie sich viel Zeit nehmen, mindestens aber einen halben Tag. Dann kommen Sie erst richtig bei sich an und können in einen Zustand völliger Erwartungslosigkeit eintauchen und eine tiefe Erfahrung machen, die über die Sexualität weit hinausgeht.

Was Sie bei diesem Spiel beachten sollten:
Dieses Spiel ist als Erfahrung gedacht, die jenseits von Sexualität liegt und trotzdem sehr intensiv wahrgenommen werden kann. Sie können sich auf frühkindliche Gefühle einlassen und es muss gewährleistet sein, dass der Partner angemessen damit umgeht.

4. Spiel: Ein erotischer Strip

Wenn Sie den Anblick eines tanzenden nackten oder halbnackten Körpers lieben, ist dieses Spiel das richtige für Sie. Stellen Sie sich vor, dass Sie in einer Bar sitzen. Sie machen es sich bequem, bestellen einen Drink, der Ihnen von Ihrem Partner serviert wird. Dann geht es zur Sache!

Wenn Sie einen Damenstrip hinlegen, sollten Sie sich sehr langsam zu einer Musik bewegen, die Ihnen gefällt. Vielleicht kommen Sie schon so in den Raum. Da Sie wahrscheinlich keinen StripPole (Stange, an der man tanzt) im Wohnzimmer haben, müssen Sie ein wenig improvisieren. Sie stehen zuerst einmal mit

Praxis

leicht geöffneten Beinen vor Ihrem Partner und bewegen das Becken lasziv nach vorn und zurück, nach rechts und nach links. Streichen Sie mit den Händen einladend über Ihre Hüften ... und dann über Ihren ganzen Körper. Kreisen Sie mit den Hüften und stellen Sie sich dabei vor, wie er Sie jetzt am liebsten überall berühren würde. Sehen Sie Ihren Partner an und flirten Sie mit den Augen. »Nimm mich!« und »Ich bin nur für dich da!«, wollen Sie sagen.
Haben Sie sich ein wenig warm getanzt, dann dürfen Sie langsam damit beginnen, ein Kleidungsstück nach dem anderen auszuziehen. Aber wirklich: Langsam! Am besten fangen Sie mit dem Rock an. Winden Sie sich wie eine Schlange aus ihm heraus und lassen Sie ihn dann lässig zu Boden fallen. Und dann mit einem Fuß wegkicken. (Es würde wenig sexy aussehen, wenn Sie gleich drüberstolpern. Es sei denn, Sie fallen dann direkt in seine Arme.) Lassen Sie sich Zeit mit dem Ausziehen und tanzen Sie zwischendurch immer wieder. Entledigen Sie sich so langsam Ihrer Bluse oder Ihres Tops und versuchen Sie dabei Blickkontakt zu halten. Es sind vor allem die Augen ... das Versprechen, das in ihnen liegt, wirkt verlockend. Es versteht sich von selbst, dass Sie aufreizende Unterwäsche tragen. Es sei denn, Sie mögen es ganz natürlich, Strapse stehen Ihnen nicht oder er mag

keine Reizwäsche. Haben Sie dennoch ein wenig Mut bei der Auswahl der Dessous. Ihren BH öffnen Sie sehr langsam – oder vielleicht darf er ihn öffnen – und werfen ihn Ihrem Liebsten zu. Setzen Sie sich auf seinen Schoß und reiben Sie Ihre Brüste an ihm. Fummeln Sie ein wenig an ihm rum ... er darf Sie natürlich nicht berühren. Das sind die Spielregeln! Erheben Sie sich wieder und schlüpfen Sie aus Ihrem Höschen. Das ist natürlich ein ganz besonderer Moment, der sollte vorher einige Male geübt werden. Wie Sie Ihren nackten Körper jetzt einsetzen, das bleibt ganz Ihrer Fantasie überlassen ...

Was Sie bei diesem Spiel beachten sollten:
Sie sollten diesen Strip am besten einige Male vor dem Spiegel üben, damit die Bewegungen auch richtig sitzen. Es gibt sogar Strip-Kurse, in denen Sie Striptease lernen können. Wenn Sie exhibitionistisch veranlagt sind und leidenschaftlich gern tanzen, wäre das doch eine gute Investition in Ihr Sexleben. Bei der Auswahl der Kleider sollten Sie darauf achten, dass nicht zu viele Knöpfe und Reißverschlüsse zu öffnen sind. Immerhin soll es so aussehen, als ob Sie Ihre Hüllen ganz leicht und problemlos fallen lassen.

Inszenierungen für verspielte Paare

Praxis

Sie haben einen etwas skurrilen Humor und lieben es, sich zu verkleiden. Es fällt Ihnen leicht, in die verschiedensten Rollen zu schlüpfen, denn Sie haben Lust am Spiel. Ihre Fantasie ist grenzenlos, wenn es darum geht, sich neue Szenarien der Lust auszudenken. Rollenspiele liegen Ihnen, denn Sie haben sich Ihre kindliche Neugier bewahrt, und Sie lieben es auch, beim Sex miteinander Spaß zu haben und zu spielen. Es sollte aber nicht allzu ernsthaft sein und Humor steht bei Ihnen immer im Vordergrund. Bei Ihnen darf im Bett gelacht werden.

1. Spiel: Grüße von Graf Dracula

Stellen Sie sich vor, Sie sind eine unschuldige Jungfrau und liegen schlafend im Bett … und Ihr Liebster kommt, als Vampir verkleidet, in der Nacht zu Ihnen und verführt Sie. Bei dieser Inszenierung ist die Verkleidung des Vampirs besonders wichtig: Schwarzer Umhang und Dracula-Zähne sind ein absolutes Muss. Leise schleicht sich der Vampir ins Zimmer, in dem höchstens eine Kerze brennen darf. Behutsam streicht er über Ihren Hals und bedeckt ihn mit sanften Küssen, bevor er herzhaft hineinbeißt.
Wie fühlt es sich an, einem gierigen Ungeheuer aus-

geliefert zu sein? Sich so schamlos am Hals der Geliebten zu bedienen? Versuchen Sie ein Gespür für diese Rollen zu entwickeln. Es ist eine Fantasie-Geschichte und Sie dürfen sich auch überlegen, welche Fähigkeiten dieser Jungfrau zur Verfügung stehen, um sich zu wehren. Vielleicht ist es keine normale Frau, sondern eine mit besonderen Fähigkeiten. Vielleicht besitzt sie einen magischen Zauberstab und kann den Vampir lähmen und sich befreien. Oder sie ist wirklich ein hilfloses Opfer und genießt diese Rolle. Lassen Sie sich gern beißen? Manche Menschen stehen total darauf. Es muss ja nicht sehr fest sein. Vielleicht möchte der Graf Sie anschließend entführen, mit auf sein Schloss nehmen und Sie seiner Gefolgschaft vorführen. Putzen Sie sich mit einem passenden Gothic-Kleid heraus und wundern Sie sich nicht, wenn im großen Spiegel nur Ihr Spiegelbild zu sehen ist ...

Was Sie bei diesem Spiel beachten sollten:
Hier ist es vor allem die witzige Idee, die Ihnen Freude machen wird. Sie dürfen ruhig auch ein wenig theatralisch sein und leicht aufschreien, wenn Sie von dem Grafen geweckt werden. Ein etwas unheimliches Ambiente wird seine Wirkung auf keinen Fall verfehlen.

Praxis

2. Spiel: Die unschuldige Nymphe

Pan ist der griechische Gott des Waldes und der Natur. Er beschützt die Hirten und die Herde. Sein Oberkörper ist der eines Menschen, sein Unterkörper der einer Ziege. Meistens spielt er die Flöte und tanzt dazu. Er ist ein wollüstiges Wesen und wird oft von Nymphen und Satyrn begleitet. Nymphen sind zarte Naturgeister, die mit Jungfräulichkeit in Verbindung gebracht und in der Malerei oft nackt und jung dargestellt werden. Diese Inszenierung lässt sich gut in den Wald verlegen, und es draußen zu spielen gibt diesem Spiel einen zusätzlichen Kick.

Suchen Sie sich eine lauschige Lichtung. Natürlich erhöht es den Reiz, wenn Sie davon ausgehen, dass Sie eventuell bei Ihrem Liebesspiel »erwischt« werden könnten. Die Nymphe ist nackt, Pan darf die Hose anbehalten. Pan ist herrisch, sehr gierig und er lässt sich gern von Frauen verwöhnen. Nymphen sind sexuell relativ unschuldig und unerfahren und deshalb brauchen sie genaue Anleitungen, was sie zu tun haben. Vielleicht möchte Pan, dass die Nymphe nackt zu seiner Musik tanzt, oder er will ihren Körper mit sanften Küssen bedecken. Pan bestimmt den Spielverlauf ... und nimmt die Nymphe irgendwann mitten auf der Lichtung. Ein sonniger Tag im Mai eignet sich sicherlich besonders gut für dieses Spiel.

Was Sie bei diesem Spiel beachten sollten:
Da Sie bei dieser Fantasie auf gutes Wetter angewiesen sind, sollten Sie das bei der Planung berücksichtigen. Lesen Sie sich vorher ein wenig in die griechische Mythologie ein, damit Ihnen der Charakter der Figuren vertraut ist.

3. Spiel: Tierfantasien
Auch wenn es Ihnen ein wenig seltsam vorkommt, es kann riesigen Spaß machen, sich als Tier zu fühlen. Entweder sind Sie beide ein Tier oder einer von Ihnen ist ein Mensch und dominiert das Tier ein wenig. (Beliebte Tiere sind hier Hunde oder Ponys. Hunde haben den Vorteil, dass man sie an die Leine nehmen und Gassi führen kann. Die Nachbarn werden ihre helle Freude haben beim Zusehen. Für Ponys gibt es sogar richtige Ausbildungslager und in manchen Fetisch-Clubs werden sogar Ställe für die Ponys angeboten. Das zeigt, dass diese Fantasie gar nicht mal so selten umgesetzt wird.) Probieren Sie es einfach aus, wie es sich anfühlt, ein Tier zu sein.
Tiere haben ein Eigenleben; sie können wild herumtollen, bellen, wiehern … oder sich einfach kraulen lassen. Wenn die Kommunikation über die Sprache wegfällt, ergeben sich sicherlich neue Möglichkeiten, sich zu verständigen. Wenn Sie die Verantwortung

Praxis

gern für eine Zeit an Ihr Herrchen oder Frauchen abgeben wollen, ist das ein ideales Spiel, bei dem Sie viel Vergnügen haben werden.
Sind Sie beide Schäferhunde, dann hat das auch seinen Vorteil. Wie fühlt es sich an, auf allen Vieren zu laufen und sich im Dreck zu balgen? Sie dürfen auch ruhig mal »ungezogen« sein und verbotenerweise etwas Schinken vom Tisch stibitzen oder Ihrem Herrn die Zeitung bringen. Auf Ponys kann man reiten und man kann sie zügeln und ihnen sagen, wo es langgeht. Es kann sehr befreiend sein, sich als Tier zu fühlen und die Welt mal aus einer ganz anderen Perspektive zu sehen. Die Welt auf eine ganz neue Weise zu erfahren, das ist die beste Voraussetzung für aufregenden Sex.

Was Sie bei diesem Spiel beachten sollten:
Probieren Sie für sich allein schon mal einige Tierrollen aus und entscheiden Sie, welche Ihnen am meisten zusagt. Jedes Tier hat seinen ganz eigenen Charakter. Hunde gelten zum Beispiel als sehr devote Tiere. Sie können verspielt sein, aber auch bissig und aggressiv. Ponys sind übermütig, manchmal wild, manchmal zutraulich und zärtlich. Entdecken Sie neue Ausdrucksformen Ihrer Sexualität. Nehmen Sie sich viel Zeit für dieses Spiel – mindestens einen halben Tag.

Praxis

4. Spiel: Sklavenmarkt im alten Rom

Sie befinden sich auf einem römischen Markt und möchten eine Sklavin oder einen Sklaven kaufen. Das war damals nichts Außergewöhnliches und so sollten Sie es auch sehen. – Der reiche Kaufmann in seiner weißen Tunika geht über den Markt und begutachtet

Praxis

dann eine hübsche Sklavin. Diese ist sehr spärlich bekleidet und gewährt aufreizende Einblicke. Der potenzielle Käufer darf sich die Sklavin von allen Seiten ansehen, ihr den Mund öffnen und ihr Hinterteil begutachten.
Wie fühlen Sie sich, wenn Sie so schamlos als Objekt behandelt werden? Ist das ein angenehmes und sexuell erregendes Gefühl oder eher unangenehm? Wie gefällt es Ihnen, den anderen so herumzukommandieren? Irgendwann entschließt sich der reiche Kaufmann, die Sklavin zu kaufen, und zu Hause muss sie ihm zu Diensten sein. Vielleicht soll sie die Hausarbeit machen, nackt vor ihm den Boden schrubben. Und danach ein leckeres Mahl kochen und ihn füttern. Und dann will er seinen fleischlichen Gelüsten nachgeben ...

Was Sie bei diesem Spiel beachten sollten:
Diese Fantasie hat ihren Reiz im Spiel mit Dominanz und Unterwerfung. Das kann eine interessante Erfahrung sein, vor allem, wenn sie mit etwas Humor gewürzt ist. Allerdings sollten Sie das Szenario schon ernst nehmen, sonst verliert es seinen Reiz. Legen Sie vorher genau fest, wo die Grenzen des Partners sind. Und natürlich können Sie die Rollen auch tauschen ... und Kleopatra sucht einen neuen Sklaven.

Spielideen für leidenschaftliche Menschen

Sie mögen extreme Gefühle und es darf durchaus auch mal härter zugehen in der Liebe. Sie sind kein Sensibelchen und Sie lieben den Kick, den ein neues Abenteuer mit sich bringt. Je verbotener das Spiel ist und je größer die Spannung zwischen den beiden Charakteren, desto intensiver werden die Gefühle. Stellen Sie sich vor, Sie hätten den besten Sex aller Zeiten und Sie könnten ihn nur ein einziges Mal mit diesem Menschen erleben. So intensiv sollte Ihre Vorstellung bei der Inszenierung der folgenden Rollenspiele sein. Da sie mit starken Emotionen einhergehen, müssen Sie sehr sorgsam miteinander umgehen und immer darauf achten, dass es Ihnen beiden dabei gut geht. Wer die aktivere Rolle hat, trägt Verantwortung für den anderen.

1. Spiel: Eine »schmutzige« Beichte

Dieses Rollenspiel hat einen ganz besonderen Reiz, denn Sexualität ist zwischen Männern und Frauen Gottes tabu. Stellen Sie sich also vor, Sie sind eine Nonne und wollen bei einem Priester beichten. Sie knien vor ihm hinter einem Vorhang nieder und beichten Ihre Fehltritte. Er will das natürlich in allen Einzelheiten wissen und fragt Sie nach Details aus.

Praxis

Der Reiz liegt hier in dem ausgedehnten Vorspiel: den schlüpfrigen Fragen des Priesters. Er geilt sich an den Erlebnissen auf, die ihm die Nonne schildert. Es kann durchaus auch für Sie in der Rolle der Nonne reizvoll sein, wenn Sie sich ein Geständnis abringen und dann aufgefordert werden zu bereuen. Hatten Sie vielleicht »unkeusche« Gedanken? Haben Sie davon geträumt, mit dem Priester Sex zu haben? Berichten Sie ihm von diesem Traum ... in allen unkeuschen Einzelheiten. Oder haben Sie eine andere Nonne begehrt? (Allein der Gedanke wäre bereits eine Sünde.) Was müssen Sie tun, damit Ihnen die Sünden erlassen werden? Der Fantasie des Priesters sind keine Grenzen gesetzt ...

Was Sie bei diesem Spiel beachten sollten:
Sie sollten einen Vorhang aufspannen, der Sie beide trennt. Das ist für diese Beichtsituation wichtig. Außerdem wäre es natürlich gut, wenn Sie verkleidet wären, um dem Spiel eine realistischere Note zu geben. Ein Betttuch oder ein schwarzer Umhang sind schon mal ein guter Anfang, aber eine Schwesterntracht aus dem Internet wäre natürlich noch besser.

ESPRIT
ESPRIT

Praxis

2. Spiel: Das erste Date

Erinnern Sie sich daran, wie es das erste Mal war, als Sie Ihren Partner getroffen haben? Spüren Sie noch die Schmetterlinge im Bauch? Jemandem zum ersten Mal zu begegnen, ihn langsam zu entdecken, das ist pure Freude und Abenteuerlust. Wenn man eine

Weile zusammen ist, lodert das Feuer der Leidenschaft nicht mehr ganz so heftig, aber das können Sie ändern. Stellen Sie sich einfach vor, Sie würden sich wieder zum ersten Mal begegnen. Natürlich werden Sie anders aussehen als sonst, Perücke und neue Klamotten sind bei diesem Spiel ein Muss. Beginnen Sie damit, sich im Internet eine neue Persönlichkeit zuzulegen, und treffen Sie sich zunächst nur hier, um miteinander zu flirten. So können Sie das Spiel langsam beginnen und dann zielsicher dem Höhepunkt entgegensteuern. Legen Sie sich eine ganz neue Identität zurecht. Sie wollten schon immer mal als erfolgreiches Model durch die Gegend jetten oder als gefeierter Filmstar in den In-Clubs von New York feiern? Jetzt haben Sie die Chance dazu, Ihr Leben umzuschreiben. Denken Sie sich eine neue Vita aus. Viel Spaß dabei!

Nach den ersten Mails werden Sie sich wahrscheinlich persönlich näherkommen wollen. Machen Sie ein Date in einer angesagten Bar aus und keiner von Ihnen weiß genau, wie der andere aussehen wird. Lassen Sie sich überraschen. Auch wenn Sie Ihren Partner schon lang kennen, wird er sich für Sie neu und fremd anfühlen, wenn Sie ihm jetzt gegenübersitzen. Halten Sie das Spiel konsequent durch, bleiben Sie eine Weile beim Sie und lassen Sie Vertrau-

Praxis

lichkeiten nicht sofort zu. Sie sind schließlich nicht leicht zu haben und wollen erobert werden. Sie können sich auch am ersten Abend wieder brav voneinander verabschieden und erst beim zweiten oder dritten Date miteinander ins Bett gehen. Die Leidenschaft wird umso größer sein ...

Was Sie bei diesem Spiel beachten sollten:
Es ist gar nicht so leicht, der neuen Rolle treu zu bleiben, wenn man sich schon so lang kennt. Widerstehen Sie der Versuchung, zu schnell miteinander intim zu werden, und bleiben Sie Ihrer neuen Identität auf jeden Fall treu. Sie sollten sich wirklich so fühlen, als ob Sie einander völlig fremd wären. Das wird Ihnen beiden den ganz besonderen Kick geben.

4. Spiel: Gekaufte Liebe

Anonymität kann ein ganz besonderer Reiz sein beim Sex. Stellen Sie sich vor, Sie hätten gerade Lust auf einen schönen Menschen, der Sie gegen Geld verwöhnt und Ihnen zur Verfügung steht. Sie wissen, dass Sie in diesem Augenblick nicht geliebt werden wegen Ihres netten Aussehens und schon gar nicht wegen Ihrer Intelligenz. Es ist nur eine Art »Dienstleistung«, die Sie in Anspruch nehmen. Wenn wir einen anderen Menschen nicht kennen und ihn auf eine

gewisse Art als Objekt »betrachten«, kann das sehr erregend sein.
Das Szenario ist das folgende: Einer von Ihnen spielt die Rolle des Kunden und der andere ist entweder Callboy oder Callgirl. Auch für diese Inszenierung wäre es schön, wenn Sie ein Hotelzimmer mieten. Es muss nicht besonders luxuriös sein, im Gegenteil. Manchmal ist eine Billigabsteige im Bahnhofsviertel genau das richtige Ambiente für scharfen und schmutzigen Sex. Rufen Sie den Liebesdiener auf dem Handy an und geben Sie Ihre Adresse durch und warten Sie ab. Tun Sie so, als ob Ihr Partner wirklich ein Professioneller sei, und bleiben Sie ganz sachlich. Erledigen Sie das Geldgeschäft gleich zu Anfang und dann geben Sie Ihre Wünsche kund. Vielleicht müssen Sie für Sonderwünsche extra zahlen. Aber das bleibt Verhandlungssache.

Was Sie bei diesem Spiel beachten sollten:
Vor diesem Spiel sollten Sie ein Codewort ausmachen, bei dem Sie sofort aufhören, wenn es Ihnen zu heikel wird. Es kann schon ein wenig seltsam sein, Ihren Partner zu »benutzen«. Aber es ist ein Teil der Spielregeln und Sie wissen ja beide, dass es im realen Leben nicht so ist. Genießen Sie einfach den Kitzel dieses ungewohnten Spiels.

Praxis

Spielideen für ekstatische Menschen

Sie haben einen Hang zur Spiritualität und wünschen sich auch in der Sexualität tiefe Erfahrungen. Es ist Ihnen nicht so wichtig, immer fröhlich zu sein, Hauptsache, die Gefühle sind intensiv. Sie sind ein sehr neugieriger Mensch und nichts ist schlimmer für Sie als Langeweile. Sie möchten sich selbst immer wieder intensiv spüren und wahrnehmen. Sie lieben neue und ungewohnte Situationen und das Besondere. Sex ist für Sie eine fast heilige und ernste Angelegenheit und niemals würden Sie sich leichtfertig auf ein Abenteuer einlassen. Sie planen gern und können dann auch wieder alles fallen lassen und vertrauensvoll abwarten, was Sie heute Besonderes erleben werden.

1. Spiel: Das Liebesritual

Sie sind eine Priesterin, die anderen Menschen durch die Kraft der Sexualität helfen möchte. Kreieren Sie Ihr ganz persönliches Liebesritual. Gestalten Sie den Raum liebevoll: Stellen Sie Kerzen auf und eine Vase mit Blumen. Der Raum soll eine lichte und helle Atmosphäre haben. Sitzen Sie Ihrem Partner gegenüber und sehen Sie sich in die Augen. Was fühlen Sie, wenn Sie in die Augen dieses geliebten Menschen schauen? Erkennen Sie sich selbst darin wieder? Wel-

che Gefühle löst das in Ihnen aus? Setzen Sie sich auf den Schoß Ihres Partners und lauschen Sie dem Atem des Geliebten. Wie atmet er? Schneller oder langsamer als Sie? Können Sie sich dem Atem anpassen? Atmen Sie eine Weile im gleichen Rhythmus.
Jetzt beginnen Sie, sich gegenseitig zu erregen: Küssen Sie sich, streicheln Sie seinen Körper und tun Sie alles, um richtig scharf zu werden aufeinander. Wenn Sie spüren, dass die Lust ihren Höhepunkt erreicht, stellen Sie sich vor, dass Ihre Liebesenergie auf ein gemeinsames Ziel ausgerichtet ist. Am besten sprechen Sie vor dem Ritual darüber, wofür Sie Ihre Energie einsetzen wollen. Das kann ein ganz persönliches Ziel sein, zum Beispiel ein Kinderwunsch, oder Sie können Ihre Energie nutzen, um der Welt positive Energie zu schicken. Die Kraft unserer Gedanken und vor allem auch die Sexualität hat eine enorme Wirkung. Früher wurde Sex auch zu magischen Zwecken eingesetzt und das Liebesritual ist eine Form, wie Sie diese Kraft sinnvoll nutzen können. Bleiben Sie nach dem Sex noch eine Weile innig miteinander verbunden, halten Sie sich gegenseitig in den Armen.

Was Sie bei diesem Spiel beachten sollten:
Dieses Ritual kann wirklich Großartiges bewirken. Sie können eine grenzüberschreitende Erfahrung haben

Praxis

Praxis

und für einen Augenblick teilhaben an der unendlichen Liebe des Universums. Sie können Sex haben oder einfach nur in eine gemeinsame Meditation gehen und es wird Ihnen anschließend gut gehen. Das Liebesritual ist wie eine Art gemeinsames Gebet. Für sich selbst und für andere.

2. Spiel: Die Geschichte der O

Der Roman *Die Geschichte der O* erschien im Jahr 1954. Die Autorin Dominique Aury veröffentlichte ihn unter dem Pseudonym Pauline Réage. Das Buch war zu der damaligen Zeit wegen seiner detaillierten Darstellung weiblicher Unterwerfung ein Skandal. Das Buch erzählt die Unterwerfungsfantasien einer Pariser Mode-Fotografin, die sich ihrem Geliebten freiwillig sexuell unterordnet. Es ist ein Akt bedingungsloser Hingabe, der für sie zu einem tiefen spirituellen Erlebnis wird. Ein Ausdruck grenzenloser Liebe.

Wenn Sie sich auf dieses Spiel einlassen, sollten Sie vorher ein »Codewort« vereinbaren, das signalisiert, dass die Inszenierung sofort abgebrochen werden muss. Planen Sie einen ganzen Tag ein für dieses Rollenspiel.

Sie sollten sich an diesem Abend sehr schön anziehen und sich immer so verhalten, wie es Ihrem Geliebten gefällt. Demut und absoluter Gehorsam sind Ihre hervorstechendsten Eigenschaften. Ihr Geliebter darf jetzt frei über Sie verfügen. Er kann Sie zum Beispiel nackt auf dem Sofa kniend eine Stunde warten lassen. Wenn er Lust hat, wird er sich an Ihnen vergehen und sich dann die Sportschau ansehen. Er kann von Ihnen verlangen, dass Sie in High Heels nackt vor ihm auf und ab schreiten, und wenn er mag, darf er Sie auch ein wenig quälen. Vorausgesetzt, dass Ihnen das auch Lust bereitet und dass es zuvor abgesprochen wurde.

Was Sie bei diesem Spiel beachten sollten:
Diese Inszenierung ist ein wenig extremer und Sie sollten vor Spielbeginn genau absprechen, was Ihre Partnerin mag und wo ihre Grenzen liegen. Dass man sich dem anderen hingibt, bedeutet nicht, dass er einfach alles tun darf, was ihm gefällt. Es geht hier nicht um ein sadistisches Vergnügen, sondern darum, dass alle Beteiligten miteinander Spaß haben.

3. Spiel: Die strenge Lehrerin

Bei diesem Rollenspiel geht es vor allem um »Erziehung«. Sicherlich erinnern Sie sich an einen Lehrer oder eine Lehrerin aus Ihrer Schulzeit, bei dem/der Sie die Algebra vergessen und nur noch an seinen/

Praxis

ihren Knackarsch gedacht haben, der da vor Ihren Augen auf und ab spazierte – zum Greifen nah!
Für diese Inszenierung benötigen Sie eine Tafel oder ein Flipchart und einen Rohrstock. Frau Lehrerin stellt Fragen, die eigentlich nicht zu beantworten sind, und der Schüler wird sich dafür entschuldigen müssen, wenn er die Antwort nicht wusste. Und sie wird dafür sorgen, dass er viele Antworten nicht weiß ...
Sie können bei diesem Spiel ausprobieren, wie es Ihnen bekommt, ein wenig mit Schmerz zu experimentieren. Schmerz kann allerdings durchaus als lustvoll empfunden werden.
Beginnen Sie mit leichten Schlägen und der Körper wird Endorphine ausschütten, die sich sehr angenehm anfühlen. Wahrscheinlich wünscht sich Ihr Partner jetzt mehr ... und das vielleicht auch ein wenig härter. Zwischendurch sollten Sie ihm aber auch ein paar Streicheleinheiten geben. Am besten eignet sich für züchtigende Schläge natürlich das Hinterteil. Sagen Sie ihm, dass er die Hose herunterziehen und vor Ihnen hinknien soll. Jetzt dürfen Sie ein wenig experimentieren und mal kräftiger, mal weniger kräftig zuschlagen. Natürlich dürfen Sie seine falschen Antworten auch auf andere Art und Weise bestrafen. Vielleicht muss er ein Gedicht an die Tafel schreiben,

Praxis

ohne sich von Ihren Verführungskünsten beeindrukken zu lassen. Sie streicheln ihm dabei über die Hose und er darf seine Erregung nicht zeigen. Und wenn doch ... muss er leider wieder bestraft werden.

Was Sie bei diesem Spiel beachten sollten:
Mit diesem Spiel sollten Sie ernst umgehen, andererseits hat es allerdings auch eine komische Komponente und Sie dürfen ruhig ein wenig übertreiben. Das Schlagen mit dem Rohrstock will geübt sein. Man kann damit eine ganze Symphonie kreieren. Es geht hier nicht um Brutalität, eher um eine Art von Kunstfertigkeit. Versuchen Sie genau zu erspüren, wo die Schmerzgrenze des anderen liegt. Verändern Sie die Kraft und die Art der Schläge ... und streichen Sie ihm zwischendurch immer wieder einmal liebevoll über den Po. Körperlicher Schmerz ist nicht jedermanns Sache, aber es lohnt sich, einmal damit zu experimentieren. Wer weiß: Vielleicht entdecken Sie noch bisher unbekannte Seiten an sich.

4. Spiel: Beltanenacht

Die Kelten feierten am 1. Mai die Beltanenacht. In dieser Nacht wurde ein großes Freudenfeuer entzündet und die jungen Männer und Frauen sprangen darüber und wünschten sich dabei etwas. Anschließend verschwanden sie im Acker und befruchteten die Erde mit ihrem Samen. Das Beltanefest war der Fruchtbarkeitsgöttin geweiht und sollte für eine gute Ernte sorgen. Für diese Inszenierung muss es natürlich sommerlich warm sein und schön wäre es natürlich, wenn Sie wirklich am 1. Mai Zeit fänden für dieses Ritual. Sie müssen nicht unbedingt ein Feuer machen, das wäre vielleicht ein wenig gefährlich und würde außerdem zu viel Aufmerksamkeit erregen. Aber auf der Wiese miteinander vögeln, wieso nicht? Denken Sie dabei an schöne Dinge … und dass Sie beide in diesem Jahr zu Glück und Wohlstand kommen werden.

Was Sie bei diesem Spiel beachten sollten:
Auch diese Inszenierung ist nicht nur auf einer oberflächlichen Ebene zu erleben, es kommt auf die richtige Einstellung an. Fühlen Sie die Präsenz der Natur und der Naturgeister, von denen Sie umgeben sind. Dann werden Sie nicht nur den Kick des Outdoor-Sex erleben, sondern gleichzeitig auch eine tiefe Verbundenheit mit der Natur spüren.

DIE STRENGE LADY!

Am Freitagabend kam Lukas abgespannt nach Hause. Als erfolgreicher Jungunternehmer einer IT-Firma hatte er eigentlich immer zu viel zu tun.
»Um jede Kleinigkeit muss ich mich selbst kümmern«, schimpfte er. »Immer wenn ich es die anderen machen lasse, funktioniert etwas nicht.«
»Soll ich dir einen Kaffee machen?«, fragte Jasmin mitfühlend.
»Ach, ich weiß nicht. Haben wir Wein da? Ich glaube, das wäre mir lieber.« Lukas ließ sich in einen grünen Ledersessel fallen.
»Na klar. Ich hol dir gleich ein Glas.« Jasmin eilte in die Küche. Sie liebte es, ihren Mann zu verwöhnen und ihm etwas Gutes zu tun. Andere Frauen hatten damit ein Problem. Sie nicht. Was sollte dieses ganze feministische Gerede. Frei und emanzipiert war man eben und davon musste man doch kein großes Aufheben machen.

»Ich habe einfach keine Lust mehr, immer den Boss zu spielen.« Lukas jammerte immer noch.
»Was willst du denn stattdessen?«
»Ich will mich einfach auch mal fallen lassen können. Wieso sagt *mir* nicht mal jemand, wo's langgeht?«
Jasmin setzte sich neben ihn auf das Sofa und blätterte in einer Ausgabe *Tantra Spezial* der Zeitschrift *Connection* vom November 2006. Die Überschrift, an der sie hängen blieb, lautete »Macht und Ohnmacht in der Liebe«. Auf einem Foto war eine Frau in einem schwarzen Lackkleid zu sehen. »Ich glaube, das könnte dich auch interessieren, Schatz. Da hat ein Paar ein Experiment gemacht. Soll ich dir das mal vorlesen?«

Das Geburtstagsgeschenk

Möchtest du wissen, welche geheimen Wünsche deinem Liebsten durch den Kopf gehen, und macht es dir Spaß, dich einmal so richtig verwöhnen zu lassen? Dann solltest du dieses Experiment einmal selbst ausprobieren: Chef oder Chefin spielen in deiner Partnerschaft – zumindest für einen einzigen langen Tag … und dann wird gewechselt!

Schon wieder Geburtstag. Die Zeit vergeht irgendwie schneller als früher, finde ich. Kaffeeklatsch mit den besten Freundinnen? Essen mit meinem Liebsten? Alleine in ein Wellness-Hotel fahren? Irgendwie macht mich das alles nicht so richtig an diesmal. Eigentlich hätte ich eher Lust auf ein kleines Abenteuer.

»Was wünschst du dir denn zum Geburtstag?«, fragt mein Freund und blättert dabei gleichzeitig in seinem Nokia Communicator, um die letzten E-Mails seiner Kunden zu lesen.

»Deine ungeteilte Aufmerksamkeit, mein Schatz. Zumindest zwei Tage lang!«

Erschrocken blickt er auf.

»Was hast du denn vor mit mir? Wollen wir irgendwohin fahren?«

»Ich möchte in deine Welt blicken. Ich will wissen, wie du wirklich tickst, was dich anmacht und wie du deinen Tag am liebsten verbringst, wenn du keine Kompromisse mit mir eingehen musst. Es interessiert mich, wer du wirklich bist. Und dann bin ich dran, einen Tag lang zu bestimmen, was wir machen.«

»Darf ich mir das noch einen Tag überlegen?«, fragt mein Freund etwas verunsichert. Ich glaube, er hat Angst, dass ich zu meiner Party noch einige andere Männer einladen könnte …

Eintauchen in die Welt des anderen

Die meisten Menschen wünschen sich Innigkeit mit ihrem Partner. Was bedeutet das und wie kann man diesen Zustand erreichen? Innigkeit wird meistens mit absoluter Harmonie verwechselt. Es kommt aber ziemlich selten vor, dass zwei Menschen immer genauso denken und fühlen. Liebende sind schließlich keine siamesischen Zwillinge. Innigkeit bedeutet vielmehr, den anderen in seiner Einzigartigkeit zu erkennen, neugierig zu sein auf seine Welt und ihn nicht verändern zu wollen. Wenn ich ganz ehrlich bin, fällt mir das oft gar nicht so leicht und meinem Freund auch nicht.

»Wieso arbeitest du schon wieder so spät? Und in deiner wenigen freien Zeit reparierst du auch noch das Laptop deiner Ex. Die braucht

nur mit den Fingern zu schnippen und schon kommst du angerannt!«, werfe ich ihm vor.

»Du musst grad reden. Wer chattet denn immer mit fremden Männern im Joyclub? Ich hab gesehen, du hast den einen ‚Hi Süßer!' genannt. Nenn mich nie wieder so!«, giftet er zurück.

In einer Partnerschaft neigt man dazu, den anderen zu vereinnahmen und das Wir stärker werden zu lassen als das Ich. Wenn man ein Wochenende zusammen plant, dann versucht jeder Rücksicht zu nehmen auf den anderen. Man einigt sich meistens auf den kleinsten gemeinsamen Nenner. Die gemütliche Tapas-Bar mögen beide, am Samstag muss eingekauft werden und auch beim gemeinsamen Fernsehen weiß jeder, was er dem anderen zumuten kann. Man kennt die gegenseitigen Lieblingsstellungen beim Sex, weiß die jeweiligen Lustknöpfe des anderen zu drücken, aber irgendwann ist einem die Lust vergangen und die Liebe abhanden gekommen. Es gehört Mut dazu, sich den eigenen Wünschen und Vorlieben zu stellen, nicht nur im sexuellen Bereich, sondern im gesamten Lebenskonzept. Viele Menschen sind es gewohnt, immer nur in Kompromissen zu leben, dass sie vergessen haben, wer sie wirklich sind und was ihnen Freude macht.

Ich möchte lernen, die Welt mit anderen Augen zu sehen – mit den Augen meines Liebsten –, und ich möchte, dass er mich so sieht, wie ich bin.

Ein Quickie zwischen Brötchenkrümeln

Mein Geburtstag fällt auf einen Freitag und mein Freund hat sich einen Tag für mich freigenommen. Ich soll anfangen, bestimmt mein Liebster. Damit meint er, dass ich zuerst Chefin spielen soll. Nichts leichter als das, denke ich und lasse mir als Erstes mein Frühstück ans

Bett bringen. Lecker! Die Eier sind genau richtig getimt und an meine geliebte Nutella hat er auch gedacht. Genussvoll verspeise ich ein Lachsbrötchen und betrachte meinen Liebsten, der nackt vor mir sitzt. Ein hübscher Anblick.

»Ich möchte, dass du dich jetzt anfasst!«, verlange ich von ihm.

»Jetzt? Aber ich bin doch beim Essen …«, protestiert er. Aber dann besinnt er sich auf seine Rolle und beginnt mit sich zu spielen, bis sein riesiger Ständer mir fröhlich zuwinkt.

»Und jetzt?«, fragt er mich lüstern.

Eigentlich sollte ich ihn zappeln lassen, so wie sich das für eine waschechte Domina gehört. Aber dazu fehlt mir die Geduld. Ich bin einfach zu scharf und schnapp mir meinen Liebsten für einen morgendlichen Quickie. Die Brötchenkrümel pieksen in meinen Po, als ich ihn auf mich ziehe, aber das ist mir egal. Sein Mund saugt sich an meinen Brüsten fest und ich verschütte fast den Kaffee, der auf der Bettkante steht. Wir wälzen uns zwischen Eierschalen und Käserinden und ich finde das unheimlich appetitanregend. Ein gelungener Auftakt zu dem raffinierten Hauptgericht, das ich für heute Abend geplant habe.

Bei Anruf Mord

Was möchte ich als Nächstes machen? Wenn ich alleine bin, fällt mir das ganz leicht, aber ich ertappe mich dabei, dass ich jetzt unbewusst immer schon gleich überlege, ob das meinem Freund auch gefallen könnte. Ich will ja nicht, dass er sich langweilt. Oder sollte ich ihm das einfach auch mal zumuten? Zur Langeweile hat er keine Zeit, denn ich spule an diesem Tag volles Programm ab. Als Erstes gehen wir ins Museum, dann will ich im Park die letzten Sonnenstrahlen einfangen, ein Eis bei Haägen Dazs, schnell noch ein paar Schuhe im Sonderangebot erstehen und mein Freund trabt brav neben mir her. Er hat ziemlich viel Geduld mit mir, stelle ich fest. Das Einzige, was ihm zu schaffen macht, ist sein lautlos gestelltes Handy. Aber Anrufe habe ich ihm heute strengstens verboten. Wir sind ziemlich geschafft und eigentlich interessieren mich all diese Aktivitäten gar nicht so besonders. In Gedanken bin ich schon einige Stunden vorausgeeilt. Ich gebe es zu: Ich will heute vor allem mein inneres Sexmonster ausleben und dazu habe ich mir was ganz Besonderes ausgedacht. Ich hoffe, er spielt da mit.

Das Geschenk wird hübsch verpackt

»Ruh dich kurz aus, mein Schatz!«, erlaube ich ihm am Abend und verschwinde im Bad, während er sich aufs Bett legt. Ich hatte mir lange überlegt, was ich anziehen soll für mein Spiel, und dann kommt mir die zündende Idee …

Meinem Liebsten fällt vor Schreck das Prosecco-Glas aus der Hand, als ich wieder ins Zimmer trete.

»Aber … aber das ist ja mein schwarzes Hemd, das du über deiner Jeans trägst«, stottert er. Ich sehe, dass ihm diese Vorstellung nicht wirklich behagt. Leicht beunruhigt setzt er sich auf.

»Ja, stimmt. Steht mir gut, dein Hemd, findest du nicht?« Ich habe mich auf die Bettkante gesetzt und lächle ihn süffisant an. Ich lasse ihn aufstehen und er soll einige Male vor mir auf und ab spazieren. Einen hübschen Mann habe ich mir ausgesucht. Ich liebe seine langen schlanken Glieder, seine wachen Augen und vor allem seinen sinnlichen Mund. Und jetzt will ich mich ganz egoistisch an seiner Schönheit erfreuen. Mal ganz anders als sonst.

»Zieh dich langsam aus!«, sage ich ihm. Ich bitte ihn nicht, es ist mehr wie eine Feststellung. Ich darf ja bestimmen und muss ihn also nicht groß fragen, ob ihm das auch recht ist.

»Und jetzt zeig mir deinen süßen Hintern!« Ja, der gefällt mir außerordentlich gut! »Geh ins Bad. Dort liegen die Sachen, in denen ich dich jetzt gerne sehen möchte!«

Als mein Liebster wieder ins Zimmer kommt, sind seine Augen riesengroß.

»Und das soll ich jetzt anziehen?«, fragt er mich ein wenig verwirrt.

Ich kann seine Beunruhigung verstehen. Immerhin kommt es nicht jeden Tag vor, dass ein Mann halterlose Strümpfe anziehen soll. Er streicht sich über die seidigen Beine. »Fühlt sich gut an«, grinst er.

Ich reiche ihm meinen roten Spitzen-BH und das passende Höschen. Zum Schluss darf er mein hautenges schwarzes Cocktailkleid anziehen. Die Verkleidung scheint ihm zu gefallen und er dreht und wendet sich vor mir wie ein eitler Pfau. Auf meinen höchsten Stilettos wackelt mein Liebster vor mir auf und ab. Kokett streckt er mir seinen Po entgegen und es macht mich an. Es ist komisch, mich in ihm wiederzuerkennen.

»Jetzt noch schminken!« Ich zaubere schwarzen Kajal, Wimpern verlängernden Maskara und einen feuerroten Lippenstift aus meinem Täschchen. Nach einer halben Stunde steht ein verführerischer Vamp vor mir.

Sex haben wie ein richtiger Kerl

»Wenn's mal mit der Firma nicht mehr so gut laufen sollte ... du weißt, welchen Job du dann annehmen kannst«, scherze ich mit ihm.

Mein Liebster bewegt sich auf einmal viel weicher und wirkt verdammt verletzlich. Er wartet auf meine Zuwendung und ich streiche über seine Beine, befühle seine Brüste in meinem BH und küsse ihn auf seinen Himbeermund. Ich fühle mich männlich, aber auch weiblich zugleich. Unser Liebesspiel hat fast eine lesbische Komponente.

Er kniet vor mir und ich streife seinen Rock nach oben. Meine Hände gleiten über seinen Po und ich lecke seine Backen. Meine Zunge umkreist seinen Anus und dringt fordernd in ihn ein. Er ist mir so nah in seiner Hingabe und Verletzlichkeit, dass ich alles an ihm unwiderstehlich finde. Ich greife nach dem Gleitgel und sanft klopft mein Finger an seine Pforte. Der Schließmuskel zittert unter meinen zarten Berührungen und wir beginnen ein sehr intimes Zwiegespräch miteinander zu führen. Langsam darf ich eindringen und nachdem der erste Widerstand überwunden ist, öffnet sich mir ein leerer Raum, der ausgefüllt werden möchte. Seinen Schwanz darf ich dabei nicht anfassen, signalisiert er mir. Das wäre wohl zu viel Intensität auf einmal. Aber einen Dildo darf ich einführen. Behutsam warte ich, bis mein Liebster sich mir entgegenpresst; er darf das Tempo bestimmen. Noch nie war er mir so hilflos ausgeliefert und ich spüre sein großes Vertrauen. Das berührt mich sehr. Ich knie hinter ihm und presse mein Becken gegen ihn und spüre meine eigene Männlichkeit. Ich wollte schon immer mal wissen, wie ein Mann sich fühlt, wenn er eine Frau von hinten nimmt. Ich habe fast einen Orgasmus dabei, obwohl ich keinen realen Schwanz habe, sondern mich mit einem wohlgeformten Plastikteil begnügen muss.

Wir fühlen uns sehr innig in dieser Nacht. Wir haben die Welt nicht nur mit den Augen des anderen gesehen, sondern sind auch in die körperliche Hülle des Partners geschlüpft.

Und jetzt wird gewechselt!

Eng umschlungen wachen wir am nächsten Morgen auf und heute werde ich mich ihm fügen müssen. Als Erstes werde ich aus dem Bett gescheucht, um Frühstück zu machen, und vorher soll ich noch sein bestes Stück wach küssen.

Mein Schatz hatte ursprünglich noch Bedenken, ob er das überhaupt könne, »so ganz an sich selbst zu denken«. Aber ich merke, dass er sich in der Bestimmerrolle sofort ausgesprochen wohlfühlt. Beim Frühstück liest er Zeitung und schaut in sein Laptop, obwohl er weiß, dass mich das am Wochenende kolossal nervt. Ich will halt Aufmerksamkeit und die bekomme ich jetzt gerade nicht. Und das darf ich aushalten lernen.

»So … zieh dich mal schnell an«, befiehlt er mir und schließt dabei sein Laptop. »Wir müssen gleich los.«

»Ach ja? Und wohin geht die Reise?«, will ich wissen. Immerhin muss ich ja so einigermaßen wissen, wie ich mich stylen soll für den Rest des Tages. Vielleicht gehen wir in ein schickes Café oder Shopping oder wir schlendern Hand in Hand durch den Park …

»Wir fahren jetzt erst mal ins Büro und dann zu mir nach Offenbach«, lässt er mich wissen.

Ich hätte es mir denken können. Das verspricht ja ein superspannender Tag zu werden. Die Lieblingsbeschäftigung meines Freundes besteht halt im Arbeiten und ich soll ihm dabei helfen. Ich darf die Post öffnen, Kaffee kochen und ich sitze auf meinem Stühlchen und schaue ihm bei der Arbeit zu.

»Darf ich vielleicht was einkaufen gehen?«, versuche ich mich zaghaft zu entziehen. »Ich könnte doch dann in zwei Stunden wieder zurückkommen?«

Aber er lässt mich nicht weg. Offensichtlich genießt er meine Gegenwart, will einfach nur, dass ich um ihn rum bin. Und das auch noch ohne zu meckern.

Dann fahren wir zu ihm nach Hause, kaufen bei Aldi ein, räumen die Wohnung auf und waschen seine Wäsche. Diese belanglose Alltäglichkeit, die ich eher langweilig finde, scheint ihm Spaß zu machen. Vor allem, wenn ich dabei bin.

Streicheleinheiten unter Palmen

»Und jetzt fahren wir ins Schwimmbad«, kündigt er an. Ich musste heute Morgen mein Badezeug einpacken und bin gespannt, wo es hingeht. Hoffentlich nicht ins kalte Wasser, das hasse ich nämlich.

»Wir fahren in ein überdachtes Freibad in der Nähe«, deutet er mir an.

Na klasse. Offenbach ist nicht unbedingt der Traum meiner schlaflosen Nächte und diese etwas heruntergekommene Multi-Kulti-Ästhetik ist nicht so sehr nach meinem Geschmack. Das weiß er auch und will mich sicherlich jetzt ärgern. »Du lebst wie eine Boheme«, lästert mein Freund des Öfteren. Ich glaube, er ist einfach nur neidisch, weil ich es mir erlaube auszuschlafen und er dabei immer ein schlechtes Gewissen hat. Das Leben soll anstrengend und asketisch sein, lautet seine Devise. Wahrscheinlich hat er sich irgendein hässlich gekacheltes Schwimmbad ausgesucht, fürchte ich. Ich kündige bereits an, dass ich kaltes Wasser nur ca. fünf Minuten ertragen kann und dann in der Cafeteria auf ihn warten werde. Der Tag neigt sich schon fast dem Ende zu und es ist bereits herbstlich dunkel draußen. Ich habe mich innerlich bereits in mein Schicksal gefügt, als wir in den Parkplatz der noblen Taunustherme einfahren. Gott sei Dank! Meine düsteren Gedanken hellen sich sofort auf. Es ist Samstagnacht und in der Therme tobt der Bär. Sogar junge Leute erholen sich im türkischen Dampfbad bei Meditationsklängen, anstatt sich in der lauten Disko die Ohren volldröhnen zu lassen. Um diese Zeit war ich hier noch nie und finde es eine wunderschöne Entdeckung, sich am Samstagabend zusammen in den Whirlpool zu kuscheln. Wir schwimmen eine Runde im warmen Pool und landen dann knutschend in einer Ecke unter Palmen. Ich sitze auf seinem Schoß und spüre, wie sich seine Männlichkeit durch die Badehose bohrt. Schade, dass wir jetzt nicht an einem einsamen Palmenstrand in Thailand sind ... Wir planschen zusammen im Wasser, toben im Außenbecken durch die neblige Nacht und lachen viel zusammen.

Verlängerung beim Endspiel!

Später sitzen wir uns in einer Szenekneipe gegenüber und erfreuen uns an raffinierter deutscher Küche. Es gibt Kohlrabi mit Spinatgnocchi und wir stoßen mit einem Glas Riesling an.

»Ich hab' den Tag heute mit dir sehr genossen«, sagt mein Freund und greift dabei nach meiner Hand. »Du hast mir beigebracht, mehr an mich selbst zu denken. Immer bin ich in Hektik und denk nur an die Firma und entspanne mich zu wenig. Ich werde in Zukunft mehr darüber nachdenken, was mir wirklich guttut.«

Unser Spiel hat ihn offensichtlich dazu angeregt, mehr über sein eigenes Leben zu bestimmen und bewusste Entscheidungen zu treffen. Das freut mich!

Auch meine romantische Ader kommt nicht zu kurz, als wir in dieser Nacht besonders innig miteinander schlafen. Ich kuschle mich anschließend in seine Armbeuge und bevor ich einschlafe, höre ich von Weitem noch, wie mein Freund mir ins Ohr flüstert: »Du, wie gesagt, das gefällt mir sehr mit meiner neuen Bestimmerrolle. Und deshalb bestimme ich jetzt, dass sie noch eine Woche verlängert wird …«

Ich schlafe sehr unruhig in dieser Nacht!

»Wie findest du die Geschichte? Ich meine, könntest du dir das vorstellen?« Jasmin sah Lukas erwartungsvoll an.

Langsam stand Lukas auf, alle Müdigkeit schien von ihm abgefallen zu sein. »Komm her, mein Engel. Zuerst werde ich dich mal ausziehen und mir dann überlegen, was ich gern mit dir anstellen möchte. Ich glaube, die Rolle als Chef gefällt mir doch ganz gut …«

Jasmin lächelte. Das hatte sie gehofft. Einen starken Mann fand sie unwiderstehlich …

DOMINANZ, LUST UND SCHMERZ

Die Lust am Schmerz hat Tradition

Macht, Unterwerfung und Schmerz sind Themen, die die Menschen schon immer bewegt haben. Sie wurden früher in religiösem Kontext ritualisiert dargestellt und erlebt. Die erotische Komponente kam später hinzu. Rituelle Flagellation fand im Rahmen von kultischen Handlungen schon seit dem 9. Jahrhundert v. Chr. in Sparta statt. Hier wurde der Kult der Orthia praktiziert.

In einem etruskischen Grab in Tarquina sind zwei Männer dargestellt, die eine Gespielin beim Liebesspiel mit einer Rute züchtigen. Und auf einer Freske in der *Villa dei Misteri* in Pompeji ist zu sehen, wie eine Frau ausgepeitscht wird. Es handelt sich hier wahrscheinlich um die Darstellung der Einweihung einer Priesterin in den ekstatischen Dionysoskult. Im *Kamasutra,* dem von Mallanaga Vatsyayana geschriebenen indischen Buch der Liebeskunst, das ca. 200 bis 300 n. Chr. entstand, werden unter anderem verschiedene Schlagarten beim Liebesspiel, die dafür zulässigen Körperregionen und die unterschiedlichen Arten der lusterfüllten Schmerzenslaute beschrieben. Die Textsammlung weist ausdrücklich darauf hin, dass Kratzen, Kneifen, Beißen und Schläge beim Geschlechtsverkehr nur in gegenseitigem Einverständnis stattfinden dürfen, da sie nicht von allen Frauen als lustvoll empfunden werden. Aus dieser Sicht handelt es sich beim Kamasutra um einen der ersten schriftlich überlieferten Texte mit Bezug zu sadomasochistischen Sexualpraktiken.

Weitere Texte mit deutlich sadomasochistischen Bezügen tauchten im Laufe der Jahrhunderte weltweit immer wieder auf. Zu nennen ist hier in jedem Fall Leopold von Sacher-Masoch mit seiner Novelle *Venus im Pelz* aus dem Jahr 1870, in der er die Geschichte von Severin erzählt, der sich ganz den Wünschen und Befehlen einer Frau ausliefert. Hier wird das Wechselbad der Gefühle des »Sklaven« dargestellt, den seine »Herrin« an seine körperlichen und geistigen Grenzen treibt. Schließlich verlässt sie ihn aber, weil es ihr Traum ist, selbst dominiert zu werden. Für den verliebten Severin aber ist das nicht einfach.

Was hat Liebe mit SM zu tun?

Vielleicht sind Sie ein wenig irritiert oder sogar schockiert, gerade in einem Buch mit dem Titel *Mehr Lust auf Liebe* ein Kapitel über solch extreme Formen der Sexualität zu lesen. Wenn Sie mit diesem Thema noch nie in Berührung gekommen sind, macht Ihnen die Vorstellung, dass es Menschen gibt, die sich beim Liebesakt fesseln und sogar Schmerzen zufügen, vielleicht Angst. »Weshalb brauchen diese Menschen so etwas?«, mögen Sie sich fragen. »Was empfinden sie dabei?«
Zunächst einmal ist es hier wichtig klarzustellen, dass alle Beteiligten *freiwillig* an einem solchen Akt teilnehmen. Hier gibt es kein Opfer, dem Gewalt angetan wird, ohne dass das vorher genau besprochen wurde. Wie ich bereits im Kapitel »Ekstatische Hingabe« (Seite 93 ff.) ausführlich beschrieben habe, können eine Flutung mit Reizen oder eine Minderung derselben ein Gefühl der Ekstase erzeugen. Und um diese Ekstase geht es letztlich auch bei SM-Spielen. Die Techniken gehen vom Verbinden

der Augen über Fesselung und Züchtigung bis hin zu extremeren Formen der Sexualität. Wenn die Liebespartner respektvoll und bewusst miteinander umgehen, können sie hierbei grenzüberschreitende Erlebnisse haben, die oft sogar mit einer spirituellen Erfahrung verglichen werden. Wer gefesselt ist, *muss* sich dem Partner ganz hingeben, wieder vertrauen lernen ... und das kann ein wunderschönes Gefühl sein. Der dominante Partner muss sehr empathisch und fürsorglich sein und genau spüren, wo die Grenzen des anderen liegen.

SM ist, so gesehen, eine Form der Liebe, in der man sich sehr bewusst mit den eigenen Gefühlen und Schattenseiten auseinandersetzen kann. Vor allem in den spirituell orientierten Tantra-Kreisen scheint der Glaube zu herrschen, dass Liebe in Räucherstäbchen-Atmosphäre stattfinden sollte. Das ist meiner Meinung nach eine äußerst eingeschränkte Sichtweise, denn wahre Intimität entsteht erst, wenn man den Menschen in seiner

Gesamtheit sieht und akzeptiert – mit seinen geheimsten Wünschen und Sehnsüchten. Das ist nicht immer bequem und mag Angst auslösen. Doch erst, wenn wir den Mut haben, uns auch diese Anteile in uns selbst anzuschauen, und uns vielleicht trauen, sie in einem liebevollen Rahmen zu erleben, können wir zu reifen Menschen und Liebespartnern werden. In jedem von uns stecken Aggression und der Wunsch, Macht zu haben über andere. Beim erotischen Spiel hat ja auch derjenige Macht, der in der scheinbar unterlegenen Rolle steckt, denn er kann das Spiel ebenfalls jederzeit abbrechen.

Wer von sich behauptet, solche Gefühle gar nicht zu kennen, mag möglicherweise nicht ganz ehrlich zu sich selbst sein und unbequeme Anteile der eigenen Persönlichkeit einfach ausklammern. Wer sadomasochistische Praktiken in das Liebesspiel mit einbezieht, ist bereit, sich und den Partner neu zu entdecken. Es gibt zwar auch sogenannte »24/7-Beziehungen« (24 Stunden an 7 Tagen), in denen die Rollenverteilung von hingebungsvollem und dominantem Part auch im Alltag fortbesteht, aber sie sind doch eher selten. Meistens lebt das Paar im Alltag völlig gleichberechtigt.

Die BDSM-Szene

»BDSM« steht für ***B**ondage & Discipline, **D**ominance & Submission, **S**adism & **M**asochism.* Hierbei handelt es sich allerdings nicht um eine einheitliche Gruppierung, BDSM bezeichnet eher ein Lebensgefühl von Menschen, die mit Sexualität auf achtsame

Weise experimentieren – und zwar mit Fesselungen, Erziehungsspielen, Dominanz und Unterwerfung und mit der Lust am Schmerz. Gerade weil viele Menschen Vorurteile gegen sadomasochistische Praktiken haben, will sich diese Gruppe von kriminellen Gewaltakten abgrenzen und hat ein gut funktionierendes Netzwerk geschaffen, in dem Aufklärung ein wichtiger Bestandteil ist. Körperliche und emotionale Sicherheit stehen an erster Stelle: Immer wieder wird davor gewarnt, einfach mit einem Fremden extreme Formen der Sexualität zu erleben, Als Vorsichtsmaßnahme sollte man sich bei einem ersten Date zum Beispiel zu einer bestimmten Uhrzeit von einer Freundin anrufen zu lassen, um sicherzustellen, dass alles in Ordnung ist. Hier wird von »SSC« gesprochen: *safe, sane and consensual*. Das bedeutet, dass die Praktiken sicher (*safe*), alle Beteiligten bei klarem Verstand (*sane*) sein sollten und dass gegenseitiges Einverständnis herrschen (*consensual*) sollte. Meist wird vorab ein »Codewort« vereinbart. Fällt es, wird das erotische Spiel sofort abgebrochen.

Bei dieser Form experimenteller Sexualität gehen die sexuellen Vorlieben weit auseinander: Es gibt Menschen, die es lieben, gefesselt zu werden. In dieser Bewegungslosigkeit und den damit einhergehenden Gefühlen der Ohnmacht finden sie ihre größte Erfüllung. Andere erregen Spiele mit Macht und Ohnmacht, meistens sind sie dabei auf eine spezielle Rolle festgelegt. Manche sind allerdings ganz flexibel und es gefällt ihnen, beide Positionen einzunehmen, man nennt sie *Switcher*. Und es gibt Menschen, die sich am körperlichen Lustschmerz erfreuen. Wieder andere erregt es, bestimmte Materialien, zum Beispiel Lack oder

Leder, anzusehen und anzufassen ... und manche sind auf einen bestimmten Fetisch fixiert, etwa Nylons oder High Heels.
In unseren Köpfen mag sich zunächst einmal eine diffuse Angst breitmachen, wenn es um die Verknüpfung von Sex, Liebe und Macht geht. Aber, wie gesagt, wird bei BDSM-Praktiken niemand ohne seine Einwilligung gequält: Diese Techniken sollen allen Beteiligten Lust bereiten. Meistens gibt es in den Spielen einen dominanten Part, den »Dom« oder »Top«, und den unterwürfigen Part, den »Sub« oder »Bottom«. Vor dem Spiel wird meist genau besprochen, wie die Inszenierung ablaufen soll – mit oder ohne Penetration, Analverkehr oder Oralverkehr.
Ich möchte an dieser Stelle noch einmal ganz deutlich auf die folgende Frage eingehen: Wieso empfinden die Beteiligten bei einem BDSM-Spiel Lust – und das ohne Geschlechtsverkehr? Es handelt sich hierbei um eine andere Art von Intensität, die ein ähnliches Glücksgefühl auslöst wie ein körperlicher Orgasmus. Erfährt zum Beispiel einer der beiden Partner Schmerzen durch Schläge, weil er das so will, so werden in seinem Körper Endorphine freigesetzt. Er empfindet dabei Lust. Und dieses intensive Lustgefühl kann der aktive Part mitfühlen. Die Verbindung, die zwischen diesen beiden Menschen entsteht, ist vergleichbar mit der bei einer Penetration – wobei das Erleben hier viel intensiver sein kann. Es kann zu einer Erfahrung werden, die alles übersteigt, was man jemals zuvor erfahren hat. BDSM ist ein kreativer Weg der Sexualität, der sehr tief gehen kann und mit grenzenloser Liebe verbunden ist. Oftmals haben Paare, die diese extreme Form der Sexualität bevorzugen, einen sehr großen intimen Austausch miteinander und das ist sehr verbindend.

AUSSERGEWÖHNLICH REIZVOLLER SEX

Im BDSM-Bereich wird mit extremen Reizen experimentiert, die zum Beispiel Schmerz auslösen. Es kann aber auch das Gegenteil sein, nämlich dass Reize extrem reduziert werden und sich dadurch ein besonders intensives Erlebnis einstellt. Lesen Sie hier erst einmal weiter und versuchen Sie dabei unvoreingenommen zu bleiben. Spüren Sie vielleicht ein wenig Lust auf eine der folgenden Techniken? Dann probieren Sie sie doch einfach mal aus, lassen Sie sie Teil Ihres Liebesspiels werden; experimentieren Sie ein wenig und gehen Sie nur so weit, wie Sie sich damit wohlfühlen. Schicken Sie am besten vorher Ihre Vorurteile in Urlaub. Möglicherweise erfahren Sie bei diesem Spiel Neues über sich selbst, über Ihren Partner … und erleben bisher unbekannte Dimensionen der Lust.

Wenn die Bewegung eingeschränkt ist

Es gibt verschiedene Möglichkeiten, die Bewegungen eines Menschen einzuschränken. Sie können den Partner mit einem Seil zu fesseln: Hier eignet sich ein weiches Hanfseil besonders. Sie sollten allerdings vorsichtig damit umgehen und immer wieder um Feedback bitten, ob das Seil auch nicht zu eng sitzt und der andere sich gut fühlt. Wer nicht gerade ein Segler ist und sich deshalb mit Seemannsknoten gut auskennt oder im extremen Klettersport bewandert ist, sollte sich entsprechende Literatur besorgen, sich DVDs ansehen oder an einem Workshop teilnehmen. Einfacher ist es, Handschellen zu benutzen. Das ist allerdings ein völlig anderes Gefühl als mit Seilen ... es hat den Touch von Polizei und Bestrafung. Im Sexshop können Sie Bondage-Sets kaufen, in denen Sie Handschellen, diverse Ledergurte und Ketten finden – hiermit können Sie erst mal prima experimentieren. Ein geübter Bondage-Meister mag darüber milde lächeln, aber Sie wollen ja einfach einmal ein bisschen ausprobieren und da reicht ein solches Set völlig aus. Es gibt auf dem Markt allerdings auch selbst haftendes Bondage-Tape zu kaufen – sogar in verschiedenen Farben – oder Sie arbeiten mit Haushaltsfolie, sie eignet sich auch prima zum Umwickeln.

Interessant ist Bondage, wenn man ganz bewusst nachspürt. Wie fühlt es sich an, so unbeweglich zu sein? Probieren Sie verschiedene Armhaltungen aus. Können Sie einen Unterschied wahrnehmen: Wie fühlen Sie sich, wenn Ihre Arme hinter dem Rücken zusammengebunden sind? Wie, wenn sie über dem Kopf gefesselt sind? Wie fühlen Sie sich, wenn Sie mit gefesselten Armen vor Ihrem Partner knien? Welche Gefühle kommen auf, wenn Sie mit weit gespreizten Armen und Beinen an ein Andreaskreuz gebunden werden? Auch für den dominanten Partner ist das interessant, denn er wird durch Ihre Gefühle stimuliert, reitet quasi auf Ihrer Gefühlswoge. Was macht Sie an: Mögen Sie die aktive Rolle lieber, möchten Sie Ihren Partner gern fesseln? Wie fühlt es sich an, die Kontrolle zu haben?

Mit Wärme und Kälte experimentieren

Wärme und Kälte sind ebenfalls Reiz, die für eine sinnliche Erfahrung interessant sein können. Will man mit Wärme experimentieren, so nimmt man üblicherweise Kerzenwachs. Das Wachs sollte nicht zu heiß sein, deshalb empfiehlt es sich, Paraffinkerzen zu benutzen, die bei einer niedrigeren Temperatur abbrennen. Sie können hier Teelichter, aber auch Grablichter verwenden. Den morbiden Touch blenden Sie einfach aus oder eben gerade nicht, ganz wie es Ihnen gefällt ... Der Überraschungseffekt spielt bei dieser Technik eine besondere Rolle. Tropfen Sie Ihrem Liebsten heißes Kerzenwachs auf den Rücken die Schenkel, die Brüste und Arme – mal mehr und mal weniger, mal auf diese, dann auf jene Stelle ... Er wird nie wissen, wo der leichte Schmerz ihn das nächste Mal trifft. Das kann eine sehr spannende Körperempfindung sein.

Sie kennen sicher das wohlige Gefühl, wenn es Ihnen kalt den Rücken herunterläuft. Wie wäre es, Ihrem Liebsten mit einem Eiswürfel sanft über den Körper zu fahren? ... Wenn Sie vorher mit Kerzenwachs gespielt haben, ist dieses Schockerlebnis vielleicht besonders lustvoll. Der Eiswürfel sollte natürlich nicht zu kalt sein, da er sonst auf der Haut festklebt. Etwas eiskaltes Wasser, das über seinen Rücken rinnt, mag ebenso wirkungsvoll sein ... ein Garant für Gänsehaut.

Lustschmerz erleben

Für die meisten Menschen mag es seltsam sein, sich vorzustellen, dass Schmerz als lustvoll empfunden werden kann. Hier geht es natürlich nicht darum – man kann es nicht oft genug betonen! –, einen Mensch brutal zu verprügeln. Aber Sinnlichkeit ist an sich wertneutral und bedeutet einfach, dass man sich dem angenehmen Erleben durch die Sinne hingibt. Das muss nicht immer durch *sanfte* Berührung geschehen, auch härtere Berührungen stimulieren die Rezeptoren der Haut und können eine interessante Empfindung hervorrufen. Empfindet der Körper Schmerz, dann schüttet er, wie bereits beschrieben, sogenannte »Endorphine« aus, die uns in einen euphorischen Zustand versetzen.

Wichtig ist in jedem Fall, zunächst mit sanften Schlägen zu beginnen, die Intensität dann ein wenig zu steigern und die Art des Schlagens zu verändern. Betrachten Sie es einfach als eine Art Massage, wenn Sie ein Problem damit haben, jemandem wehzutun. Es gibt einige Körperteile, die leichte Schläge gut vertragen, zum Beispiel Po, Schultern, Brüste, Oberschenkel, Füße und Genitalien. Tabu sind dagegen die Nierengegend und der Hals. Ins Gesicht mögen die meisten Menschen ebenfalls nicht geschlagen werden, das wird in der Regel als demütigend empfunden. Sprechen Sie solche Dinge in jedem Fall vorher miteinander ab.

Außerdem kann man auch verschiedene Utensilien ausprobieren und die Wirkung vergleichen. Zunächst können Sie natürlich mit der flachen Hand schlagen. Das Geräusch des Klatschens kann hier zusätzlich erregend wirken und der Abdruck einer roten Hand auf dem Allerwertesten der Liebsten mag ihn durchaus anmachen. Es gibt allerdings auch die unterschiedlichsten Peitschen zu kaufen. Der Rohrstock oder ein Holzlöffel können ebenfalls eingesetzt werden. Und Wäscheklammern sind auch ein wunderbares Spielzeug, um sanften Schmerz zu erzeugen. Setzen Sie die Klammern an einigen Körperstellen an und entfernen Sie sie nach etwa zehn Minuten wieder. Der Schmerz entsteht vor allem in dem Augenblick, wo Sie die Klammern entfernen. Je mehr Klammern Sie ansetzen, desto intensiver ist er. Das kann auch für Einsteiger eine interessante Erfahrung sein, denn diese Art von Schmerz ist eher angenehm. Versuchen Sie völlig wertneutral damit zu experimentieren und finden Sie heraus, was Ihnen Freude macht.

Nichts sehen und hören, nicht sprechen können

Wenn Sie die Funktion eines Sinnesorgans einschränken, nehmen Sie mit den anderen Sinnesorganen umso intensiver wahr. Sie konzentrieren sich dann einfach mehr auf die verbleibenden Sinneseindrücke, Sie sind mehr auf die Informationen angewiesen, die sie Ihnen über die Außenwelt zukommen lassen. Da wir Menschen uns in unserem Alltag vor allem an visuellen Reizen orientieren, ist es interessant, Augenmasken auszuprobieren.
Verbinden Sie Ihrem Partner die Augen und führen Sie ihn im Zimmer herum. Halten Sie inne und lassen Sie ihn verschiedene Gegenstände befühlen und ertasten. Bringen Sie Ihren Liebsten vorsichtig in verschiedene Positionen. Wenn man nichts sehen

kann, erlebt man sich selbst viel intensiver: Seien Sie also behutsam. Stimulieren Sie Ihren Partner auch sexuell und überraschen Sie ihn mit Berührungen, die er nicht erwartet. Küssen Sie ihn an Stellen, die Sie noch nie geküsst haben, kitzeln Sie ihn an der Nase, kratzen Sie sanft über die Oberschenkel und beißen Sie ihn in den Hals. Gerade weil der andere nicht weiß, was auf ihn zukommt, kann das eine sehr aufregende Form des Vorspiels sein. Interessant ist es natürlich auch, wenn beide Partner die Augen verbunden haben und sich so gegenseitig neu erkunden, sich intensiv riechen und hören ... das ist eine völlig andere Erfahrung und macht Lust auf neue Entdeckungen.

Nicht sprechen und/oder nicht hören zu können ist eine weitere interessante Erfahrung. Experimentieren können Sie hier mit einem Knebel. Dabei kommen sicherlich Gefühle der Ohnmacht und der Hilflosigkeit hoch, die auch sexuell erregend sein mögen. Wenn Sie dann noch gleichzeitig die Ohren mit Ohrstöpseln verschließen, verändern sich außerdem noch der Gleichgewichtssinn und die eigene Wahrnehmung. Experimentieren Sie ruhig ein wenig mit neuen Sinneseindrücken, wenn es Ihnen Spaß macht, und ... lernen Sie sich und Ihren Partner neu kennen.

SCHAMLOS

In den letzten Wochen hatten Jasmin und Lukas völlig neue Seiten an sich entdeckt. Lukas hatte seine emotionale Seite kennengelernt und erfahren, dass Sex viel mehr sein kann, als einem Orgasmus hinterherzurennen. Und Jasmin war viel offener geworden. Ab und zu hatte sie sich sogar in schwarze Lackklamotten geworfen und ihrem Liebsten Klammern an den Oberschenkeln befestigt. Das hatte richtig nett ausgesehen … mit den bunten Wäscheklammern. Sogar ein Foto hatte sie davon gemacht.
»Ich finde es wieder richtig klasse mit dir. So nah habe ich mich dir schon lang nicht mehr gefühlt«, gestand Lukas seiner Frau eines Abends. Und Jasmin freute sich über das Kompliment.
»Weißt du, da gibt es noch eine Sache, die mir nicht aus dem Kopf geht …« Er rutschte unruhig auf seinem Stuhl hin und her. »Ich habe mir überlegt, wie es wäre, wenn wir mal … na ja … du weißt schon …«

»Nein, ich habe keine Ahnung, wovon du sprichst!« Jasmin rückte ein wenig zur Seite.
»Ich würde gern mal einen Dreier machen.«
Jetzt war es heraus. Betretenes Schweigen erfüllte den Raum. Darauf war Jasmin nicht gefasst. Aber sie wollte sich nicht anmerken lassen, wie sehr sie das beunruhigte.
»Du meinst also: du, ich und noch ein anderer Mann? Darüber könnte ich durchaus mal nachdenken.«
Jetzt war es an Lukas, erstaunt zu sein.
»Eigentlich dachte ich eher an eine zweite Frau. Aber wenn du meinst. Ich will ja fair sein. Wir können es auch mal mit einem anderen Mann probieren.«
Jasmin wurde nachdenklich.
»Ich hab da vor einiger Zeit was in einer Zeitschrift zu diesem Thema gelesen. Das hat mir gut gefallen. ... Warte mal, ich such es kurz ...«
Jasmin hatte schnell gefunden, wonach sie gesucht hatte, und winkte mit einer Ausgabe von *Tantra Spezial* vom November 2005.
»Ich muss dir das unbedingt vorlesen ... Ich glaube, die Überschrift hieß ‚Sehnsucht'. Warte, ich hab's gleich ...«

Das Spiel beginnt – Eine erotische Casino-Nacht

Es ist fünf Uhr früh. Ich sitze am Pfingstsamstag im Zug von Frankfurt nach Berlin und überlege mir ernsthaft, ob ich noch alle Tassen im Schrank habe. In wenigen Stunden soll ich mich auf einer erotischen Schlossparty vergnügen und im Augenblick kann ich mir ein Himmelbett eigentlich nur zum Schlafen vorstellen. ... Mitten in der Pampa setzt mich der Regionalzug nach siebenstündiger Fahrt endlich ab. Natürlich ist kein Taxi weit und breit zu sehen, zu regnen hat es auch gerade begonnen und ich stehe ziemlich verloren mitten im schönen Spreewald. An der Natur kann ich mich im Augenblick aber nicht richtig erfreuen.

»Können Sie mir sagen, wie ich hier nach Limberg komme?", frage ich einen Bauern, den ich zum Glück auf dem Weg zu seiner Scheune entdecke. »Das zieht sich aber noch ein ganzes Stück«, der Mann schaut mich ein wenig verwirrt an und kann sich nicht so recht vorstellen, welchen Reiz es für mich haben könnte, hier die Feiertage zu verbringen.

Das Familienhotel überrascht mich dann doch positiv ... Ich begutachte meine tiefen Augenringe im Spiegel und bezweifle im Moment doch sehr meine Chancen, dass mich heute Abend jemand kaufen will. Höchstens vielleicht zur Happy Hour, denn da werden alle Dienstleistungen zum halben Preis angeboten, überlege ich. Doch nach einem kurzen Schönheitsschläfchen geht es mir wieder besser und mein schulterfreies Cocktailkleid sieht recht ansprechend aus, stelle ich erleichtert fest. Dummerweise habe ich aus Versehen Strümpfe mit einem extrem breiten Spitzenbund gekauft, die schauen nun unter dem Rock schamhaft hervor. Im Club wäre das natürlich recht sexy, aber zunächst muss ich es schaffen, die Hotelhalle zu durchqueren, in der sich bereits die meisten Hausgäste mit ihrer Familie zum Abendessen versammelt haben.

Der Taxifahrer setzt mich vor einem alten Herrenhaus ab, und sobald ich durch die schwere Holztür in die mit Kerzen beleuchtete Empfangshalle eingetreten bin, stelle ich erleichtert fest, dass sich die beschwerliche Anreise gelohnt hat. ... Da ich zu den ersten Gästen gehöre, erhalte ich das besondere Privileg, vom Hausherrn persönlich herumgeführt zu werden. René geleitet mich durch die alten Gemäuer und rückt nebenbei liebevoll die Bilder zurecht, die einen Millimeter aus der Horizontale gerutscht sind. Im unteren Bereich des Schlosses soll heute Abend eine außergewöhnliche Casino-Party stattfinden. Im Kaminzimmer stehen schwere Ledersessel um einen Tisch, auf dem Black Jack gespielt werden darf, auf der Anrichte steht teurer Malt Whisky und ein dienstbarer Geist fragt nach meinen Wünschen. Als ich auf seinen knackigen Hintern starre, fallen mir schon ein paar besondere Wünsche ein, aber erst muss ich mich wohl oder übel mit einem Glas Sekt begnügen.

»Pass mit der Treppe auf«, warnt mich René, als ich auf meinen hohen Hacken die alte Holztreppe nach oben schreite. Wann dieses Herrenhaus entstanden ist, weiß man nicht so genau, aber auf alle Fälle wurde es bereits 1773 durch den Reiseschriftsteller Johann Bernoulli wegen seiner »schönen Alleen, der gemalten Geländer und der Reinlichkeit« lobend erwähnt. Inzwischen ist daraus ein exklusiver Club geworden und René schiebt mich sanft in einen besonderen Raum. Hinter einem riesigen Himmelbett hängt ein goldener Spiegel, der aber eigentlich keiner ist. Aus einem Nebenzimmer kann man sich an den erotischen Darbietungen der anderen Gäste erfreuen – die dieses »Geheimnis« natürlich längst kennen und lustvoll genießen ...

In der Zwischenzeit hat sich eine illustre Anzahl von Gästen um den Roulettetisch im Barbereich gruppiert. Fast alle Frauen sind sehr geschmackvoll und elegant angezogen, die Herren stehen im Anzug daneben oder haben sich zur Herrenrunde in eine Sesselecke verzogen. Eine Rothaarige im tief dekolletierten Satinkleid stößt Verzückungsschreie aus. »Jetzt können sich unsere Männer was Nettes kaufen, Gerti. Ich hab grad gewonnen.«

»Das Spiel beginnt. Rien ne va plus.« Der Croupier zwinkert mir verstohlen zu, als ich schnell noch einen Jeton auf »pair« schiebe und lässt es mir durchgehen. Die Kugel rollt. Der Herr neben mir sieht aus wie ein Banker, wenn da nur nicht das Lederhalsband wäre, das er statt einer Krawatte trägt. Er beobachtet fasziniert, wie der Croupier mit seinem Stab seine letzten Jetons zu sich angelt. Ich hatte auch nicht so viel Glück bisher. Ein Sprichwort besagt: Pech im Spiel – Glück in der Liebe. Ich hoffe, das bewahrheitet sich, denn deshalb sind wir alle hier.

Es sind fast nur Paare in dieser Nacht anwesend und die Spielregeln sind streng festgelegt. Jeder darf sich am Roulettetisch vergnügen – so lange, bis er keine Spieljetons mehr hat. Dann kann er leider keine neuen mehr mit Geld einkaufen, denn an diesem Abend zählt eine andere Währung: Sex. Man hat die Wahl, entweder sich selbst oder seinen Partner für eine erotische Dienstleistung anzubieten und damit von der Bank wieder neue Chips zu erhalten. …

Gunnar ist ein auffallender Mann mit durchdringenden Augen, die mich eindringlich fixieren, als er mir die verschiedenen Dienstleistungen erklärt, die ich an diesem Abend anbieten kann.

»15 Minuten Massage sind das Minimum, was du anbieten kannst. Aber je höher der Einsatz, desto höher der Gewinn.«

Gunnar lächelt mir aufmunternd zu und zückt bereits die Polaroid-Kamera. Ein wenig mulmig ist mir schon, als ich mein Foto an der Wand hängen sehe mit dem Hinweis, dass ich einem Paar oder einer

Frau zum Geschlechtsverkehr zur Verfügung stehen werden. Außerdem stehen noch Anal- oder Oralverkehr zur Auswahl. Aber das ist mir zu heikel und der BDSM-Bereich mit Flag, Bondage oder Wachs macht mich auch nicht so an. Ein hübscher Junge im hellen Anzug hat sein Foto unter »No Limits« hängen lassen. Er sieht ganz süß aus und einen Moment überlege ich mir, ob ich ihn mir einkaufen soll. Aber erst mal muss ich wieder Spielwährung erhalten.

Ich fühle mich ein wenig seltsam, als ich mich an die Bar setze und ein Gespräch mit einem Paar beginne, das schon öfters hier war. »Wir finden es so klasse, dass man hier auch in schicker Abendgarderobe sitzen kann«, sagt der etwas beleibtere Herr und ich verstehe, was er meint. In der Unterhose am Tresen würde er nicht so besonders gut rüberkommen. Die meisten Menschen hier sehen zwar recht attraktiv aus, aber das liegt sicherlich auch daran, dass jeder sich so vorteilhaft geben kann wie möglich. Ich bin nicht so ganz beim Gespräch, denn in Gedanken überlege ich mir, was ich machen soll, wenn mich jemand kauft, mit dem ich absolut nichts anfangen kann. Aber noch schlimmer wäre es, wenn mich niemand kaufen würde und ich als Ladenhüter irgendwann zum halben Preis gehandelt werden müsste. Das wäre richtig peinlich. Ich bestelle ein weiteres Glas Sekt und versuche meinen beschleunigten Herzschlag wieder eine Stufe nach unten zu fahren. Eine schwere Hand legt sich von hinten auf meine Schultern »Du bist gekauft, Süße.«

Gunnar führt mich durch die Menge und macht mich mit einem Paar bekannt, das mir auf Anhieb sympathisch ist. Gott sei Dank! Und allen ist die Situation ein wenig peinlich. Wie stellt man es an, mit einem Menschen, den man gar nicht kennt, auf Anhieb geilen Sex zu haben? Droge Alkohol hilft da ein wenig auf die Sprünge.

»Wollen wir uns erst mal ein wenig unterhalten?«, frage ich. Die beiden sind erleichtert. Sympathie sei ihnen wichtig, versichern sie mir, und ich sei ihnen bereits am Roulettetisch angenehm aufgefallen. Roland hat mit Autos zu tun und Brigitte hat einen Dönerstand in Polen. Mit Frauen habe ich bisher noch nicht so viel Erfahrung gehabt. Ich starre auf ihre glitzernde Strasskette und mein Blick fällt auf ihren festen Busen, der fast aus dem Kleid herausfällt. Ich frage mich, wie der sich wohl anfühlen wird und beiläufig streicht mir Brigitte eine Haarsträhne aus dem Gesicht.

»Wollen wir nach oben gehen?« Sie nimmt meine Hand und führt mich die Treppe hoch. »Roland, schau doch mal, ob unser Bett frei ist.« Die beiden kennen sich aus und das beruhigt mich.

Wir sitzen auf einem Himmelbett, ich streife mir das Kleid über den Kopf, aber die Strapse behalte ich an. Brigitte beugt sich zu mir rüber und küsst meinen Mund. Es ist schon lange her, dass ich einer Frau so nahe gekommen bin, und ihre weiche Haut erregt mich. »Was ist anders daran, wenn eine Frau mich küsst?«, überlege ich. Es fühlt sich irgendwie zärtlicher an – nicht ganz so fordernd wie die meisten Küsse von Männern. Ich beginne, an dem Spiel Gefallen zu finden, und wir rutschen auf die Handtücher. Brigitte zieht ihren BH aus und ihre schweren Brüste fallen in meine Hände. Sie fühlen sich ziemlich fest an, wahrscheinlich Silikon, geht es mir durch den Kopf. Aber das stört mich nicht und macht mich trotzdem an. Ihre Brustwarzen sind gepierct und ich überlege angestrengt, wie ich es am geschicktesten anstelle, dass meine Zunge nicht in ihrem Silberring hängen bleibt. Roland will auch ein wenig gestreichelt werden, aber in erster Linie erregt es ihn, uns beiden zuzusehen. Solche Gruppenfantasien habe ich oft gehabt, aber immer mit der Angst, dass das dann in der Reali-

tät nicht so erregend sein würde. Aber heute erfüllen sich meine geheimsten Wünsche. Ich schiebe die Perlenschnur an Brigittes Slip zur Seite und beginne ihre Öffnung mit meiner Zunge zu erkunden. Wenn zwei Frauen sich lieben, sieht das für die Männer ziemlich scharf aus. Ich spüre eine Hand auf meinen Pobacken. Ich schaue in den Spiegel, um zu sehen, wer mich von hinten begehrt. Der Junge, der sich an der Pinwand mit »No Limits« verkaufen wollte, möchte bei uns gerne mitspielen. Okay, der gefällt mir und er darf mitmachen, entscheide ich und die beiden anderen haben offensichtlich auch nichts dagegen.

Ich bin erstaunt, wie liebevoll er mit mir umgeht. Eigentlich kennt der mich doch gar nicht und trotzdem verwöhnt er mich ausgiebigst.

»Oh, wie geil das ist.« Brigitte gefällt es offensichtlich auch. Wir liegen uns in den Armen, während die Männer bereits mit dem Anziehen beschäftigt sind. Wir könnten noch ewig so weitermachen. Frauen sind da von der Natur ziemlich begünstigt. Roland drängelt jetzt ein wenig. »Kommt, macht mal Schluss. Lasst uns was trinken gehen.«

An der Bar unterhalten wir uns noch ein wenig. Es war richtig nett mit den beiden, aber ich habe immer noch Lust. Das Foto von dem süßen Ossi, der mich eben beglückt hat, hängt immer noch an der Pinwand unter »No Limits«. Ich glaube, den gönne ich mir noch einmal. Inzwischen ist es schon spät und ich will sichergehen, dass ich mit ihm auch meinen Spaß haben werde. »Wie oft bist du heute schon gekommen?«, frage ich ihn. »Schon drei Mal«, antwortet er mir ganz aufrichtig. »Aber mit dir könnte ich noch ein viertes Mal ...«, versichert er mir schnell und lässt dabei seine Hand über meine Schenkel nach oben gleiten. Ich werde heute nach Hause gehen wie eine schnurrende Katze ...

»Das klingt ja toll!« Lukas war es inzwischen heiß geworden. Die Geschichte hatte ihn sehr erregt. Jasmin zog ihn ins Schlafzimmer. Was sie Lukas noch nicht gesagt hatte, war, dass sie schon lang einen geheimen Traum hatte: Sie würde es so gern einmal mit einer Frau machen …

ABENTEUER MIT ANDEREN LIEBENDEN

Polyamorie

Die meisten Menschen gehen stillschweigend davon aus, dass der Partner ihnen sexuell treu ist. Oft wird über Treue in einer Beziehung noch nicht einmal gesprochen. Die Angst davor, wie der andere zu dem Thema steht, ist zu groß. Dabei kann man durchaus auch in einer Beziehung sein und gleichzeitig – in gegenseitigem Einverständnis natürlich – mit anderen Menschen liebevolle Begegnungen haben.

Als *Polyamorie* bezeichnet man die Liebe zu mehreren Menschen. Bereits Mitte des 19. Jahrhunderts entstand in den USA die *Free Love*-Bewegung, eine Kommune, in der »freie Liebe« gelebt wurde. Die Oneida-Kommune wurde im Jahr 1848 von John Humphrey Noyes gegründet. Er und seine Anhänger bezogen eine herrschaftliche Villa in Oneida Creek im Staat New York, um dort einen urchristlichen Kommunismus zu verwirklichen. Sie teilten alles miteinander – auch die Liebe. Jede erwachsene Frau war quasi mit jedem erwachsenen Mann der Lebensgemeinschaft verheiratet. Bis zu dreihundert Erwachsene und Kinder lebten dort und das Experiment dauerte immerhin zweiunddreißig Jahre. In Deutschland sieht sich die ZEGG-Gemeinschaft als Nachfolger dieser Idee. ZEGG (Zentrum für Experimentelle GesellschaftsGestaltung) ist eine Lebensgemeinschaft von achtzig Menschen, die in der Nähe von Berlin leben. Der Wiener Künstler Otto Muehl inspirierte diese Kommune, die der »freien

Liebe«, ökologischen Utopien und spirituellen Gedanken verpflichtet ist. Hier werden indianische Schwitzhüttenrituale abgehalten, man probiert neue Beziehungsformen aus und engagiert sich in ökologischen Projekten. Werden Beziehungen nicht so gelebt, wie es in unserer Gesellschaft üblich ist, müssen die Beteiligten mehr miteinander kommunizieren, sich häufiger auseinandersetzen. Die Scheinsicherheit der sexuellen Treue hat keinen Raum in diesen Begegnungen. In den meisten Liebesbeziehungen, davon bin ich überzeugt, gibt es Seitensprünge und Affären – nur bekennen sich die wenigsten Menschen offen dazu und so wiegen sich die Partner in Sicherheit.
Welches aber sind die Vorteile einer polyamoren Beziehungsform und wie kann so etwas konkret gelebt werden? Es gibt hier keine allgemeingültigen Regeln, wie eine Beziehung auszusehen hat. Manche Paare bevorzugen es, sich nur *gemeinsam* mit einem Dritten (Mann oder Frau) zu treffen, andere lassen sich gegenseitig mehr Freiheiten. Das Besitzdenken in normalen Liebesbeziehungen wird hier hinterfragt: Liebe ist ein überpersönliches Phänomen, das auch mit mehreren Menschen geteilt werden kann. Man kann sich in solchen Beziehungsexperimenten in jedem Fall neu entdecken, viel über sich selbst erfahren (über seine Licht- und seine Schattenseiten) und daran wachsen: Wie reagiere ich auf Eifersucht? Was bedeutet es, jemanden wirklich zu lieben? Menschen, die sich mit alternativen Liebesformen auseinandersetzen, sind daran interessiert, zu lernen und daran zu wachsen. Ein Prozess, der sich auf alle Fälle lohnt, aber mit Sicherheit auch anstrengend sein kann … denn »Eifersucht« bleibt oft trotzdem ein Thema.

Mit Eifersucht bewusst umgehen

Eifersucht wird sehr unterschiedlich wahrgenommen und kann die unterschiedlichsten Gefühle auslösen. Einige Menschen beschreiben dieses Gefühl als Wut im Bauch oder Schmerzen in der Herzgegend. Es kann ein Gefühl der Angst sein, den Partner zu verlieren, der Trauer, des Kontrollverlustes oder auch einfach das Gefühl der persönlichen Demütigung.

Manche Menschen sind allerdings von ihrer Persönlichkeitsstruktur, von ihrem Temperament her eifersüchtiger als andere und das hängt dann auch noch von der Lebenssituation ab. Ein Mensch, dem gerade alles im Leben gelingt, der zufrieden ist mit sich selbst und seinem Leben, ist sicherlich weniger besitzergreifend als jemand, der gerade vielleicht seinen Job verloren hat oder Schwierigkeiten mit dem Älterwerden hat, der mit sich selbst und seinem Leben unzufrieden ist.

Dass wir uns verletzt fühlen oder eifersüchtig werden, können wir wahrscheinlich nicht immer verhindern, aber wir können lernen, damit bewusster und reifer umzugehen. Anstatt dieser Furcht einflößenden Situation aus dem Weg zu gehen, können wir sie uns konkret vorstellen und die Gefühle, die wir dabei haben, zum Ausdruck bringen. Wenn wir uns in einer Partnerschaft wirklich geliebt fühlen, können wir leichter teilen. Vielleicht gilt es jetzt, ungünstige Beziehungsmuster aufzudecken und dann an einer Veränderung zu arbeiten. Liebevolle Ehrlichkeit kann hier die Beziehung vertiefen und stabilisieren. Eigene Gefühle des Mangels und der Unzufriedenheit lassen uns schneller mit Eifersucht reagieren.

Grundlegend für einen bewussten Umgang mit dem Thema

»Eifersucht« in Beziehungen ist die Vorstellung, dass jeder Mensch für sich selbst verantwortlich ist und bereit sein sollte, sich mit seinen eigenen Gefühlen und deren Ursprung – mit seiner eigenen Lebensgeschichte – auseinanderzusetzen. Eifersucht zeigt ja zunächst nur, dass es hier tiefer liegende Ängste und Verletzungen gibt, die wir uns ansehen und auflösen können. Anstatt Situationen auszuweichen, die schmerzhaft sind, können wir versuchen, uns unangenehmen Dingen zu stellen und in der Krise zu wachsen und zu neuen Erkenntnissen zu gelangen. Generell ist es wichtig, dass wir in einer offenen Beziehung aufmerksam und liebevoll miteinander umgehen. Der weniger experimentierfreudige Partner sollte das Tempo bestimmen, zum Beispiel wenn ein Besuch in einem Swinger-Club zur Debatte steht. Geht ein Partner unfreiwillig über seine Grenzen, so leidet die Liebe darunter und natürlich auch die Sexualität.

Orgien

Der Begriff »Orgie« entstammt dem Griechischen und bezieht sich auf etwas, was ausschweifend und maßlos ist. So gibt es Fress- und Trinkorgien, oft haben diese Ausschweifungen allerdings auch sexuellen Charakter. Dennoch hat dieser Begriff ursprünglich auch religiöse Bedeutung. In alten Zeiten wurden ausgelassene Feste gefeiert, wie etwa die römischen Saturnalien (siehe Seite 218), die den Gott Saturn ehren sollten, die keltische Beltanenacht (siehe Seite 266 f.) und die daraus entstandenen Feiern zum 1. Mai. Die Menschen sollten hierbei eine Form der

überpersönlichen Liebe erleben und sich auf diese Weise dem Göttlichen nähern. So gerieten sie in einen ekstatischen Zustand, einer Trance gleich, den Platon als »göttliche Raserei« bezeichnete.
In alten Kulturen, insbesondere in der griechischen Antike, waren Orgien auch mit Fruchtbarkeits- und Mysterienkulten verbunden. Der Begriff »Orgie« ist im deutschen Sprachraum erstmals im 17. Jahrhundert nachweisbar und bezeichnet ein kultisches Geheimtreffen bei Nacht. Anders als heute hatten sie einen tieferen rituellen und religiösen Hintergrund. Natürlich gab es vor allem bei den alten Römern hedonistische Ausschweifungen und lasterhafte Orgien, bei denen junge Mädchen verführt wurden und der Wein in Strömen floss. Um den Genuss des Essens zu verlängern, kitzelten sie sogar den Gaumen mit langen Federn und erbrachen sich ...

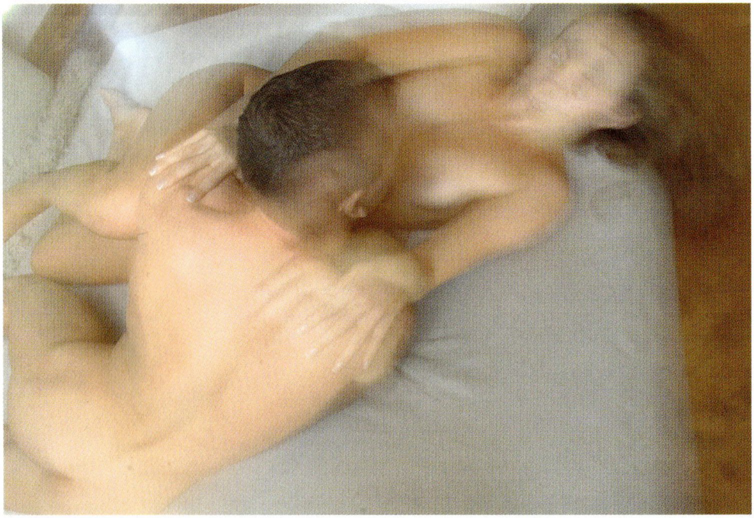

SWINGEN, ABER BITTE MIT STIL!

Die moderne Variante einer antiken sexuellen Orgie ist das »Swingen«. Swinger (Englisch: *to swing*, »schwingen, sich hin- und herbewegen«) ist eine im 20. Jahrhundert populär gewordene Bezeichnung für Menschen, die Partnertausch betreiben und dabei von einem zum anderen Partner gehen (also *swingen*). Anders als bei der antiken Orgie ist diese Form der sexuellen Betätigung meistens eher oberflächlich – sie dient der reinen Lustbefriedigung. Allerdings kommt es immer auf den Einzelnen und seine Haltung sich selbst und anderen gegenüber an: Tiefe sexuelle Erfahrungen sind sicherlich auch in einem Swinger-Club möglich. Im Gegensatz zur Polyamorie ist es beim Swingen nicht wichtig, dass Liebe im Spiel ist. Im Gegenteil, Liebe ist für Swinger oft eher hinderlich, sie wollen sich emotional nicht auf den Sexualpartner einlassen, weil das zu Konflikten, zum Beispiel zu Eifersucht führen kann. Swinger kommen meist aus eher bürgerlichen Verhältnissen, sie suchen im Club allein das körperlich-sinnliche Vergnügen. Und manche Paare langweilen sich miteinander und wollen sich dennoch nicht voneinander trennen. Sie suchen in einem Club gemeinsam das Abenteuer.

Warum ein Paar sich zum Partnertausch entschließt, das kann viele Gründe haben. Die Erfahrung kann allerdings zu einem einzigartigen aufregenden erotischen Abenteuer werden, wenn Menschen dabei achtsam und liebevoll miteinander umgehen.

Vielleicht sind Sie jetzt neugierig geworden und möchten wissen, wie Sie gemeinsam mit Ihrem Partner sexuelle Erlebnisse mit einem Dritten oder anderen Paaren haben können. Die

Sehnsucht nach einer solchen Erfahrung ist bei den meisten Männern groß und bei den meisten Frauen eher weniger groß. Grundsätzlich gilt, dass man *sich selbst* treu bleiben sollte. Wenn Ihr Liebster/Ihre Liebste sich Partnertausch aber nicht vorstellen kann, sollten Sie Abstand davon nehmen. Vielleicht ist es ja eher denkbar, dass der Partner dann einmal allein in einen Swinger-Club geht, oder er verzichtet darauf, weil er dem anderen nicht wehtun möchte. Wie ein Paar mit einer solchen Situation umgeht, ob dem einen seine Erfahrung wichtiger ist als der Seelenfrieden des Partners … das muss jeder für sich selbst entscheiden. Man kann allerdings auch vorab gemeinsam entscheiden, wie weit man an einem solchen Abend gehen möchte … und es gibt viele Möglichkeiten, in einem Club *miteinander* Spaß zu haben.

Vier goldene Swinger-Regeln

Praxis

1. Wie sag ich's meinem Partner?
Sie wünschen sich schon lange, mit Ihrem/Ihrer Liebsten in einen Club zu gehen oder einen Dreier auszuprobieren? Und Sie glauben zu wissen, dass Ihr Partner davon nicht allzu begeistert sein wird? Bei einer Flasche Rotwein könnten Sie ihm Ihre erotischen Fantasien erzählen, ohne gleich mit der Tür ins Haus zu fallen. Und: Fragen Sie ihn auch nach seinen geheimsten Wünschen. Warten Sie zuerst einmal ab, vielleicht findet Ihr Partner Ihre Idee gar nicht so

abwegig. Vielleicht hat er auch solche Fantasien und wagt es ebenfalls nicht, Sie darauf anzusprechen. Wenn er aber mit entschiedener Ablehnung auf Ihren Vorschlag reagiert, können Sie nichts machen. Vielleicht versuchen Sie es dann zunächst mit einer Kuschelparty, die in jeder größeren Stadt angeboten wird. Hier ist Sex nicht erlaubt, aber einen fremden Körper zu berühren kann ja schon mal ein Anfang sein, die Fantasie anregen und Lust auf mehr machen. Tasten Sie sich einfach langsam heran …

2. In den eigenen vier Wänden swingen oder im Club?
Manche Menschen bevorzugen die eher unpersönliche Atmosphäre eines Clubs, andere möchten sich erst einmal ein wenig kennenlernen. Bei einem Club ist das sexuelle Abenteuer meist unpersönlicher, was auch dazu führen kann, dass man sich anschließend kalt und leer fühlt. Man muss in einem Club sehr gut auf sich selbst und die eigenen Gefühle achten, damit keine Narben in der Seele und in der Partnerschaft zurückbleiben. Dafür ist Eifersucht hier meist kein Thema, denn die Paare lernen sich nur sehr oberflächlich kennen und es wird keinen Wert auf eine emotionale Beziehung gelegt. Wer es aber lieber persönlicher hat, sucht sich am besten ein Paar oder eine passende dritte Person im Internet. Dann kann man

sich vorab kennenlernen und ein Treffen kann erotischer sein, wenn man miteinander geflirtet hat. Danach kann man sich zu Hause treffen oder auch gemeinsam in einen Club gehen. Die Gefahr hierbei ist allerdings, dass es manchmal zu Konkurrenz kommen kann, wenn sich tiefere Gefühle entwickeln, mit denen man vorher nicht gerechnet hat.

3. Den richtigen Club finden

Obwohl die Swinger-Szene nicht besonders groß ist, schießen die Clubs zurzeit wie Pilze aus dem Boden … und manchmal halten sie sich nicht allzu lang. Es lohnt sich in jedem Fall, sich bei Freunden und Bekannten umzuhören und im Internet zu recherchieren. Es gibt immer wieder neue Oasen der Lust und jeder Mensch hat einen anderen Geschmack: Es gibt eher rustikale Clubs, in denen man nackt am Tresen sitzen und ein Schnitzel verspeisen kann … und da geht es dann auch ohne große Verführungskünste meistens schnell zur Sache. Andere Clubs haben eine große Anlage mit verschiedenen Zimmern und einem Wellness-Bereich, in dem man sich auch tagsüber gern aufhält. Wieder andere haben sich dem SM-Bereich verschrieben und so gibt es neben den obligatorischen Liegewiesen auch Kerker, Streckbank und Andreaskreuz. Es gibt Clubs für jüngere Menschen, die coole Songs hören wollen, und der Event ähnelt einer erotischen Disko-Nacht. Dann gibt es Clubs, die eher einem Fünf-Sterne-Hotel ähneln und eine unglaublich wundervolle erotisch-sinnliche Atmosphäre bieten. Wie Sie sehen, gibt es den Club nicht, es kommt ganz auf Ihre persönlichen Vorlieben an.

4. Worauf Sie bei der Vorbereitung auf einen Abend im Swinger-Club achten sollten

Sprechen Sie offen und ehrlich miteinander, was jeder von Ihnen von diesem Abend erwartet und wo Ihre persönlichen Grenzen liegen. Darf ein sexueller Kontakt mit einer dritten Person stattfinden oder wollen Sie an diesem Abend lieber für sich bleiben und sich miteinander vergnügen? Es kann auch sehr spannend sein, anderen Paaren beim Sex zuzusehen und mit diesen neuen und ungewohnten Erlebnissen dann zu Hause viel Spaß zu haben.

Respektieren Sie Ängste des Partners und lassen Sie es langsam angehen! Wer mehr Angst und Bedenken hat, sollte an diesem Abend das Tempo bestimmen. Wenn Sie sich mit einem anderen Paar oder einer anderen Person an diesem Abend sexuell einlassen, sollten Sie im Auge behalten, ob es Ihrem Partner damit gut geht ... dann kann ein solches Erlebnis Ihre sexuelle Beziehung sehr beleben und bereichern.

LITERATUR-EMPFEHLUNGEN

Bücher

Bingen, Hildegard von: *Wisse die Wege*. SCIVIAS, Otto Müller Verlag 1998

Brizendine, Louann: *Das weibliche Gehirn*, Hoffmann & Campe 2007

Eliade, Mircea: *Schamanismus und archaische Ekstasetechnik*, Suhrkamp 1975

Feldenkrais, Moshé: *Bewusstheit durch Bewegung. Der aufrechte Gang*, Suhrkamp 1996

Freud, Sigmund: *Die Traumdeutung*, Fischer Verlag (Tb) 1991

Gadamer, Hans-Georg: *Die Aktualität des Schönen. Kunst als Spiel, Symbol und Fest*, Reclam 1977

Gadamer Hans-Georg: *Wahrheit und Methode. Grundzüge einer philosophischen Hermeneutik*, Mohr Siebeck 1990

Goleman, Daniel: *Emotionale Intelligenz*, DTV 1997

Goodman, Felicitas D.: *Trance, der uralte Weg zum religiösen Erleben. Rituelle Körperhaltungen und ekstaktische Erlebnisse*, Gütersloher Verlagshaus Gerd Mohn 1992

Grimme, Matthias: *Bondage Handbuch*, Charon Verlag 1983

Jelinek, Elfriede: *Die Klavierspielerin*, Rowohlt Verlag 1983

Réagine, Pauline: *Die Geschichte der O*, F.A. Herbig 2001

Sacher-Masoch, Leopold von: *Venus im Pelz*, Suhrkamp Verlag 1980

Saint-Exupéry, Antoine de: *Der kleine Prinz*, Rauch Verlag 2000

Vatsyayana, Mallanaga: *Kamasutra. Das Original von Vatsyayana*, Fischer Verlag 2006

Zeitschrift

Connection Tantra Spezial (Die Geschichten »Das Geburtstagsgeschenk« [Seite 270 ff.] und »Das Spiel beginnt – Eine erotische Casino-Nacht« [Seite 298 ff.] sind aus verschiedenen Ausgaben dieser Zeitschrift entnommen.)

Weitere Bücher der Autorin

Romane und Hörspiele

Erotikbox 1–3 der Serie Just4Women, Lübbe 2006–2007

Frauenabend, Bastei Lübbe 2007

Ibiza Nights, Bastei Lübbe 2007

Ratgeber:

Die Tigerfrau, Innenwelt Verlag 2002

Ein Fest der Sinne, Smaragd Verlag 2001

Happy Body & Soul Training, Meyer&Meyer 2002

Lust auf Liebe. Erotische Fantasien und tantrische Spiele, Knaur 2004

Single-Frauen dürfen viele Frösche küssen. Liebe, Frust und Sinnlichkeit in den Solo-Phasen des Lebens, Nymphenburger 2006

Adresse des Feldenkrais-Verbandes Deutschland

Feldenkrais-Verband Deutschland e.V
Jägerwirtstr. 3
D-81373 München
Tel.: 0 89/52 31 01 71
Fax: 0 89/52 31 01 72
E-Mail: info@feldenkrais.de

Der Fotograf

Hans Ehrhardt studierte Theaterwissenschaft und Kommunikationsdesign. Er arbeitet als Mode- und People-Fotograf für Werbung und Magazine. Für seine freien Foto-Projekte reist er rund um die Welt. Er beschäftigt sich mit Yoga und Meditation. www.HansEhrhardt.de

Die Autorin

Christine Janson erlernte nach ihrem Germanistikstudium verschiedene Körpertherapien, darunter Shiatsu, Reiki, Klassische Massage und Tiefengewebsmassage. Sie absolvierte eine Qi Gong-Lehrerausbildung und eine Ausbildung in Kreativem Tanz. Heute unterrichtet sie in erster Linie Feldenkrais und gibt Einzel- und Gruppencoachings zum Thema »Sexualität und Liebe«. Christine Janson ist Chefredakteurin von *Tantra Spezial,* das von der Zeitschrift *Connection spirit* herausgegeben wird, und hat einige Jahre die Sexualberatung in der Frauenzeitschrift *For You* übernommen. Sie ist Autorin zahlreicher Bücher und hat erotische Hörspiele veröffentlicht. Christine Janson lebt in Frankfurt am Main. Siehe auch unter www.christinejanson.de

Michaela Riedl

Yoni-Massage

200 Seiten, gebunden,
mit zahlreichen Fotos und Abbildungen
€ 19,90 (D)/ca. sFr. 35,50
ISBN 978-3-934647-05-3

Deborah Sundahl

Weibliche Ejakulation & der G-Punkt

320 Seiten, Broschur
€ 19,90 (D)/ca. sFr. 35,50
ISBN 978-3-939570-10-3

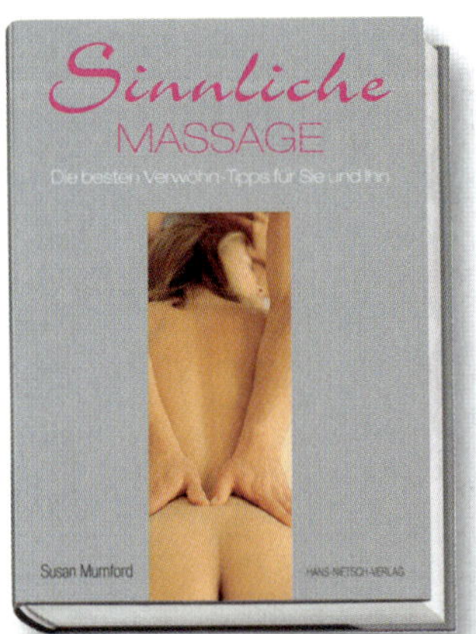

Susan Mumford

Sinnliche Massage

Die besten Verwöhn-Tipps
für Sie und Ihn
127 Seiten, Broschur,
mit 175 farbigen Fotos
€ 9,90 (D)/ca. sFr. 18,50
ISBN 978-3-939570-03-5

Eleanor McKenzie

Kamasutra & Co

Die besten Sex-Tipps
aus zwei Jahrtausenden
127 Seiten, Broschur,
mit 109 farbigen Fotos
und Abbildungen
€ 9,90 (D)/ca. sFr. 18,50
ISBN 978-3-939570-02-8